本书受国家社会科学基金项目
“节能减排实现供给侧就业结构优化的理论机制与路径研究（17BJL011）”资助。

节能减排实现供给侧就业结构优化的理论机制与路径研究

申萌　吴洁◎著

企业管理出版社
ENTERPRISE MANAGEMENT PUBLISHING HOUSE

图书在版编目（CIP）数据

节能减排实现供给侧就业结构优化的理论机制与路径研究 / 申萌，吴洁著. —北京：企业管理出版社，2022.9

ISBN 978-7-5164-2723-1

Ⅰ. ①节… Ⅱ. ①申… ②吴… Ⅲ. ①节能减排－影响－就业结构－研究－中国 Ⅳ. ①F249.214

中国版本图书馆CIP数据核字(2022)第174608号

书　　名：节能减排实现供给侧就业结构优化的理论机制与路径研究
作　　者：申　萌　吴　洁
责任编辑：杨慧芳
书　　号：ISBN 978-7-5164-2723-1
出版发行：企业管理出版社
地　　址：北京市海淀区紫竹院南路17号　邮编：100048
网　　址：http://www.emph.cn
电　　话：发行部（010）68701816　编辑部（010）68420309
电子信箱：314819720@qq.com
印　　刷：北京虎彩文化传播有限公司
经　　销：新华书店
规　　格：710毫米×1000毫米　16开本　14.75印张　208千字
版　　次：2022年9月第1版　2022年9月第1次印刷
定　　价：78.00元

前　言

本书的写作起始于2017年国家社会科学基金项目立项之时，共经历了五年的研究和写作时间。在写作之初，与大多数学者的观点类似，我们也认为节能减排作为供给侧结构性改革的重要抓手，对就业结构升级起到了决定性作用。这一认识不仅来自于数据分析，更是来自于对宏观现实的观察。近年来，我国不仅在环境保护、能源效率方面取得了长足进步，在新能源技术和产业布局方面也有重大突破。

然而，在经历多次到乡镇地区的调研之后，我们认为有必要对相关理论进行更深入的分析探讨。以河北省为例，在经历"十二五"和"十三五"期间一系列的节能减排行动之后，过去"村村点火、镇镇冒烟"的现象得到根本性遏制，但在"旧"的工作岗位消失后，"新"的工作岗位并没有被立即创造出来。调研结论迫使我们重新思考理论模型，以解释节能减排对不同地区就业结构影响的异质性。

在理论方面，我们通过将新古典增长模型和内生增长模型相结合，建立了复合增长模型。复合增长模型将经济发展归结为"要素驱动"时期，转型时期和"创新驱动"时期三个阶段，以解释节能减排对不同地区就业结构影响的异质性。当地方还处在"要素驱动"时期，经济体对能源的需求还在不断上升，节能减排可能无法优化地方就业结构。当经济进入转型期后，单位增加值的能耗与排放将下降，与此同时，经济体对高技术劳动力需求增加，就业结构将逐渐清洁化。本书进一步利用我国城市群碳排放和欧盟各国碳排放数据，验证了理论模型。

在实证研究方面，本书重视节能减排政策对乡镇地区和弱势群体的影响。首先，本研究利用第三次经济普查数据，考察了河北省节能减排政策对县域就业结构的影响。研究发现，河北省“6643 工程”等节能减排政策对就业结构的影响非常有限。从各县平均情况来看，高耗能、高污染行业的就业人数占比始终在 25% 左右波动。其次，利用流动人口调查数据，考察了节能减排政策对流动人口工资的影响。最后，基于实地调研结果，分析了就业结构变化对居民节能减排意识的影响。

在政策方面，作者多次前往各企事业单位和多地政府部门，了解节能减排政策的拟定和实施过程，以及企业所面临的实际问题。在此基础上，结合欧盟地区和东盟地区的绿色就业政策，为绿色就业政策的进一步完善提供建议。

特别感谢课题组成员闫云凤副教授、曾燕萍副教授、黄灿老师、韩丽丽老师的参与和贡献。还要特别感谢为本书写作提供帮助的王军教授、杨春学教授、曲如晓教授、郎丽华教授、赵家章教授、王少国教授、李婧教授、蒋雪梅教授、杜雯翠教授、万海远教授、郝宇彪教授、李凯杰教授等专家学者，以及国家社会科学基金为本书提供意见的五位匿名专家。本书的写作离不开我的博士生和硕士生的参与，感谢王叶、刘甜、马丽媛、邢琳培、张甜甜、李宏福、赵曼玉同学的工作。研究历经五年，仍难免挂一漏万。不足之处，敬请业内专家和广大读者批评指正！

申　萌

2022 年 9 月于首都经济贸易大学

目　录

第四章 理论模型

第五章 城市群排放因素的异质性分析

第六章 节能减排与就业结构：来自欧盟的经验证据

第七章 河北省节能减排规制对就业结构的影响

第一章 绪 论

（一）研究背景

改革开放以来，我国经济增速在世界上一直名列前茅，取得了一系列成就，但也应当看到，经济高速增长的同时，要素需求迅速上升，环境和资源压力增加。生产供给无法匹配需求的变化，一方面存在大量过剩产能；另一方面有效供给严重不足，关键技术受制于人，核心部件和高端装备供给能力不足，优良环境、稳定气候等自然供给也受到了严重影响。供给侧结构性改革是在我国经济步入新常态的背景下，党中央做出的重大战略选择。

当前，我国已经步入经济动能转换期，逐渐从“要素驱动”转向“创新驱动”。经济增速明显趋缓，但创新能力有所提升，环境压力有所缓解。我国在节能减排领域取得了长足进步，2020 年中国碳排放强度比 2015 年下降 18.8%，超额完成“十三五”约束性目标；比 2005 年下降 48.4%，超额完成了中国在 2009 年哥本哈根会议时向国际社会承诺的“到 2020 年下降 40% ～ 45%”的目标[①]。2005—2020 年，我国累计减排二氧化碳约 58 亿吨，基本扭转了二氧化碳排放快速增长的局面[②]。

随着 2020 年我国正式向国际社会承诺“双碳”目标，节能减排已融入社会生活的方方面面。2021 年 10 月发布的《中共中央国务院关于完

① 参见：《中国应对气候变化的政策与行动》，http://www.gov.cn/zhengce/2021-10/27/content_5646697.htm。

②《国家应对气候变化规划（2014—2020 年）》中规定：单位国内生产总值二氧化碳排放比 2005 年下降 40%-45%；《“十三五”节能减排综合工作方案》中规定：“到 2020 年，全国万元国内生产总值能耗比 2015 年下降 15%”。

整准确全面贯彻新发展理念做好碳达峰碳中和工作的意见》分别明确了2025年、2030年和2060年三个阶段需要完成的目标。“双碳”目标的提出，不仅是我国可持续发展的内在要求，也是我国作为负责任大国推动构建人类命运共同体的责任担当。

绿色转型是全世界共同的发展方向。在2021年《联合国气候框架公约》第26次缔约方大会前后，各主要经济体纷纷推出各自的“碳中和”“碳达峰”时间表。在绿色技术方面，我国在新能源汽车、绿色能源技术等领域不落人后，受到了国际能源署等专业机构的高度评价[①]。尽管如此，中国目前仍是世界上最大的碳排放国，人均碳排放是全球平均水平的1.6倍[②]。应对气候变化和解决环境问题需要持续的节能减排政策引领。

在未来很长时间内，我国都将处于经济动能转换期，供给侧结构性改革也将不断深入，引领我国经济转型升级。节能减排政策作为供给侧结构性改革的重要抓手，被赋予了多重目标。除了降低能耗、减少污染及削减二氧化碳排放之外，节能减排政策还具有淘汰落后产能和提升经济效率等政策内涵。因此，如何充分发挥节能减排对就业结构的优化作用，以改革促转型，提高劳动生产率，提升劳动者在节能减排过程中的获得感，是改革的重要考量。

节能减排是民心所向，一方面要满足人民对美好生活的向往，促进人民的健康福祉[③]，保护后代的发展权利；另一方面要避免衍生失业，影响人民幸福指数。长期来看，节能减排是供给侧结构性改革的重要一环，具有调整产业结构、淘汰落后产能、促进经济与环境协同发展等作用，但在短期内可能对经济造成冲击。我国城乡发展尚不平衡，地区经济结构差异大，处于工业化中期的地区对规制政策更敏感，故而要充分考虑

① 参见：https://www.iea.org/reports/tracking-clean-energy-innovation-focus-on-china。

② 参见：http://www.nifd.cn/Speech/Details/3057。

③ 陈硕和陈婷（2014）研究发现，有害气体的排放增加明显降低了居民的健康水平，随着二氧化硫排放量的增加，死于呼吸系统疾病及肺癌的人数呈现出明显的上升趋势。

区域间的经济发展不平衡和就业结构异质性，避免造成结构性失业和贫富差距扩大。

国务院印发的《2030年前碳达峰行动方案》[①] 中明确提出，要处理好发展和减排、整体和局部、短期和中长期的关系，统筹稳增长和调结构，把碳达峰、碳中和纳入经济社会发展全局。要处理好这些综合目标，关键是以人为本，确保人民群众的获得感。如果处理得好，节能减排能够促进企业技术进步，改善就业环境，增加就业机会；但如果处理得不好，就会增加企业成本，抑制生产规模，影响薪酬水平和就业机会。

我国节能减排处在新老阶段的转变之中，正在从过去的能耗总量、能耗强度的“双控”目标转变为碳达峰、碳中和的“双碳”目标。“双控”期间的减排政策在实施过程中存在一定短板，有些部门或地方过多依赖行政命令，具体政策没有充分考虑到区域间的经济发展不平衡和就业结构异质性，难免存在指标分配“一刀切”、政策执行不合理等问题。进入到“双碳”时期，要建立多级管理体系，依靠市场化手段，达到调结构、增效率的目标，最终达成经济发展、就业结构优化和节能减碳的多赢格局。

应当看到，不同地区进入经济动能转换期的态势不尽相同，所处的发展阶段存在差异。要兼顾就业和减排目标，重点在于选择适配各地区发展水平和就业结构的规制政策，因地制宜、分类施策，才能够收获政策的“双重红利”。如何选择合理的减排政策工具，是本书的研究重点，也是各地方政府的普遍关切。

（二）研究思路

1. 实地调研

在本项目执行之初，与多数学者的观点类似，我们也认为节能减排

① 参见：http://www.gov.cn/xinwen/2021-10/26/content_5645001.htm。

作为供给侧结构性改革的重要抓手，对就业结构升级起到了决定性作用。这一认识不仅来自于文献整理和数据分析，更是来自于对现实的观察。我国不仅在环境保护、能源效率提升方面取得了长足进步，在新能源技术和产业布局方面也有重大突破。然而，到乡镇地区多次调研之后，我们认为有必要对相关理论进行更深入的分析与探讨[①]。

从2018年到2021年，我们多次前往河北省进行调研，对河北省发展和改革委员会（简称“河北省发改委”）、河北省人大、河北建设集团和东旭集团的相关专家进行走访。整体来看，减排政策对企业决策具有显著影响，对淘汰落后产能和清理僵尸企业也有一定作用。然而，劳动者就业具有一定的惯性，在高耗能行业受到限制后，新的经济增长点和就业带动效应并不会自然出现。

2018年底，我们对河北省若干规模企业进行了走访调研。某集团的前身是石家庄的一家校办工厂，主营业务是平板玻璃，属于高耗能行业。随着我国工业化进程不断推进，该公司也迅速成长，在过去几十年间逐渐发展为一家坐拥多家上市企业的集团公司，主营业务也逐渐升级为高端装备制造、新能源和节能环保。该企业的管理人员在采访过程中表示，该集团的业务转型升级过程中，河北省的节能减排举措对此起到了正面促进作用。然而，在采访后不久，该集团也爆出财务危机，开始了所谓的“二次创业”。该集团的案例反映出，企业的转型升级并非一帆风顺，即便是拥有多家上市公司的大企业，也可能陷入危机。

我们在2021年对石家庄市某乡镇进行实地调研，旨在了解地方对节能减排政策的看法。该镇负责人是清华大学水利系博士，在接受采访时思路清晰、表达清楚，给我们留下了深刻印象。该负责人表示，节能减排确实改变了乡村的产业结构，遏制了过去“村村点火、镇镇冒烟”的局面。在天然气改造之后，过去一氧化碳中毒的案例也有所减少，改善了村民居住环境。但节能减排确实增加了地方政府的工作量，乡镇政府

① 在此，作者感谢国家 ** 公司在实地调研中给予的支持（课题组成员所在单位，此处为匿名处理）。当然，文责自负。

面临人手不足和资金短缺的问题，为达成节能减排目标须克服重重困难。该负责人提到，在一次改造工程中，该镇面临资金缺口问题，他不得不抵押了自己的房产为镇政府垫付过桥资金。该镇所在县是脱贫地区，劳动力结构与产业结构互为因果，在结束了“镇镇冒烟”的局面后，新的经济增长点尚在探索。另外，新能源的使用成本较高，一些村民不愿使用天然气和新能源。

以上的案例是地方政府处理节能减排问题的一个局部缩影。在很多乡村地区，由于缺乏相应的经济基础，节能减排政策对就业结构优化的作用不显著。这些地区均面临同一个难题，即高技能的劳动力储备不足。对此，我们询问了关于技术学校的问题。该负责人表示，当地一些家庭不希望孩子进入技校学习，即便从技校毕业也不一定选择回到乡镇就业，而是选择县城或城市就业。此外，一些新能源项目带来的就业效应不明显，影响了村民的获得感。

在 2021 年“双碳”目标明确之后，我们有幸参与到多地“双碳”行动计划的讨论之中。我们的切身感受是，对于相对发达地区，节能减排水到渠成，而对于欠发达地区，则需要多重考虑。比如，在北京市某区，排放最大的单位是与自来水业务相关的某公共事业部门，而该区重点减排项目则是数据中心升级改造。这类减排项目的目标随着设备改造升级自然完成，不会造成失业问题。但在河北省某市，减排的核心手段依旧是控产能，以及传统行业的“提质增效”，这就难以避免地涉及就业的问题。

经过多轮对乡镇地区的调研后，我们认识到，在节能减排行动中，“旧”岗位的消失很容易，“新”岗位的创造则需要很多条件。在经济条件不完备的情况下，减排工作与调整就业结构要统筹兼顾，分类施策。

2．理论模型

本书的核心章节是第四章。调研结论促使我们重新思考理论模型，以解释节能减排对不同地区就业结构影响的异质性。在我国相对发达地区，节能减排不仅提升了能源效率，保护了环境，而且形成了一批新的产业。然而，对于一些欠发达地区，节能减排存在一些具体困难。因此，如何理解节能减排所造成的异质性影响，是理论建模的核心问题。

本书将新古典增长模型和内生增长模型结合在一起，构建了一个复合增长模型。模型将经济发展分为了三个阶段，即“要素驱动”阶段、“创新驱动”阶段和转型阶段。当经济体处在新古典增长期时，经济增长依靠要素驱动，就业主要集中在生产部门，但企业研发能力不足，排放随经济增长不断攀升。当经济体步入“创新驱动”阶段后，社会产品平均增加值率迅速上升，中间部门产品加成率提升，单位 GDP 排放随之显著下降，部分劳动力也向新兴部门转移，就业结构整体趋向高级化和清洁化。需要注意的是，经济体从“要素驱动”阶段转向“创新驱动”阶段需要满足一定条件，而且转型阶段可能持续很长时间。

节能减排实现供给侧就业结构优化的关键，在于加速经济动能转换。我国整体上正处在从“要素驱动”向“创新驱动”阶段过渡的转型期，但我国幅员辽阔，并不是所有地区都步调一致。基于实地调研情况，我们认为融资条件是进入转型期的关键条件。正如我们对河北省某集团和部分乡镇的调研结果所显示的，规模化的集团公司在发展新业务时，尚且面临融资约束，减排项目不可避免地会带来乡镇的转型阵痛。

在复合增长模型中，居民有两种投资渠道可供选择，即传统的资本投资和创新投资。在经济初增长期，社会物质资本积累不足，资本投资收益率较高，但创新能力不强，故而创新投资回报率较低。因此，居民在经济发展初期会将储蓄投资到物质资本积累上。随着经济规模的膨胀，资本投资收益率下降，而创新回报率上升。当创新投资回报率超过资本投资收益率时，标志着经济步入转型期。应当指出，这一转型条件的实现难度还是相对较高的。

类似长三角、珠三角等相对发达地区率先进入转型期，而欠发达地区则还处在“要素驱动”阶段，发展阶段的差异决定了节能减排对就业结构影响的异质性。在相对发达地区，供给侧结构性改革的主要任务是调结构、促发展；在欠发达地区，则更需要补短板、降杠杆、去产能，由此也会造成就业压力。在就业结构调整方面，相对发达地区的劳动力更多地转向新兴服务业，欠发达地区的劳动力则还集中在生产部门。因此，欠发达地区更容易受到减排规制影响。在节能减排方面，相对发达地区的能源效率已经大幅提高，减排压力较小；而欠发达地区能源效率还有待提高，压力相对较大。

处在不同经济水平的地区要甄选适当的节能减排路径。对于相对发达地区，节能减排与就业协调发展需要有效的制度供给。碳市场、碳金融与环境、社会和公司治理（ESG）等政策引导或企业管理手段，能够提升相对发达地区在绿色经济领域的国际竞争力，而且具有吸引人才的作用。但这并不是本书分析的重点，本书主要探讨相对欠发达地区节能减排与就业结构升级的协同问题。

对于相对欠发达地区，节能减排要达到调结构、促发展的目的，关键在于加速经济转型。经济转型需要培育市场条件，不可能一蹴而就。“关停并转”等减排措施虽然可以达到去产能的目的，但在“旧”的工作岗位消失后，“新”的岗位不能被及时创造出来，因此并不是理想的减排选择。欠发达地区要实现就业结构的升级，更应重视有效制度供给，加强“放、管、服”，在制度上做安排，通过“减税、降费”去克服企业发展障碍，同时要充分认识到节能减排工作的长期性特征。

需要特别指出的是，我们意识到了学界当下对经济学过度数学化的担忧，但数理模型在表达变量关系中具有无可替代的作用。在模型选择上，我们选用了最简单的两期跨期迭代模型，以保证逻辑表述的简洁性。

3. 实证分析

理论分析重在表达逻辑和观点，还需要实证分析以验证逻辑观点的科学性。本书理论模型的核心观点是节能减排对就业结构的影响存在异质性。对于进入转型期的相对发达地区，就业结构和节能减排的协调性较好，在排放效果显著提升的同时，就业结构趋于高级化和清洁化。对于尚处在“要素驱动”阶段的欠发达地区而言，就业结构和节能减排的协调性较弱，地方政府在短期内需要平衡好就业和排放，长期则需要考虑加速经济转型。

本书首先利用LMDI分解法（对数平均迪氏指数法，Logarithmic Mean Divisia Index），分析中国四个城市群的碳排放与就业因素变化的关系。长三角、珠三角、京津冀和关中平原城市各具特点，通过横向对比，我们发现节能减排与就业结构的协调性在不同城市群内确实展现出异质性。再与欧盟地区相对比，异质性则更加明显。

我们进一步对河北省的节能减排效果进行了实证研究。河北省由于高耗能产业占比较高，地理位置又相对特殊，减排压力较大。本书研究了在“十一五”到“十二五”期间河北省节能减排政策对就业结构的影响。2007年到2013年，河北省各县市在化学原料及化学制品制造业、非金属矿物制品业、黑色金属冶炼及压延加工业、有色金属冶炼及压延加工业等四个高耗能行业的平均就业占比高达20%。可见，河北省经济依赖高耗能行业。在分析期内，河北省明显处在“要素驱动”阶段。实证研究结果表明，河北省节能减排政策对产业结构产生了一定影响，主要表现为非污染密集型行业集中的县域经济增速相对较快，但政策对就业结构优化的作用有限，符合理论预期。

根据理论模型，节能减排很难兼顾所有劳动者的现实利益。在相对发达地区，绿色行业的劳动者获益而高耗能行业的劳动者受损。由于绿色行业对技能的要求相对较高，故而高技术劳动力获益而低技术劳动力受损。在相对欠发达地区，绿色行业占比较小，低技术劳动力受损面会更大。据此，本书考察了节能减排对流动人口薪酬的影响。当然，流动人口不能等同于低技术劳动力，但相对于常住人口而言，该人群能够更好地反映节能减排的影响。节能减排对流动人口工资产生了负面影响，而且收入水平越低的流动人口受到的负面影响越大。

实证研究表明，过去的节能减排政策对于相对欠发达地区的就业结构影响有限。当然，这一结果不能说明节能减排无法优化就业结构：一方面，该结果表明处在“要素驱动”阶段的地区需要更好地权衡节能减排和就业；另一方面也表明了政策选择的重要性。正如2021年10月发布的《中共中央国务院关于完整准确全面贯彻新发展理念做好碳达峰碳中和工作的意见》①（简称《意见》）所提出的，要处理好发展和减排、整体和局部、短期和中长期的关系。

4．政策含义

本书有两个核心观点，一是节能减排实现供给侧就业结构优化的基本路径在于加速经济动能转换；二是节能减排对就业结构的影响存在异质性，要达到推动供给侧就业结构优化的目的，需要结合地方经济发展阶段，因地制宜地制定有关政策。基于2021年10月国务院发布的《意见》，本书的研究结论体现出以下四点政策含义。

（1）要处理好发展与减排的关系。对尚处在“要素驱动”阶段的地区，要增加制度供给，加速进入转型期。当经济步入转型期后，表现出能源效率上升和就业结构的高级化、清洁化的特点。因此，对于这部分地区，在发展与减排的权衡中，要以创新发展为核心。基于理论模型，经济转型的关键是创新投资回报率高于资本投资收益率。“去产能、去杠杆和去库存”等供给侧结构性改革措施有利于减少资本投入的扭曲，从而有利于资本流向创新部门。但也要注意节能减排政策的力度，努力降低对地方经济发展的负面影响。本书的理论模型将有助于各地区根据实际情况“分类施策”。

（2）要处理好整体和局部的关系。随着我国节能减排工作目标从“双控”向“双碳”的转变，减排政策的整体性需要摆在更重要的位置。与污染排放不同，碳排放是全球公共品，原则上无论在哪里减排，整体效果都是相同的。在“双控”时期的减排政策，并不一定适合完成“双碳”目标。比如，节能减排专项资金一般是地方性的，只能由当地企业

① 参见：http://www.gov.cn/xinwen/2021-10/24/content_5644613.htm。

申请。然而，不同地区企业的减排成本差异性很大。很多情况下，欠发达地区的减排成本更低，但缺乏资金支持。这客观造成了节能减排专项资金的减排效率差异，增加了减排整体成本。在近期推出的一些政策文件中，可以看到要打破过去行政界线的趋势。比如，国务院在印发的《“十四五”节能减排综合工作方案的通知》[①]中明确表示：“深化用能权有偿使用和交易试点，加强用能权交易与碳排放权交易的统筹衔接，推动能源要素向优质项目、企业、产业及经济发展条件好的地区流动和集聚。”显然，当前的“双碳”工作需要进一步完善顶层设计。

（3）要处理好短期和中长期的关系。节能减排是一项长期工作，而且我国也将长期处在经济动能转换期。节能减排要实现供给侧就业结构优化，就要保障政策的长期性和连贯性。2021 年 9 月，有些地方出现了拉闸限电的现象。当年 9 月 22 日，经济观察报道一篇名为《“双控”限电潮何去：一边要发展、一边限电停产，企业怎么办？》的文章引发大量关注。当然，拉闸限电只是地方个例，但“关停并转”等行政命令手段却较为普遍。供给侧结构性改革是有效的制度供给，更要注重推出目光长远的政策，而非仅针对某特定行业或企业采取措施。本书重点分析了不同节能减排政策对就业结构的实际影响，有利于厘清未来长期政策走向问题。

（4）绿色发展是民心所向、众望所归，要注重人民群众的获得感与幸福感。要“处理好减污降碳和群众正常生活的关系，有效应对绿色低碳转型可能伴随的经济、金融、社会风险，防止过度反应”[②]。节能减排不应以牺牲大量就业岗位为代价，而应起到优化就业结构、增加绿色就业岗位的作用。随着经济发展方式的转变，市场对劳动技能的需求也发生了变化，“绿色就业”政策旨在帮助劳动者适应这些变化。本书总结了欧盟和东盟国家的“绿色就业”政策，为我国相关政策的推出提供借鉴。

---

① 参见：http://www.gov.cn/zhengce/content/2022-01/24/content_5670202.htm。

② 参见《中共中央 国务院关于完整准确全面贯彻新发展理念做好碳达峰碳中和工作的意见》。

（三）研究内容

图 1-1 是本书的思路流程图，简单介绍了本研究的逻辑框架。

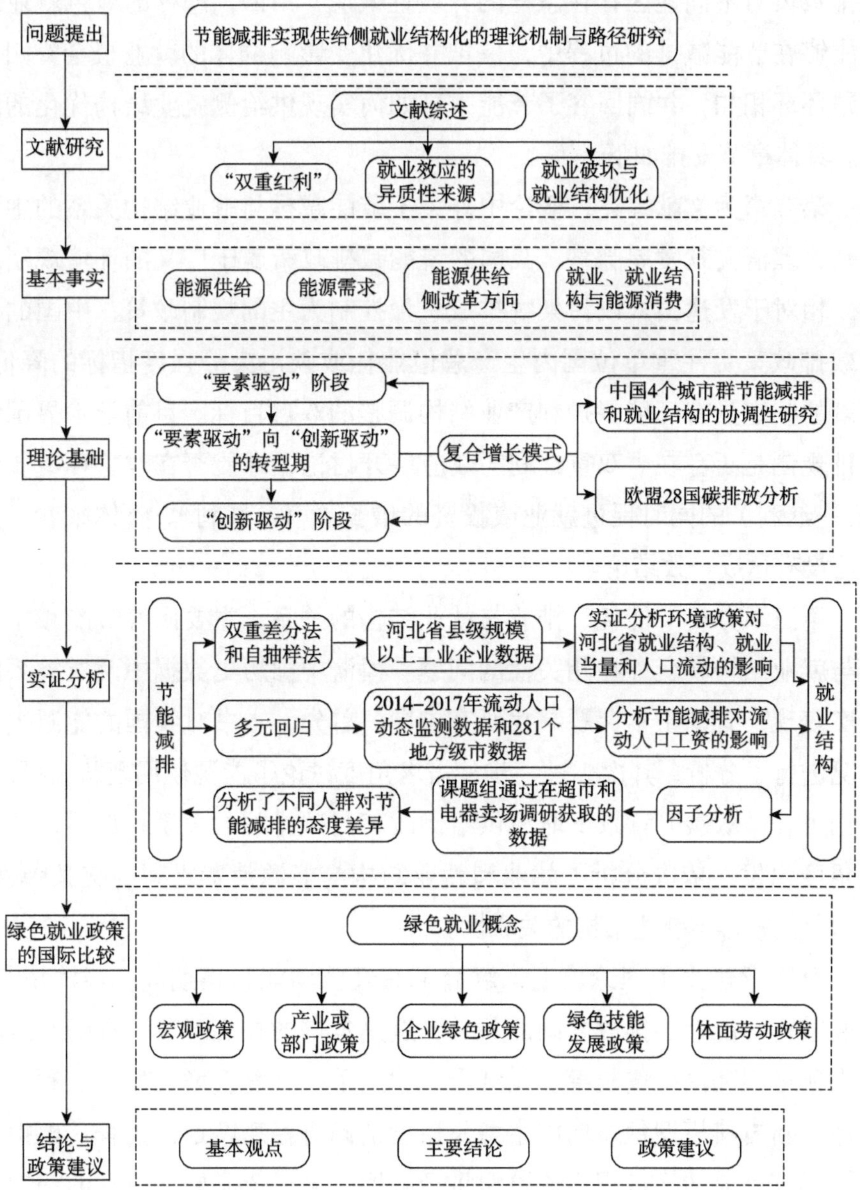

图 1–1　思路流程图

本书从如下四个角度讨论了节能减排与就业结构之间的关系。第一，在经济动能转换期，理论上能耗、排放与就业结构存在怎样的关系？第二，节能减排政策是否影响就业，是否促进就业结构转变？第三，节能减排政策对不同地区存在怎样的异质性效应？第四，怎样的绿色就业政策能够在节能减排的过程中，保护并优化受影响群体的就业机会？四个问题环环相扣，共同回答了节能减排如何实现供给侧就业结构优化的问题。具体章节安排如下。

第二章为文献综述，概论中外关于节能减排与就业结构关系的主要文献，理清文献发展脉络。我国的节能减排政策属于广义的环境规制政策，相对于发达国家以污染物排放总量控制为主的规制政策，中国的节能减排政策更注重单位国内生产总值能耗或碳污染等强度指标的降低，政策的制定具有环境保护和产业结构调整的双重目标。目前学术界围绕减排规制是否存在“双重红利”效应展开讨论，即能否在改善环境质量（第一红利）的同时促进就业或投资的增长（第二红利）。整体来看，学界还没有达成一致结论。

第三章分析了能耗、排放与就业结构的关系，主要回答节能减排是否与就业结构转变存在相关性的问题。摸清中国历史数据中两对关系的现实表现，有助于本课题寻找研究方向。首先，本书对我国的能源供给情况进行了分析；其次，进一步从需求角度讨论了能源使用现状；再次，讨论了在“双碳”背景下能源供给侧改革与碳排放的关系；最后，从弹性角度出发，依次分析了就业和就业结构与能源消费之间的交叉弹性，揭示节能减排与就业结构的关联性。

第四章建立了理论模型，解释了在经济动能转换期间，经济增长、就业结构与能耗、排放之间的关系，这是本书的核心章节。本书通过将新古典模型和内生增长模型相结合，建立了一个复合增长模型。利用经济体从新古典模型稳态向内生增长模型的渐进稳态跃迁的过程，模拟了经济增长动能转换过程。该模型将经济增长分成依靠要素驱动的初期阶段、依赖创新驱动的发展阶段以及转型阶段。在经济转型过程中，就业结构和污染强度都会发生变化。在就业结构方面，对高技术劳动力的需求增加，而且随着产业结构的变化，现代服务业对劳动力的需求增长超过制造业；在节能减排方面，由于经济驱动力的变化，单位 GDP 能耗显著下降。因此，要实现供给侧就业结构优化，就要加速动能转换。模型进一步解释了为何“关停并转”等行政命令不适合作为欠发达地区的减排选项。

第五章利用 LMDI 分解法，在理论模型的基础上，分析了不同城市群的二氧化碳排放和就业结构的关联关系。在此，就业结构存在两个层面的含义。首先，根据理论模型，如果一个地区出现经济结构转型，那么劳动效率将显著提升，并造成排放的增加，但这部分增幅将完全被污染强度的下降所抵消。其次，随着经济体对生产性服务业需求的上升，制造业劳动力也逐渐向服务业转移。研究结果表明，城市群之间就业与减排的协调性存在显著差异。第一，长三角和珠三角城市群劳动效率的提升在一定程度上增加了排放，但污染强度下降更加明显，符合理论模型的预测。第二，京津冀城市群出现了同样的趋势，即劳动效率上升且污染强度下降，但污染强度下降带来的排放减少不足以弥补劳动效率提升带来的排放增加。第三，关中平原城市群的污染强度下降有限。

第六章对欧盟地区国家 1995—2018 年的二氧化碳排放进行 LMDI 分解，并与中国样本进行对比分析。欧盟地区已经进入了从碳达峰向碳中和过渡的阶段。欧盟地区就业与减排的协调性更好，从而进一步验证了经济发展阶段异质性，即节能减排与就业的关系在不同发展阶段表现不同。

第七章和第八章是对节能减排政策规制效果的探讨。既然经济转型既能提升经济增长质量，又能减少排放，合理的节能减排政策的长期目标便是提升经济转型的速度和力度。从欧盟等发达国家和中国相对发达地区的经验来看，同时实现节能减排和就业结构转型是可能的。在经济转型过程中，劳动效率有所提升，单位增加值排放下降，从而能够实现发展和减排之间的平衡。根据理论模型，合理的市场化减排政策有助于经济结构转型，但“关停并转”等行政命令政策不一定能够降低排放。

第七章基于河北省县级就业数据，利用“差别电价政策”和“千家企业节能行动”政策名单分别确认污染密集型行业，使用双重差分法和自抽样法，实证分析了减排政策对河北省各县就业结构、就业数量和人口流动的影响。结果表明，河北省在2007—2013年实施较强节能减排规制政策期间，就业结构并没有发生明显变化，既没有出现升级现象，也没有出现清洁化趋势。本章进一步讨论了造成这一结果的原因。

第八章使用2014—2017年流动人口动态监测数据和281个地级市数据，实证分析了节能减排对流动人口工资的影响。根据理论模型，减排会影响就业结构，从而很难保障所有劳动者的利益，尤其是低技术劳动力的利益。本章结论表明，节能减排规制政策显著降低了流动人口工资水平，而且对低收入人群影响更大。因此，在未来实现“双碳”目标的过程中，需要更加关注受影响劳动人口的就业与福利。

第九章进一步分析了不同人群对节能减排的态度差异。通过在超市和电器卖场组织多次调研，考察了不同教育背景、工作岗位的消费者在购买电器时，对节能标签的认知和态度。结果表明，学历较高或在事业单位工作的消费者，更倾向于购买能耗更低的电器。这一结论进一步揭示了经济发展和节能减排的关系，即劳动者素质提升导致对于节能减排的态度逐渐改变。此外，根据山西蒲县调研的结果，我们认为鼓励和劝诫也可以起到提高减排意识的效果。本章为就业结构与节能减排的自然演变关系研究提供了新视角。

第十章梳理了中国、欧盟与东盟的绿色就业政策。根据理论模型和实证结果，节能减排进程与就业结构的高级化和清洁化相重叠，会影响到部分产业的就业，对低收入人群的影响大于高收入人群。因此，有必要实施绿色就业政策，保护在经济转型过程中的就业困难人群。本章通过对比发达国家和发展中国家的绿色就业政策，为我国绿色就业政策的推出提供新的思路。

第十一章整理了主要研究结论，并据此对节能减排、优化就业结构提出建议对策。

（四）研究价值与不足

1. 理论贡献

节能减排是否能够升级产业结构、改善就业结构，是一个在学术界长期存在争议的问题。基于已有研究，本研究在理论上有如下三个方面的边际贡献。

首先，通过建立复合增长模型，将索罗模型和内生增长模型相结合，模拟了经济体从“要素驱动”向“创新驱动”转变的过程，揭示了就业结构和能耗排放的关联变化趋势。在动能转换期间，最终生产部门就业占比将下降，而创新部门就业占比则上升，就业结构呈现高级化特征；由于产品增加值率的上升，经济体的排放效率提升。模型预测经济体在进入动能转换期后，就业和节能减排的协调性将加强。

其次，提供了节能减排实现供给侧就业结构优化的理论路径。既然经济动能转换能够实现供给侧就业结构优化，那么重点就在于如何加速这个过程。本书基于实地调研结果，提出经济转型的关键在于创新部门的融资条件。资本投资回报率随着资本的积累而下降，但创新部门的投资收益率则随着经济规模的扩大而增加。当创新投入收益率超过资本投资回报率时，经济动能转换的条件才能得到满足。据此，本书认为节能减排要从两方面加速动能转换工作，一方面要坚决处置僵尸企业，遏制高耗能高排放项目盲目发展，抑制不合理的资本投资；另一方面，要满足新兴产业创新投入回报率提升的需求。

最后，模型解释了节能减排对就业结构影响的异质性。不同地区所处的发展阶段不同，一些发达地区率先进入动能转换期，而欠发达地区还处在“要素驱动”阶段。我们提供了一个 LMDI 分解模型，判断特定地区所处的经济增长阶段。不同地区要选择与自身发展阶段相适应的减排策略。合理的减排政策可以达到就业和环境的双赢，但过度的政策可能会延缓经济转型。我们进一步利用中国城市群以及欧盟的碳排放情况，验证了理论模型。

2. 应用价值

本研究立足国家经济建设和社会发展需要，为节能减排政策制定提供参考。在供给侧结构性改革背景下，我国正处于由“要素驱动”转向“创新驱动”的经济动能转换期。在转换期内，我国面临如何协调减排和就业的重要问题。我们坚持问题导向，多次组织实地调研活动。基于现实情况，本书从理论和实证层面开展研究，发现节能减排对就业结构的影响存在异质性。

本研究聚焦于现有节能减排政策效果，检验了理论模型，并有针对性地分析了政策工具选择问题，以及节能减排对就业结构的异质性影响。本书基于河北省县级规模以上工业企业数据，发现“关停并转”的行政命令类政策对经济结构和就业结构的影响有限。该结果可以为地方政府因地制宜地选择节能减排政策工具提供参考。本书还分析了节能减排对流动人口工资的影响，基于实证结果提出，在实现“双碳”目标过程中，需要重点关注受影响劳动人口（尤其是低收入群体）的就业与福利。

据此提出，要结合各地经济发展阶段，因地制宜地制定节能减排政策，推动供给侧就业结构优化。为帮助各地政府选择合适的政策工具，我们从绿色就业政策层面，比较分析了中国、欧盟和东盟的相关政策，并提出建议。

3. 研究不足

本研究存在一定不足。理论层面来看，基于对现实的观察，建立了新的理论模型，着重解释了节能减排对不同地区就业结构的异质性影响。理论模型在学术界受到了一定的关注，但一些理论问题还需要进一步明确。随着我们不断深化对节能减排与就业结构关系的认识，理论模型可能需要进一步改进。现实层面来看，节能减排是一个复杂的问题。本书的主要研究对象是抽象化的宏观问题，但现实中的减排政策针对不同排放主体有更具体的要求，对就业的影响必然存在差异。因此，未来还需要提升对中观和微观层面的研究，与时俱进地深入探讨节能减排与就业的协调性问题。

在实证方面，不足之处主要体现在节能减排政策效果的研究上。一方面，我国在节能减排领域的市场化政策实施相对较晚，比如全国碳市场在 2021 年 7 月才正式成立。因此，囿于数据可得性，本书对政策效果的研究有待完善。在未来研究中，应进一步分析碳市场等碳排放“双控”政策对就业结构的影响。另一方面，绿色就业政策作为本研究的着力点，有必要进一步探讨绿色就业政策的实施效果。我国在绿色就业领域积累了一定经验，并且还在不断制定和完善促进绿色经济发展的财政和金融政策，为绿色就业的发展创造良好的政策环境，但现实情况中，我国有待在法律和政策层面针对绿色就业推出更多具体措施。因此，本研究目前尚无法明确地厘清绿色就业政策对经济和社会发展的实际影响。在接下来的研究工作中，我们将不断尝试可能的方法，去探讨绿色就业的政策效果，进一步分析如何通过绿色就业政策，创造环境与就业的“双重红利”。

第二章　文献综述[①]

自20世纪70年代以来，发达国家开始实施严格的节能减排政策，关于减排规制是否会产生负面就业效应一直颇具争议。节能减排规制政策对受规制行业、地区的就业情况究竟会产生什么样的影响，通常难以得到一个明确的评估。直到20世纪90年代初，Pearce（1991）认为可以通过碳税降低税率扭曲水平，来间接增加社会福利，因而率先提出环境税“双重红利”效应。这一结论与“波特假说”中关于环境政策对环境和企业技术水平的双重促进效应相得益彰。与“波特假说”相同，“双重红利”假说的提出引起了众多实证研究的关注。总体来看，实证结果大致分为三类，第一类支持“双重红利”假说；第二类认为减排对就业影响不显著；第三类认为减排将增加失业。

我国的节能减排政策目标经历了多个历史阶段。“十一五”期间，我国就实施了一系列节能减排政策。在全球金融危机发生之前，由于工业部门的快速增长，各地曾出现不同程度的用电紧张，节能减排政策更侧重于调整产业结构，以抑制高能耗、高污染行业的过快增长（申萌和王叶，2018）。伴随着经济发展进入新常态阶段，特定历史阶段粗放型的经济发展方式导致雾霾天气频发，环境问题广受政府、学界和民众关注，成为社会热点问题。相应地，节能减排活动加入了大气污染治理的新内容。节能减排以降低污染物浓度为主体目标，更侧重于环境保护的政策方向，规制力度也有所上升。面对工业部门的粗放增长，亟须经济结构转变和增长方式转型。在此背景下，2015年中国首次提出供给侧结构性改革，以改革促转型，扩大有效供给，提升全要素生产率。政

① 本章部分内容已发表于《首都经济贸易大学学报》，感谢编辑部提出的修改意见（刊号与论文名称已匿名处理）。

府出台的节能减排政策，综合了“保环境”和“促改革”的双重目标。“十三五”期间，正式建立能源“双控”制度，将目标分解到地方并加以严格考核。

（一）节能减排与就业的“双重红利”效应

有相当一部分学者支持“双重红利”假说。Carraro 等（1996）采用一般均衡模型模拟了欧洲碳税税收效应后发现，在征收碳税的同时减少对所得税的征收，环境质量改善和就业增加的政策目标是可以兼得的。Bovenberg 和 Mooij（1997）在新古典或是内生增长理论框架下，将环境税政策纳入到理论模型中，研究得出环境政策不仅可以减少污染，而且提高了产出水平，肯定了环境税存在“双重红利”效应。此后，学者围绕节能减排规制的“双重红利”进行研究（Rausch 和 Schwarz，2016）。Schneider（1997）认为，污染税在改善环境质量的同时，抑制了失业。Berman 和 Bui（2001）的研究同样发现，美国针对空气质量的规制政策不仅没有导致就业的减少，反而有轻微的促进作用。Takeda（2007）则利用可计算一般均衡（CGE）模型，分别设计了在征收碳税的同时减征个人收入税、资本税、企业所得税、消费税或直接返还居民等情景进行模拟分析，结果均能实现一定的“双重红利”。Bezclek（2008）认为，环境保护的投资既会增加就业，也会导致一些失业，但总的来说促进就业，严格的减排规制并没有减少就业机会。Fæhn 等（2009）在针对西班牙的模拟研究中发现，碳许可交易机制的引入有效降低了失业率。张剑英（2011）构建 CGE 模型，模拟碳税征收对中国就业的影响后发现，总体而言，节能减排对中国的就业产生积极的影响。陈媛媛（2011）对工业行业进一步细分，验证了劳动与污染品为总替代品，也支持了“双重红利”假说。孙文远和周寒（2020）研究表明，节能减排规制的实施对本地区就业结构升级具有显著正向的促进作用，这一结果支持了“双重红利”假说。任胜钢和李波（2019）研究分析表明，碳排放权交易显著减少了工业碳排放量，并对企业劳动力需求有显著正向影响，即排污权交易可以实现环境和就业的“双重红利”。王柱焱和潘超（2021）采用2007~2017年省际面板数据，考察节能减排规制对就业的影响，发现节能减排力度增强能够促进就业，“双重红利”可以在我国实现。进一步检验发现，减排规制通过影响工业集聚水平和企业研发对就业产生中介效应。

在“双重红利”形成机制的研究领域，学者们从生产要素调整和倒逼企业技术创新两条线分析“双重红利”的形成路径。第一条线是生产要素调整，Bosquet（2000）基于征收碳税的本质，即征税目标由生产要素（如资本和劳动）转为污染排放和资源消耗，以减少税收扭曲，进而促进生产并改善就业。进一步地，Copeland 和 Taylor（2003）的研究发现了生产要素替代效应，即当税赋提高了污染成本后，企业会选择其他生产要素替代原有要素，如用劳动替代自然资源，这便实现了就业规模的增加。刘和旺等（2017）研究发现，减排规制对就业的影响会随着企业污染密集程度和劳动力成本份额的上升而减弱，减排规制强度由弱到强递增的过程中，期初会减少企业人力资本投资，但最终会增加人力资本投资，提高就业质量。闫文娟和郭树龙（2016）研究发现，减排规制不仅直接正向影响就业，也会通过倒逼产业结构调整，刺激技术进步，抑制外商直接投资（FDI）间接削弱就业，但减排规制对就业的总效应为正。第二条线是倒逼企业技术创新。李蝶（2020）基于中国34个工业行业的面板数据研究发现，减排规制一方面通过负向的成本效应和正向的替代效应产生直接的就业效应，另一方面通过产品和工艺等技术创新的中介作用间接影响就业。胡宗义等（2021）基于中国275个地级市2004~2018年的面板数据研究发现，减排规制强化显著促进地区经济增长，并通过增加政府公共支出、倒逼企业创新、促进公众消费及吸引人才流入提高地区经济发展水平，并且该效应会随着地区经济水平提高而呈现边际递增规律。

也有学者对“双重红利”假说提出质疑，认为节能减排规制政策对就业影响有限。Brunello（1996）认为环境税改革会对充分竞争的劳动力市场产生拉动作用，但是当就业增加时，环境污染又会加重，环保与就业之间的矛盾很难找到平衡点，"双重红利"很难实现。Erik 等（1997）基于挪威 3 个制造业部门的研究发现，强规制政策正向影响造纸和钢铁行业的就业，但对化学行业的就业并没有产生显著的影响。Morgenstern 等（2002）对造纸、石油和钢铁行业进行分析，研究发现环境治理投入每增加 100 万美元，会净增加 1.5 个就业岗位，就业促进效应微乎其微。Walker（2011）则通过分析 1990 年美国清洁空气法案修正案对污染行业的影响，发现就业缩减效应显著，但在不同行业间存在很大差异。Bosello 和 Carraro（2001）认为，减排规制政策要满足一系列限制性条件才能实现"双重红利"效应。还有一部分研究认为减排规制很难同时实现更好环境质量和更多就业机会的双重政策目标，甚至可能会增加失业。Greenstone（1997）基于美国企业数据研究发现，清洁空气法案修正案的实施导致空气质量非达标州县损失了约 5.9 万个工作机会。郭启光和王薇（2018）通过研究 36 个工业行业数据发现，减排规制的实行能够起到减少污染的作用，但同时也降低了行业的就业水平，即减排规制在工业行业层面难以实现环境改善与就业增长的"双重红利"。蒋勇和杨巧（2019）研究表明，我国减排规制与就业之间整体上呈"U 型"曲线关系，地方政府之间减排规制的策略性互动竞争，导致我国整体减排规制强度较低并处于"U 型"曲线的下降阶段。同样地，宋德勇和毕道俊（2020）基于中国 285 个地级市数据发现，减排规制与就业之间存在先下降后上升的"U 型"关系，这意味着减排规制与保护就业不冲突，但环境保护与就业的"双重红利"是有条件的。崔广慧和姜英兵（2021）利用制造业企业数据研究发现，环保处罚会降低企业劳动力需求，机制分析表明，环保处罚的产量缩减效应与要素互补效应共同作用，总体上以产量缩减效应为主。

尽管"双重红利"假说的实证结论并不一致，但整体来看，大多学者的研究结论或支持"双重红利"假说，或认为对就业影响并不显著，认为节能减排会造成大面积失业的文献比较少见。

（二）节能减排政策对就业影响的异质性来源

国外文献关于“双重红利”假说的实证检验，大多针对特定的减排规制政策，由于政策规制力度、实施环境、经济发展水平等因素的异质性，政策效果不统一是必然现象。减排规制所带来的就业影响可以分解为一个负的规模效应和一个不确定的替代效应，从而导致加总的就业效应是不确定的。

王勇等（2013）研究发现，减排规制强度与工业行业就业存在“U型”关系。他们基于中国2003~2010年38个工业行业的面板数据，将污染视作一种生产要素引入生产函数，减排规制强度增加使得污染成本上升，一方面会使得一些企业难以为继退出市场，降低行业的就业容纳能力；另一方面，生存下来的企业会选择投入更多的劳动力以进行生产要素的替代，同时污染减排活动也需要劳动力投入，当减排规制上升到一定强度时，企业会不断改进生产技术进而增加就业。陈超等（2014）基于2003~2011年中国30个省（市、自治区）的面板数据，利用分位数回归探讨了减排规制对区域就业的影响。研究结果表明，当不考虑减排规制二次项时，其对区域就业存在显著的正向促进作用，且随着分位数的增加，促进作用先升后降；考虑减排规制二次项时，规制力度与区域就业呈现“U型”非线性关系，支持了王勇等（2013）的研究结论。马骥涛和郭文（2018）的研究结论表明，减排规制对就业规模的影响呈现“U型”变化趋势，对就业结构具有正向调节作用；减排规制对轻污染地区就业规模“U型”曲线的移动没有影响，但会造成重污染地区就业规模的“U型”曲线向右下方移动。秦楠等（2018）研究发现，减排规制的就业效应具有显著的行业异质性。在重度污染行业里，两者存在“U型”关系，而在中度和轻度污染行业呈现“倒U型”关系。减排规制强度对就业的非线性影响是政策异质性的一个可能来源。朱金生（2020）研究表明，减排规制会促进企业的技术创新，对劳动就业存在先抑制后促进的作用。以技术水平分类，减排规制对中低技术行业的冲击更大。蒯鹏等

（2021）利用 2003~2017 年的制造业行业面板数据实证分析发现，减排规制对制造业总体就业造成显著负向影响，且该影响主要体现在劳动密集型行业中，其研发和非研发人员均受到显著负向冲击。资本密集型行业受影响不显著，技术密集型行业总体就业和非研发人员就业受到显著正向影响。

政策实施客体的经济发展水平也是造成政策异质性的一个原因。陆旸（2011）对中国的就业“双重红利”问题进行模拟分析后发现，发达国家通过征收碳税改变税收扭曲进而获得“双重红利”的经验事实并不适用于中国，碳税的征收对产出和就业的影响均不显著。闫文娟等（2012）则从产业结构的角度探讨了减排规制与就业之间的复杂关系，结果发现在第三产业比较发达的地区，规制政策可以有效地提高就业水平，而其他地区则不存在促进效应。李梦洁和杜威剑（2014）基于中国省际面板数据进行实证检验，进一步证实了减排规制与就业之间的“U 型”关系，即跨过了“U 型”曲线的拐点后，随着减排规制强度的增加，就业也会相应增加，这便可以实现减排规制与就业的“双重红利”。现阶段，中国平均减排规制强度还不够高，依然处于“U 型”曲线左侧；分地区看，东部地区已经跨过拐点实现了“双重红利”效应，而中、西部地区分别处于拐点的附近或左侧。孙玉阳和唐嘉懿（2022）研究发现，碳排放规制能够促进就业，碳排放规制对就业的影响机制中存在产业结构升级和技术创新效应。在高收入和低收入地区碳排放规制均能够促进就业，而在中等收入地区碳排放规制抑制就业。仲伟周（2019）研究表明，减排规制对国有企业就业呈“U 型”影响，当前平均规制水平在拐点左侧造成就业下降；对私营企业呈“倒 U 型”影响，平均规制水平在拐点右侧也造成就业下降。李斌等（2019）研究发现，减排规制对就业的影响在“两控区”（即硫酸控制区和二氧化硫控制区）有显著差别，在酸雨控制区主要表现为对就业的促进，在二氧化硫控制区则表现为对就业的挤出。孙文远和程秀英（2018）研究了 21 个污染行业的数据，发现减排规制对污染行业的就业有积极作用，能够促进重污染行业的就业，对轻度污染行业的就业影响则不明显。蒋勇（2017）通过 2000~2014 年的中国省际面板数据研究，发现加强减排规制抑制了就业增长，东部地区加强减排规制对就业存在显著的正向影响，中西部地区加强减排规制对就业存在负向影响。司怀涛（2021）基于研发创新和减排规制相结合的角度，提出减排规制会抑制工业部门就业规模扩张。东部地区污染治理投资可以有效减少减排规制对就业的不利影响，但研发创新对工业部门就业存在显著的替代作用，中西部地区研发创新会促进工业部门就业。

经过了超过二十年的争论与实证检验，“双重红利”假说并没有得到统一的结论，这与“波特假说”面临各方争论的局面类似[①]。但需要指出的是，尽管“双重红利”假说与“波特假说”相关，但二者并不等价。当“波特假说”不成立时，即减排规制对企业生产造成负面影响，“双重红利”效应依然可能存在。Porter 和 Vander Linde（1995）从减排规制政策实施过程中的劳动力需求角度解释了“双重红利”效应，规制政策实施本身也需要劳动力参与，因此会增加对劳动力的需求。更进一步地，企业对节能减排的需求会促使新的清洁部门产生，从而增加劳动力的投入。减排规制政策所带来的就业影响取决于政策对污染部门就业破坏（Job destruction）和清洁部门就业创造（Job creation）的权衡。当清洁部门的就业创造大于污染部门的就业破坏时，将表现出“双重红利”效应；当二者大致相抵时，就业将从污染部门转向清洁部门，表现为就业结构优化效应；当污染部门的就业破坏大于清洁部门的就业创造时，整体将表现为就业疲软效应。

（三）节能减排政策的就业挤出效应

从国外学者的实证结果来看，尽管节能减排政策效果存在异质性，但整体上影响程度有限，并不构成就业的决定性因素，甚至对就业有轻微的促进作用，整体上有利于就业结构的优化。究其原因，制造业部门

① 关于波特假说面临争议的讨论可参见 Ambec et al. (2010)。

每年就业破坏后再创造的规模很大，就业破坏和就业创造的规模一般在10%以上[①]，而节能减排所造成的影响就显得很小。如Goodstein（1994）研究发现，节能减排政策仅对美国1987—1990年的失业产生了0.1%的解释力，仅有4家公司因此而倒闭。由减排规制所引致的大量关停和解雇是被放大化的，这是因为减排规制本身所新增的就业机会往往容易被人们忽视。换言之，比起减排规制引发就业岗位的减少数量，减排规制创造的就业岗位更多，或者说，就业创造效应大于就业破坏效应。并且，随着减排规制政策更加科学合理，节能减排体系不断完善，环保产业将成为创造就业的主要行业。因此，整体而言，欧洲的节能减排政策对就业的负面影响是有限的，主要表现为"双重红利"效应或就业结构优化效应。

然而，相比于欧洲多以税收或市场为基础的规制政策，中国的节能减排受到较多行政性干预。湖南省2004年公布执行差别电价的企业共有320家，截至2007年8月，关停并转的已达到148家（龚秀松，2007；申萌，2015）。王勇等（2019）基于2003年排污费修订的准自然实验[②]，利用工业企业微观数据研究发现，环境成本上升抑制了企业就业增长，缴纳排污费的企业就业创造率下降。孙文远和杨琴（2017）通过对我国287个地级市数据分析，发现我国"两控区"政策不利于城市总就业水平的提高，对第二产业就业水平的负面影响主要来自二氧化硫控制区，对第三产业就业水平的负面影响主要来自酸雨控制区。涂志辉和姜玲（2020）研究发现"两控区"政策与就业之间存在负相关关系。

历史上，中国的减排规制政策存在"行政干预过多，市场手段不足"问题（张晓，1999），当前的规制政策依然存在这一问题。Taylor等（2010）发现山西省为淘汰落后产能、促进产业优化升级，于2008年采取"六停强制"政策，"六停"具体包括停水、停电、停气、停运、停

① 就业破坏和就业创造规模在不同国家或行业间也存在异质性。Davis和Haltiwanger(1992)对美国制造业部门进行了研究，马宏等（2013）则对中国制造业部门进行了研究，大多行业的就业转移规模都在10%以上。

② 2003年国务院《排污费征收使用管理条例》的颁布，是排污收费政策的重大变革和完善。

贷、停证。陈家建和张琼文（2015）通过社会调研的方法发现，地方政府在公共政策执行过程中消极执行和运动式执行交替出现，从而造成政策的波动性，使得政策在长期无效。行政干预与市场手段二者缺一不可，张彩云（2020）研究发现，仅靠实施排污权交易制度无法实现“双重红利”，而同时实施总量控制政策和排污权交易制度，“双重红利”效果是显著的。

由于政策的行政性倾向，导致政策持续性不强。Kostka 和 Hobbs（2008）研究发现，地方政府规制力度和减排意愿取决于来自中央政府的压力。中央政府施压力度较大时，地方政府规制政策执行力度就会加强，政府和企业节能减排意愿相应增强；反之，地方政府规制力度就会下降，减排意愿减弱，地方政府会更倾向于优先发展 GDP（余泳泽和邓姗姗，2014）。节能减排政策因此持续性不足，客观上影响了政策有效性。张生玲和李跃（2016）发现，雾霾治理政策与舆论有关，当雾霾严重导致舆论压力增大时，政府将加大环保规制力度；如果就业放缓而产生舆论压力时又会放松规制力度。

除行政性倾向之外，节能减排没有综合考虑到地区就业结构特征（陈晓东和金碚，2016），故而存在不平衡问题。不平衡冲击使一些地区很难完成节能减排任务。以河北省“6643”工程为例，计划 2013~2017 年底，压减钢铁产能 6000 万吨、水泥产能 6100 万吨、标煤消耗量减少 4000 万吨、淘汰 3600 万重量箱平板玻璃落后产能。其中钢铁行业是河北省支柱产业，属于典型高耗能行业的黑色金属压延业占全省工业总产值的 27.4%，其县域就业占工业部门总和的 11.5%[①]。

（四）具有就业结构优化效应的节能减排政策

传统的节能减排政策是为了解决公共品市场失灵而实施的政府干预

① 计算结果是对河北省 2013 年 143 个县的相关数据简单平均计算。数据来源为 2013 年全国经济普查数据。

行为，主要可以分成以庇古税为理论基础的环境污染税、减排补贴或排污费等价格规制政策，或以科斯产权理论为基础的排放权交易政策等（张红凤等，2011）。然而，相比于传统规制政策，中国的节能减排问题更加复杂。首先，中国能源密集型行业产能明显过剩。与传统规制政策面临的公共品问题不同，中国产能过剩的原因主要来源于资源品价格非市场化和长期价格偏低。因此，中国的经济类调节政策除传统规制手段外，还包括类似"差别电价"政策等对能源价格的修正政策。在2005年前后，中国先后制定了一系列节能减排政策。按照规制手段分类，中国的节能减排政策可以分为以"关停并转"为代表的行政规制手段，以出口退税率调整、"差别电价"政策为代表的经济规制手段，和以"千家企业节能行动""十大重点节能工程"等为代表的经济鼓励政策（申萌，2016）。范庆泉（2018）在新古典理论的鞍点路径上，通过构建包括清洁品、污染品及能源生产三个部门的理论模型，发现渐进递增的环保税及政府补偿率的环境政策组合能够实现"三重红利"，过度的政府补偿政策会抑制经济增长速度，而不足的政府补偿政策则会导致收入分配格局失衡，扩大的产出规模也不会带来社会福利增益。

由于中国节能减排政策中行政手段偏多、政策持续性不强、地区间冲击非平衡等问题，政策对就业的影响更倾向于产生就业挤出效应，而对清洁部门的就业创造效应影响有限。在中国已实施的一系列节能减排政策中，政策工具大致可分为行政命令、法律条文、自愿节能行动、价格规制和数量规制等五类。除了行政命令和法律条文之外，其他政策通过补贴、税收和市场的方式改变污染企业行为，更具有市场化的特征。由于数据可得性的限制，只有少数文献关注了具体环境政策。本部分通过文献法对中国相对成熟的，执行期超过五年的节能减排政策进行梳理和总结，并对政策的节能减排效果和其产业结构调整影响进行探讨。表2–1归纳了部分有关具体政策分析的文献。

表 2-1 节能减排政策的就业影响

政策名称	政策工具	实施年份	规制企业	实施范围	就业影响	参考文献
关停并转	行政–命令	2004 年下半年至今（历次）	《产业结构调整目录》淘汰或限制类	不明确	就业破坏	Kostka 和 Hobbs,（2012）
差别电价政策	价格规制	2004 年 6 月历经反复	2007 年公布 10249 家企业	全国范围 8 大高耗能行业	2007 年前就业破坏，2007 年后就业结构调整	Price 等,（2010）;申萌,（2015, 2016）;赵琳,（2021）
出口退税率调整	价格规制	2004 年后逐步实施	高耗能行业	全国范围	未知	窦彬,（2012）;
资源补贴（税）调整	价格规制	2011 年 11 月	高耗能行业	全国范围	未知	林伯强等,（2012）;曾先峰等,（2019）
千家企业节能行动	自愿节能行动	2006 年	1008 家企业	全国范围	双重红利	Ke 等,（2012）;申萌等,（2015）;韩超等,（2020）
APPCL 修订	法律条文	2000 年	高耗能行业	全国范围	未知（全要素生成产率提高）	李树和陈刚,（2013）
SO_2 排放权交易市场	数量规制	2002 年	131 个城市，727 家企业	4+3+1	就业结构调整	涂正革和谌仁俊,（2015）
碳排放权交易市场	数量规制	2013 年	高耗能行业	全国范围	未知	卫志民,（2015）;蒋和胜,（2021）

注：①“关停并转”是一系列行政－命令政策的统称，如河北省“6643”工程，《产业结构调整目录》中的淘汰类等；②能源补贴调整时间按照《国务院决定修改中国资源税暂行条例》执行时间计算，此次改革标的为石油和天然气。2014 年 10 月 9 日，财政部发布《关于实施煤炭资源税改革的通知》，自 2014 年 12 月 1 日起实施煤炭资源税从价计征改革；③中国自 2002 年起在山东、山西、江苏、河南四省，上海、天津、柳州三市实行 SO_2 排放总量控制并开展排污交易试点，后来追加中国华能集团公司作为 SO_2 排放权交易示范单位，形成“4+3+1”的模式；④ 2013—2015 年北京、天津、上海、重庆、深圳、广东、湖北七个省市碳交易试点相继启动，全国统一碳市场在 2017 年底正式启动；⑤篇幅所限，仅列出部分相关政策法规。

相较于西方学者多利用微观数据，通过准自然实验的方法对具体政策进行研究，中国立足于微观企业数据的研究不多，从而很难对减排政策影响就业结构做出精确的定量分析。但整体来看，市场化的规制政策产生的就业结构优化效应优于行政－命令政策。申萌（2015）发现，2007 年前的“差别电价”政策造成了就业挤出现象；而申萌（2016）又发现，2007 年后的差别电价政策所造成的就业挤出现象消失，取而代之的是就业小幅增加。2007 年之前“差别电价”政策执行主体主要是地方政府，相对缺乏顶层设计且政策工具主要以“关停并转”为主；2007 年，发改委公布了 10249 家高耗能企业，政策实施对象明确，且政策工具主要以调高电价的经济政策为主，政策效果明显改善。

另外，目前学界对节能减排政策影响的异质性还没有进行充分的论述。对于发达地区，产业结构已经转向以服务业为主。随着经济社会的发展，单位产出的污染强度还会进一步下降，而就业结构也会出现清洁化和高级化的趋势。二者的共同变化趋势为“双重红利”效应提供了“空间”，即在改善环境质量（第一红利）的同时促进就业或投资的增长（第二红利）。而对于欠发达地区，产业结构还以工业和农业为主，节能减排规制本质是生产约束，企业要满足这一约束就需要付出成本，从而影响经济产出与就业规模。有鉴于此，本书重视对经济异质性的分析。

（五）小结

节能减排作为供给侧结构性改革的重要抓手，具有调整产业结构、淘汰落后产能、促进经济与环境协调发展等作用。本书对现有关于节能减排与就业结构的文献进行了梳理。尽管相关文献实证结果并不统一，但普遍认为基于市场化工具的节能减排政策在一定程度上促进就业。节能减排对污染部门造成就业挤出效应，而对清洁部门具有就业创造效应。

减排规制的就业挤出效应与就业创造效应大致相等时，则表现为就业结构优化。

目前的研究可能存在一些不足。首先，相关研究没有对“双重红利”的经济基础进行充分分析。大多文献认为节能减排政策在不同地区和不同行业实施时存在政策效果的异质性，我们将在后文利用复合增长模型讨论这一问题。要兼顾就业和减排目标，重点在于选择匹配各地区发展水平和就业结构的规制政策。不同地区所处经济发展阶段不同，在受到规制的外部冲击时，应对方式不同导致了减排规制对就业的影响不同。为协调就业与减排的关系，就需要避免“一刀切”的政策设计。在经济较为发达的中东部地区，节能减排有利于就业创造，从而在环境改善的同时促进就业。而对于经济相对落后的地区，节能减排会造成一部分岗位流失，应予以补贴以减轻受规制企业的内外部压力。

再者，目前理论没有充分讨论政策工具差异造成的异质性。在政策工具选择上，地方政府往往倾向于选择有更大自由裁量权的“行政－命令”政策，而较少使用改变企业行为目标的“价格规制”或“数量规制”政策。行政政策相对经济政策而言虽然看似见效更快，但容易出现反复且更倾向于就业破坏。总体来看，价格规制和数量规制等节能减排政策可以促进就业结构清洁化。节能减排的商品化是目前的一个国际化趋势。节能减排规制市场化后，节能成本可达到最优化。

中国节能减排政策的核心问题来源于资源品价格非市场化。政府政策无法完全替代市场，很难找到合理的资源品价格。由于我国资源品价格的长期低估，造成了扭曲的比较优势，大量的低端高耗能产品的出口不仅污染环境，也不利于产业的转型升级。而事实上，节能减排政策在不同地区的非平衡冲击可能加剧这种扭曲效应。节能减排政策在一定程度上能够缓解中国工业部门的高耗能问题，但无法最终完全解决，还需要市场化手段的介入，以促进产业结构升级。就业结构是产业结构变化的重要指标，如果环境政策能够促进产业结构升级，就会使“污染密集产业”就业占比下降，而其他产业就业占比上升，最终得以实现“双重红利”效应。

第三章　能源供给与就业的基本事实

2015 年首次提出的供给侧结构性改革为我国的经济发展提供了新思路。在能源领域，供给侧结构性改革体现为能源结构转型，即由“黑色”向“绿色”、由“高碳”向“低碳”的转型。能源供给侧结构性改革是通过产业结构调整，降低化石能源的使用占比，通过发展科学技术，增加可再生能源的利用，以深化供给侧结构性改革为主线，建立一个清洁低碳、安全高效的现代能源体系。

首先，本章对我国的能源供给情况进行了分析。整体来看，我国的能源供给正在向清洁化、低碳化转变。这一转变主要表现在两个方面。第一，从能源供给结构来看，以绿色能源为基础的一次电力占比逐年增加，且增速逐渐加快。第二，从传统能源来看，尽管煤炭依旧占据能源供给主体地位，但天然气占比逐年上升。

其次，本章进一步从需求角度讨论能源使用现状。从能源消费弹性的角度来看，我国的弹性值相对稳定且小于 1。这一结果意味着，GDP 每增加 1%，能源消费增加小于 1%，即能源使用强度将持续下降。从能源使用成本的角度来看，在我国能源结构逐渐绿色化的过程中，企业用能成本也明显增加，而且成本负担并不均衡，小企业用能成本上升幅度更大。

再次，本章讨论在“双碳”背景下的能源供给侧改革方向。我国整体碳排放水平仍处于上升趋势，但上升趋势明显放缓。本章还梳理了工业、交通和新兴行业等重点领域的改革方向。整体来看，在“十三五”时期，我国能源转型取得了一定进展，但能源转型是一个长期过程，目前仍然存在深层次的矛盾和问题。我们继而讨论了二氧化碳排放弹性的问题，从平均情况来看，我国碳排放处在弱脱钩区间，即随着经济增长，碳排放强度将逐渐下降。

最后，本章分析就业与能源消费之间的交叉弹性。从结果来看，交叉弹性逐步下降且在2015年前后进入负值区间，说明能源对就业的关系逐渐从互补关系转向替代关系。也就是说，在2015年后，理论上能源价格的变化不会对就业产生重大的负面影响。本章进一步分析了能源与就业结构的交叉弹性。从城乡就业结构与能源使用的交叉弹性看，能源消费还是会影响到就业结构，即能源价格的大幅上升有可能影响到工业部门就业占比，但二者相关性在不断下降。

（一）能源供给分析

1. 能源供给总量分析

近20年来，我国能源供给整体稳定，增速放缓。2020年我国一次能源生产总量40.8亿吨标准煤，同比增长2.69%。2001—2020年，我国一次能源生产总体呈上升趋势，仅在2015—2016年呈下降趋势，2015年我国一次能源生产首次出现负增长。2016年国务院出台的《关于煤炭行业化解过剩产能实现脱困发展的意见》提出，在淘汰落后煤炭产能的基础上，用3至5年的时间，再退出产能5亿吨左右，较大幅度压缩煤炭产能[①]。2016年一次能源生产总量为34.6亿吨标准煤，较2015年下降4.48%，下降幅度在近20年中位居第一。

从能源生产的增长速度来看，2001—2004年增速逐年增加，2004年最高为15.6%；2006年起能源生产增速出现波动，但整体呈下降趋势，能源生产的增长速度放缓，均在10%以下。相较于2010年9.1%的增速，2020年下降了6.41%（图3-1）。

① 参见：http://www.gov.cn/xinwen/2016-02/05/content_5039752.htm。

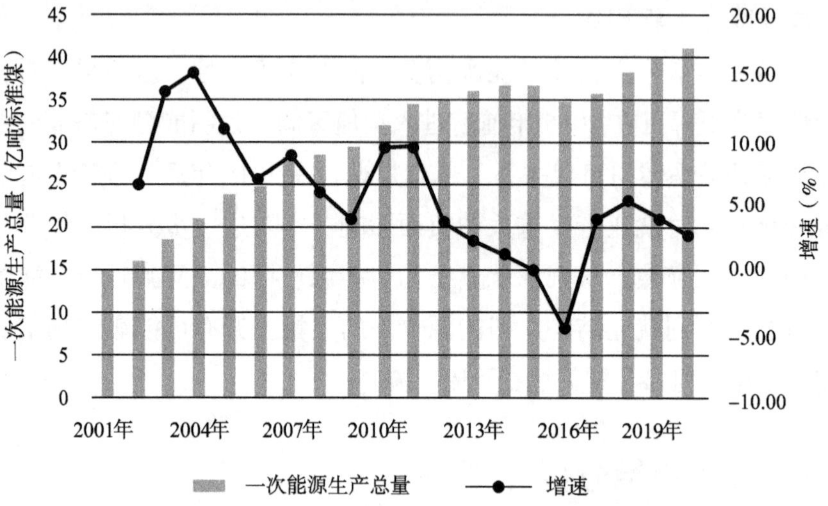

图 3-1　2001—2020 年能源生产总量及增速

数据来源：国家统计局。

2. 能源供给结构分析

随着能源转型的推进，传统能源的供给结构不断优化，但煤炭生产仍居主体地位。表 3-1 为近十年来传统能源的生产量，煤炭产量在 2010—2013 年快速上升，2014—2016 年有较大幅度下降，之后有小幅上升，2019 年煤炭产量为 384633 万吨。原油产量在 2010—2015 年呈上升趋势，2015 年原油产量为 21455.5 万吨，2016—2018 年原油产量一度下降至 18932.42 万吨，2019 年同比上升 0.89%。天然气产量连续十年上升，2019 年天然气产量为 1753.62 亿立方米。除 2015 年火力发电量有所下降，其余年份火力发电量均在增加，2019 年增长 2.43%。

表 3-1　2010—2019 年主要能源品种生产总量

年　份	煤炭生产量（万吨）	原油生产量（万吨）	天然气生产量（亿立方米）	火力发电量（亿千瓦时）
2010 年	342845.00	20301.40	957.91	33319.28
2011 年	376444.00	20287.60	1053.37	38337.02

续表

年　份	煤炭生产量（万吨）	原油生产量（万吨）	天然气生产量（亿立方米）	火力发电量（亿千瓦时）
2012 年	394513.00	20747.80	1106.08	38928.10
2013 年	397432.00	20991.90	1208.58	42470.10
2014 年	387392.00	21142.90	1301.57	44001.11
2015 年	374654.00	21455.58	1346.10	42841.88
2016 年	341060.00	19968.52	1368.65	44370.68
2017 年	352356.00	19150.61	1480.35	47546.00
2018 年	369774.00	18932.42	1601.59	50963.18
2019 年	384633.00	19101.41	1753.62	52201.48

数据来源：《中国能源统计年鉴》。

从能源结构看，以一次电力为代表的新能源占比在逐渐上升，且增速逐渐加快。从传统能源角度看，天然气占比逐步增高。从碳排放和污染排放的角度来看，这些变化表明能源排放效率提升。图 3-2 为我国主要能源生产量占比，可以看出能源结构由石油、煤炭向天然气及电力转化，但煤炭仍是我国能源支柱。2011—2020 年，原煤生产占比连年下降，2020 年占比 67.6%，是其余三类主要能源的两倍以上。原油生产占比呈逐年下降趋势，2020 年最低为 6.8%。天然气生产占比由 2001 年的 2.7% 增长至 2020 年 6%。2017 年国家发改委发布的《加快天然气利用意见》提出 2020 年天然气消费占比达 10% 左右[①]，然而国家统计局数据显示，2020 年天然气消费在一次能源消费占比为 8.4%，这一目标尚未实现。源于我国“富煤贫油少气”的国情，我国的能源转型是长期且困难的过程。

① 参见：http://www.gov.cn/xinwen/2017-07/05/content_5207958.htm。

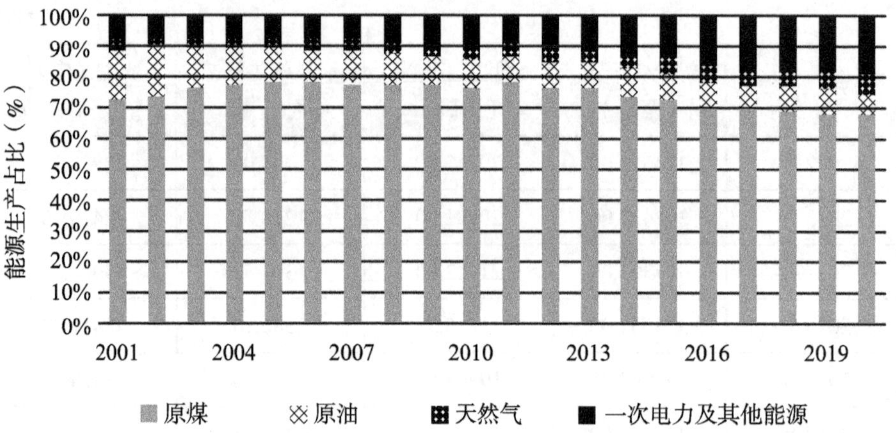

图 3–2 2001—2020 年中国能源生产结构

数据来源：国家统计局。

电力来源清洁化和终端能源消费电气化，是供给侧、消费侧结构调整的重要方向①。由于电力来源可向清洁化调整，近年来我国一次电力及其他能源的产量不断上升，2020 年达到 19.6%。

与传统能源不同，新能源包括太阳能、风能等可再生能源，具有资源潜力大、环境危害小的特点。随着能源结构调整，新能源的地位逐渐提升，对于新能源的开发和利用主要致力于发电。图 3–3 为四种新能源发电量，总体上，新能源发电量逐年上升。2019 年，四种新能源总发电量为 22832.49 亿千瓦时，较 2018 年增长 10.32%。新能源的快速发展体现出能源转型进程加快，但相较于传统能源，新能源发电量仍处于较低水平，2019 年火力发电量为 52201.48 亿千瓦时，是新能源发电量的两倍以上。

从新能源发电的结构来看，我国目前水力发电应用较多，水电设施投入不断增加。2019 年水力发电量达 13044.4 亿千瓦时，近五年来保持稳定增长的态势，增速逐年加快。预计 2022 年，世界第二大水电站——

① 参见：水电水利规划设计总院副院长易跃春（2022）。能源绿色低碳转型有了“施工图”——国家能源局 (nea.gov.cn)。

白鹤滩水电站将全部投产发电。截至 2022 年 2 月，白鹤滩水电站累计安全生产绿色电能 200 亿千瓦时，相当于减少标准煤消耗 624 万吨[①]。核电保持了较高的增长速率，2019 年核电生产量为 3485.3 亿千瓦时，同比增长 18.34%，近五年来增速均保持在 15% 以上。目前国内核电生产分布在 8 个省，其中发电量最高的是广东省，2019 年发电量达 892.41 亿千瓦时。2016—2018 年，风电增速在 20% 以上，2019 年风电产量为 4060.3 亿千瓦时。太阳能发电量较少但增速较快，2019 年发电量为 2244.29 亿千瓦时。

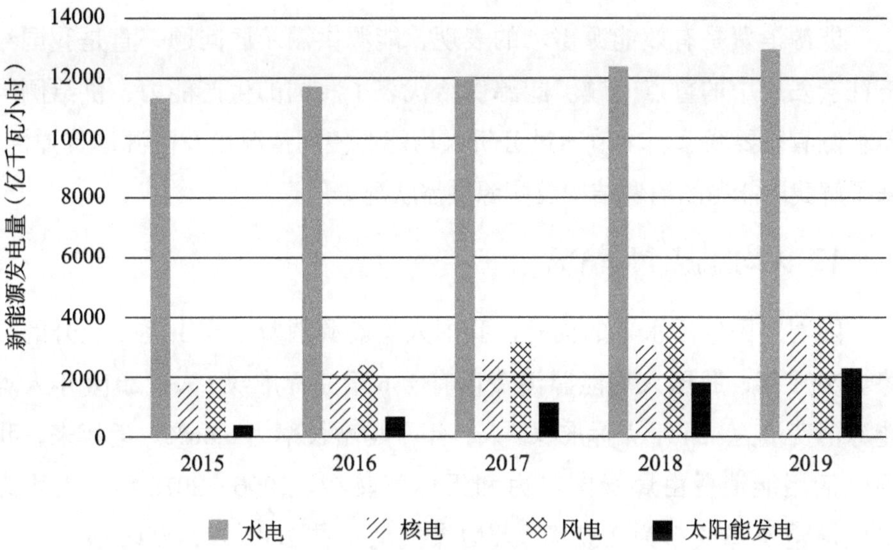

图 3–3　2015—2019 年新能源发电量

数据来源：国家统计局及《中国能源统计年鉴》。

从能源供给侧现实情况来看，我国能源供给结构逐渐由煤炭向天然气转化，新能源发电量逐步上升。在节能减排与能源供给侧改革的背景下，我国能源使用结构逐渐清洁化，能源供给逐步由高碳向低碳转变。

① 参见：《超级电站，铸就中国水电“新名片”》超级电站，铸就中国水电“新名片”——国家能源局 (nea.gov.cn)。

早在2014年11月，中美双方发表《中美气候变化联合声明》中提到，我国计划到2030年非化石能源占一次能源消费比重提高到20%左右。2015年巴黎协定签署时又再次重申，非化石能源占一次能源消费比重达到20%左右。我国新能源增速保持在较高水平，2020年我国一次电力及其他能源消耗量占比已经达到15.9%。在未来较长时间内，我国有望保持新能源占比持续提升势头。

（二）能源需求分析

能源消费是有效能源需求的表现，能源供需矛盾问题一直是我国经济社会发展中的重点问题。能源供给代表了我国的生产能力，供给侧与需求侧有重要联系。本节通过分析人均能源使用情况以及能源消费弹性，来了解我国能源的消费结构及能源供需状况。

1．人均能源使用情况

随着人民生活水平的提升，我国人均能源消费呈现出逐年上升的趋势。2001年，我国人均能源消费仅有136千克标准煤/人，2018年人均能源消费量为434千克标准煤/人，年平均增长率为6.66%。近年来，我国生活用能消费由煤炭向电力和天然气转型。2006—2018年，人均煤炭生活消费降低率为2.62%。人均煤气消费在2007年达到峰值14.1立方米，之后以较大的速率下降。2018年人均煤气消费量为3.4立方米，2007—2018年年均下降率为12.58%。

电力及天然气消费逐年增加。2018年电力人均消费量为722千瓦时，2001年仅为127千瓦时，2001—2018年，人均电力消费的年均增长率为10.14%；与此同时，人均天然气消费量以更快的速度增长，人均天然气消费量年均增长率达13.76%（表3–2）。总体上，我国居民能源消费结构正在向清洁化转变。

表 3–2 2012 年 –2018 年中国人均生活用能情况

指 标	单 位	人均生活用能						
		2012	2013	2014	2015	2016	2017	2018
煤炭	千克 / 人	69.00	68.00	68.00	70.00	69.00	67.00	55.00
电力	千瓦时 / 人	460.00	515.00	526.00	552.00	611.00	654.00	722.00
液化石油气	千克 / 人	12.10	13.60	15.90	18.60	21.40	23.30	22.60
天然气	立方米 / 人	21.30	23.80	25.10	26.20	27.50	30.30	33.60
煤气	立方米 / 人	10.20	7.90	7.10	5.90	4.60	3.70	3.40
合计	千克标准煤 / 人	313.00	335.00	346.00	368.00	394.00	414.00	434.00

数据来源：国家统计局。

2. 能源消费弹性分析

能源消费弹性亦称“能源消费增长系数”，能够反映能源消费与国民经济发展的关系，它是能源消费增长率与同期国内生产总值增长率的比值。能源消费弹性的变化与国民经济结构、技术装备、生产工艺、能源利用效率、管理水平乃至人民生活质量等因素密切相关。一般而言，高耗能部门比重大、科学技术水平低的经济体，能源消费增长速度往往快于国民生产总值的增长速度，其能源消费弹性往往大于 1。此外，在工业化初期阶段，由于高耗能重工业发展迅速，加之能源利用技术比较落后，因而能源消费的增长速度往往高于国民经济增长速度，能源消费弹性一般大于 1。图 3–4 中的实线为我国能源消费弹性数据，根据《中国能源统计年鉴》与《中国统计年鉴》计算而来。虚线部分为《2020 年中国能源统计年鉴》公布的历年能源消费弹性数据。相比而言，我们所计算的能源消费弹性略低，但总体上两者变化趋势基本一致。

可以看出，中国能源消费弹性值大多位于 0–0.5 之间，2003 年能源消费弹性达到最高为 1.31。纵观中国 1981—2019 年能源消费弹性，可以将中国能源消费弹性变化划分为如下三个阶段。第一个阶段：1981—1998 年。此阶段中国能源消费弹性均在 0.5 以下，呈波动下降趋势，意味着国内生产总值每增加 1%，能源消费增加小于 0.5%。这一阶段正值改革开放初期，中国产业结构逐步由“二一三”转变为“二三一”，第二产业实现了持续快速发展。其中，重工业所占比重由 1981 年的 48% 波动上升到 1998 年的 52.5%，从以轻工业为主到轻、重工业共同发展。第二个阶段：1999—2006 年。此阶段中国能源消费弹性均在 0.5 以上，意味着国内生产总值每增加 1%，能源消费增加大于 0.5%。在 2003 年，能源消费弹性大于 1，即能源消费增长速度快于国内生产总值增长速度。在这一阶段，中国重工业所占比重迅速上升，由 1999 年的 50.8% 上升到 2006 年的 70%，能源消费弹性呈快速上升趋势。第三个阶段：2007—2019 年。此阶段中国能源消费弹性在 0 ~ 0.5 之间波动，意味着国内生产总值增长速度快于能源消费增长速度。此阶段中国经济发展迅速，产业结构逐步优化调整为“三二一”。生态文明建设写入“十七大”报告中，经济发展对能源消费的依赖性逐步降低，能源消费的增长速度低于国内生产总值增长速度。

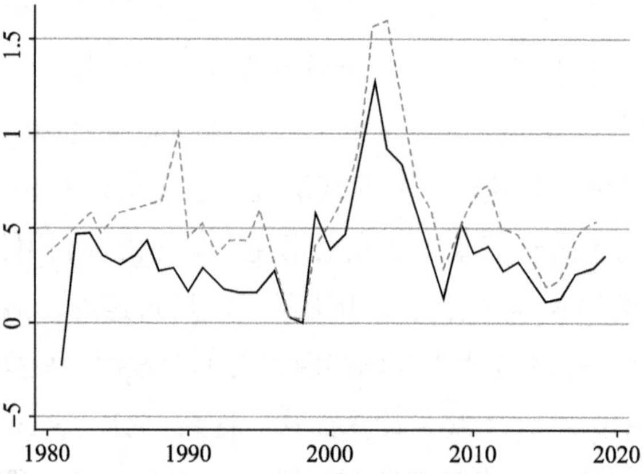

图 3–4　1981—2019 年中国能源消费弹性对比

注：图中虚线《2020 年中国能源统计年鉴》公布的中国历年能源消费弹性，实线为笔者根据国家统计局数据计算所得。

纵观 1981—2019 年中国能源消费弹性的变化趋势，中国能源消费弹性呈波动下降趋势。我国单位 GDP 能耗不断下降，说明我国能源效率逐渐提升。中国能源消费弹性小于 1，大致在 0.5 附近徘徊，这意味着经济增长 1%，能源消费增长大致为 0.5%，表明能源消费增长速度小于经济增长速度。然而，从能源使用绝对值的角度来看，由于弹性依旧大于 0，能源消费依旧会随经济增长而增加。因此，能源供给侧改革势必会影响经济发展。

3. 能源使用成本分析

近年来，多地政府都严格执行了限电、节能减排、限产停产、压煤控污、污水提标改造等一系列雷霆措施。节能减排政策在改善环境和提高减排效率的同时也给企业带来直接的费用成本。首先，企业生产行为受到成本约束与利润最大化驱动，节能减排可能会迫使企业调整生产行为，使企业偏离生产成本最优化路径，增加了企业生产成本。其次，节能减排政策的实施促使企业加大对生产末端的治理，为此企业需要承担额外的治理成本，例如三废处理费、污染税、污染物排放权等，外部成本的内部化提高了企业生产成本。此外，政府为更有效地减少环境污染，往往会对重污染、高能耗的产品及工艺做出限制甚至强制淘汰。短期内，节能减排力度的增强使高污染、高能耗产品的有效供给减少，造成污染要素价格上涨，间接地增加相关企业的生产成本。由此可见，节能减排会产生明显的“成本效应”。

（1）企业能源使用成本

根据 2020 年中国私营企业调查数据，我国企业能源成本稳中有升。图 3-5 为 2018 年和 2020 年所调查的私营企业能源成本变化，2018 年有 62% 的企业认为“能源成本上升”，2020 年这一数据下降至 37%，但仍是认为“能源成本降低”的企业的两倍以上。面对各类新能源快速发展的预期，火电等企业面临生产经营成本的压力进一步加大。新增成本主要表现为新能源设备投入的固定费用、调频机组启停费用、企业搁浅成本等。清洁低碳发展的背景下，企业生产成本增加，必将影响企业产出，进而影响宏观经济运行水平与劳动力就业水平。

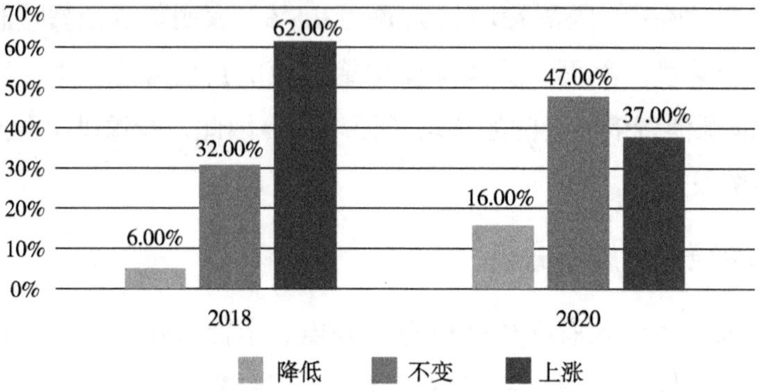

图 3-5 2018 及 2020 年私营企业能源成本调查结果

数据来源：中国私营企业调查数据库。

从三大产业的能源成本来看，如图 3-6 所示，总体上能源成本呈现稳中有升的趋势。第二产业中有 38.72% 的企业认为“能源成本上升”，大于其他两个产业。由于能源转型导致传统能源成本上升，而第二产业中较多企业使用传统能源，因此成本会呈上升态势。第一、第三产业中能源成本降低的企业占比也较小，分别为 23.01%，14.34%。

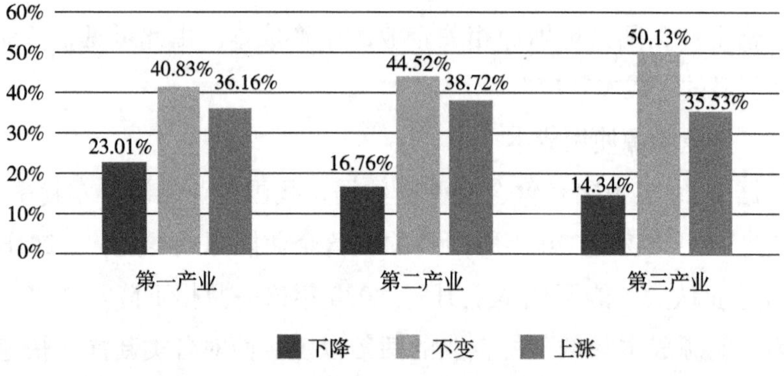

图 3-6 2020 年不同产业能源成本变化情况

数据来源：中国私营企业调查数据库。

从企业规模来看，如图 3-7 所示，大型企业中有 40.26% 能源成本上涨，中型企业为 37.7%，小型企业为 30.82%，可以看出能源转型对大型企业能源成本的影响较大。同时大型企业中能源成本下降的企业有 18.9%，中小企业能源成本下降的较少，中小企业也面临着能源成本上升的压力。

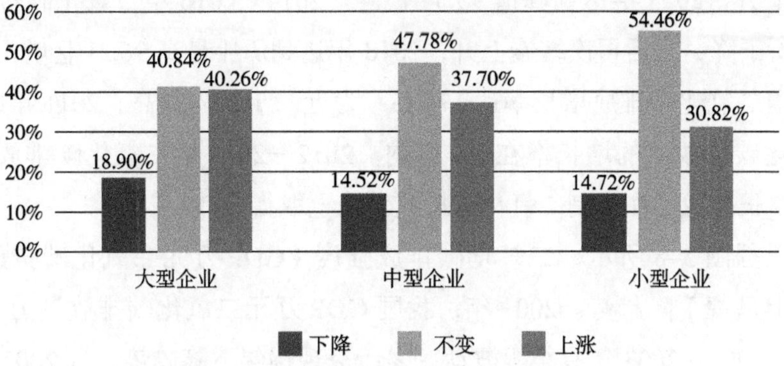

图 3–7 2020 年不同规模企业能源成本变化情况

数据来源：中国私营企业调查数据库。

（2）能源使用内部成本

我国能源具有“富煤贫油少气”的特点。从上文可知，近二十年来煤炭消费量均占能源消费 60% 以上，煤炭价格相对于其他能源价格较低，因此使用煤炭会降低企业能源成本。为了构建清洁低碳的能源体系，我国推进能源生产和消费向清洁化转型，使得能源使用的内部成本上升。孙莉莉（2018）核算了能源发电的成本，发现从能源发电的内部成本来看，燃煤发电的成本最低，其次是风力发电，然后是燃气发电、太阳能发电。根据国家统计局提供的天然气价格数据，经测算，2019 年 1 月 30 日每千瓦时天然气燃料成本约 0.73 元；在不考虑环保政策对燃煤电厂的固定投资成本的影响时，煤电每千瓦时发电量燃料成本仅为 0.3 元左右；光伏发电、风力发电也需要大量投入成本。因此能源结构转型使得能源生产内部成本上升。

（三）能源供给侧改革与碳排放

1．二氧化碳排放总体情况分析

在能源供给侧改革背景下，我国化石能源使用量增加，二氧化碳排放量呈现上升趋势。如图 3-8 所示，2000—2013 年我国二氧化碳排放量逐年上升，2013 年达到峰值 95.34 亿吨。2014—2016 年二氧化碳排放总量有所下降，之后再次缓慢上升，2018 年达到历年最高 96.21 亿吨。2003 年我国二氧化碳排放增长率达 17.7%，为近二十年内最高，2011 年以后，二氧化碳排放量的增长率在 5% 以内。2012—2016 年二氧化碳排放量转为负增长，我国在控制二氧化碳排放工作上取得成效。

根据图 3-8 所示，二氧化碳排放强度（GDP 万元二氧化碳排放量）总体上呈现下降趋势。2001 年，我国 GDP 万元二氧化碳排放量为 3 吨 / 万元，2001—2003 年有小幅波动，之后呈现逐年下降趋势，从 2003 年的 2.97 吨二氧化碳 / 万元，下降到 2018 年 1.05 吨二氧化碳 / 万元，年均降幅为 6.71%。我国化石能源消费仍占主体地位，因此二氧化碳排放总量仍在增加，但从碳排放强度来看，能源利用效率提升及清洁能源的使用使得万元 GDP 的二氧化碳排放量不断下降。

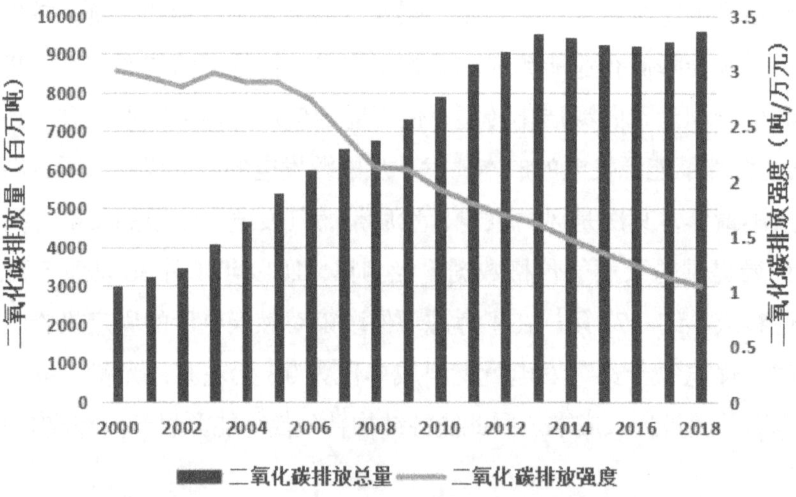

图 3-8　2000—2018 年中国二氧化碳排放量及强度变化

数据来源：中国碳核算数据库 CEADs。

从二氧化碳排放来源来看，主要集中在工业领域和交通运输领域。表 3-3 为我国各行业二氧化碳排放量占全国总排放量的比重。郭士伊等

（2021）提出我国产业结构的重化工业特征显著，工业能源消费的碳排放量占全国能源消费碳排放量的65%。2001年，我国工业领域排放的二氧化碳为30.88亿吨，占比为83.73%，2001—2011年该比重不断增加，2011年达到历年峰值86.7%。2011—2018年，来自工业领域的二氧化碳排放量占比呈下降趋势，逐渐减小至84.19%。从整体看，来自工业领域的二氧化碳排放量始终占全国二氧化碳排放量的80%以上，是我国产生二氧化碳的主要领域。

其次是交通运输领域，该领域二氧化碳排放量占比总体呈上升趋势。2001年来自交通运输、仓储和邮政业的二氧化碳排放量比重为6.1%，2001—2008年该比重上涨至6.38%，2009—2011年有小幅波动，2011年降为5.79%，之后逐年增加，2018年达到最高，占比为7.76%。

占比居第三位的是生活消费产生的二氧化碳，该比重总体呈下降趋势。2001年我国生活消费产生的二氧化碳占比为5.37%，在2001—2010年逐年下降至3.47%。之后有小幅度上涨，2018年该比重为3.88%。

表3-3 2001—2018年中国各行业二氧化碳排放比重 （单位：%）

行 业	农林牧渔水利业	工 业	建筑业	交通运输仓储和邮政业	批发、零售业和住宿、餐饮业	生活消费	其他行业
2001	1.26	83.73	0.61	6.10	0.91	5.37	2.03
2005	1.35	85.08	0.53	6.20	0.81	4.35	1.67
2010	1.03	86.35	0.47	5.92	0.97	3.47	1.79
2015	1.11	84.16	0.52	7.17	1.09	3.87	2.09
2018	1.06	84.19	0.48	7.76	0.84	3.88	1.79

注：篇幅所限，不再报告所有时点数据，下同。

数据来源：根据中国碳核算数据库（CEADs）数据计算得到。

2．工业领域节能减排

吕越和马明会（2021）指出，中国在全球价值链（GVC）分工体系中承担的低附加值、微利化、高能耗的加工组装环节较多，用于工业的能源消耗作为碳排放的最主要来源之一，其规模的上升很大程度上会带来碳排放量增加。随着我国经济规模扩大，我国二氧化碳排放主要来自工业领域。从工业领域产生二氧化碳的能源结构来看，二氧化碳排放主要来自煤炭和焦炭的使用。2001—2018 年煤炭使用过程中排放的二氧化碳总量呈现出先上升后下降的趋势。2001 年煤炭产生的二氧化碳排放量为 238039.9 万吨，2001—2013 年煤炭二氧化碳排放量逐年增长，直至 2013 年达到峰值 695003 万吨，年均增长率为 8.59%。2014—2016 年煤炭产生二氧化碳排放量逐年下降，2016 年为 618575.9 万吨，之后有小幅上升，2018 年二氧化碳排放量为 642840.3 万吨。使用焦炭产生的二氧化碳排放量呈现出先上升后下降的趋势。2001 年焦炭产生的二氧化碳排放量为 32754.1 万吨，2001—2014 年持续增长，直至 2014 年达到峰值 135301.5 万吨，2014 年之后有所下降，2018 年排放量为 127405.5 万吨。

除煤炭和焦炭外，工业领域其他能源使用过程中二氧化碳排放量也有不同程度的变化。下图 3–9 为我国工业领域部门各类能源使用过程中的二氧化碳排放量，可以看出使用天然气产生的二氧化碳排放量呈现逐年增长的趋势，2001 年的天然气二氧化碳排放量为 3414.29 万吨，增长至 2017 年的 40698.29 万吨，年均增长率为 14.76%。近年来，天然气产生的二氧化碳排放量增长率较高，2017 年较上一年同期增长 24.82%。原油二氧化碳排放量在 2003 年达到峰值 20406.42 万吨，2004 年下降为 9300.99 万吨后保持小范围波动，呈现出短期内先上升后下降的循环波动特征。2016—2018 年，原油二氧化碳排放量呈明显下降趋势，从 14245 万吨下降为 10187.64 万吨，年均下降率为 11.82%。燃料油二氧化碳排放量呈现先升后降再升的趋势。2001—2004 年，燃料油产生的二氧化碳排放量由 9194.39 万吨上升至 11178.64 万吨，达到历年来的峰值，之后下降为 2009 年 4684.13 万吨。2018 年燃料油产生的二氧化碳排放量再次上升至 9729.82 万吨，2017 年较前一年有所下降，下降率为 11.88%。汽油、柴油、煤油在工业领域产生的二氧化碳排放量的占比较小，排放量变化幅度较小，总体呈下降趋势。

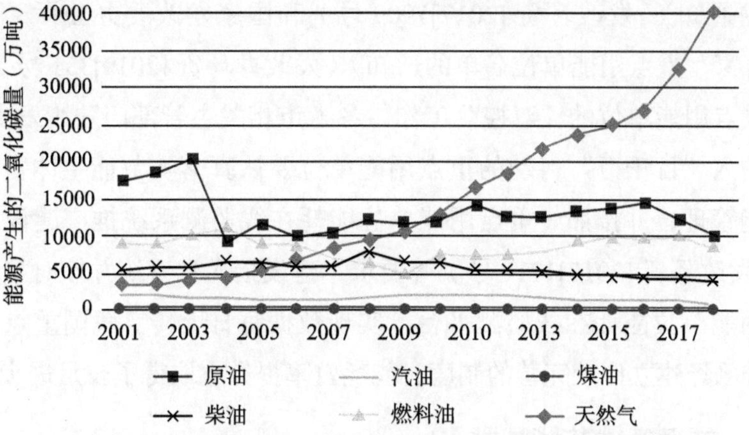

图 3-9　2001—2018 年工业领域部分能源产生的二氧化碳排放量

数据来源：中国碳核算数据库 CEADs。

从占比来看，2001—2013 年煤炭能源产生的二氧化碳比重较为稳定，保持在 79% 左右。由于煤炭消耗仍占主体地位，因此来自煤炭的二氧化碳排放量也占据绝大部分，同时近年来我国二氧化碳总排放量增速放缓，部分原因在于使用煤炭排放的二氧化碳有所下降。2014—2018 年，使用焦炭产生的二氧化碳排放量占比保持在 15% 左右，近年来有下降趋势，2018 年较 2017 年占比下降 0.34%。天然气产生的二氧化碳排放量占比逐渐增加，2011 年仅为 1.11%，2018 年为 4.88%，可以看出我国能源结构的转变。

总体来看，工业领域二氧化碳排放主要来自煤炭和焦炭的使用，且二者产生的二氧化碳在 2013、2014 年达到峰值后开始下降。随着能源结构的调整，工业领域天然气产生的二氧化碳逐渐增加，其他能源产生的二氧化碳较少，变化幅度也比较小。

《"十四五"节能减排综合工作方案》(国发 [2021]33 号)对工业领域"十四五"期间节能减排工作提出了具体要求："'十四五'时期，规模以上工业单位增加值能耗下降 13.5%，万元工业增加值用水量下降 16%。"整体来看，我国对重点用能企业的监管越来越严格，已基本实现实时监测与管理。为贯彻落实《重点用能单位节能管理办法》(国家发改委 2018 年第 15 号令)《国家发改委关于开展重点用能单位"百千万"行动有关事项的通知》（发改环资 [2017]1909 号）和国家发改委办公厅《关于发布“百家”重点用能单位名单的通知》（发改办环资 [2019]351 号），深入推进重点用能单位的“双控”工作，各省市相关主管部门陆续发出通知，要求纳入“百千万”行动的重点用能单位要认真落实节能主体责任，加强节能管理，并按照《重点用能单位能耗在线监测系统推广建设工作方案》（发改环资 [2017]1711 号）等要求，建设接入端系统并按时接入省级重点用能单位能耗在线监测平台，实现数据每日上传。我国重点企业节能减排已经建立比较完善的制度，能耗效率提升也取得了长足进步。

3．交通领域节能减排

图 3-10 为我国交通领域部分能源的二氧化碳排放量的变化情况。2001—2018 年我国交通领域的二氧化碳排放量连年上升，2001 年二氧化碳排放量为 22502.1 万吨，一直增加至 2018 年 76973.2 万吨，年均增长率为 7.07%。整体来看，柴油、汽油和煤油在交通领域产生的二氧化碳排放量位居前三。柴油产生的二氧化碳排放量远高于其他几种能源，且在 2001—2012 年呈现较快增长趋势。2001 年柴油产生的二氧化碳排放量为 10807.3 万吨，2012 年为 33887.7 万吨，年均增长率为 9.99%。2012 年之后，二氧化碳排放的增长率明显放缓。2013 年为 34499 万吨，2018 年增长至 35277.3 万吨，2013—2018 年年均增长率为 0.37%，相较于前十年增速明显放慢。汽油使用过程中产生的二氧化碳排放量呈现上升趋势，2001 年汽油产生的二氧化碳为 4718.66 万吨，2018 年为 18301.99 万吨，年均增长率为 7.82%。

煤油产生的二氧化碳排放量也呈现逐年上升趋势。2018 年煤油产生的二氧化碳为 1726.7 万吨，2001—2018 年的年均增长率为 10.64%。天然气的排放曲线上升趋势更为明显，增长速率更快。2001 年天然气使用产生的二氧化碳排放量仅为 239.37 万吨，2018 年增长至 6250.47 万吨，年均增长率 19.87%，增长率在几种能源中最高。燃料油和煤炭产生的二氧化碳波动幅度较小，燃料油产生的二氧化碳总体呈上升趋势，年均增长率为

4.21%。煤炭产生的二氧化碳总体呈下降趋势，2001 年煤炭产生的二氧化碳量为 1688.19 万吨，2018 年为 644.15 万吨，年均下降率为 5.21%。

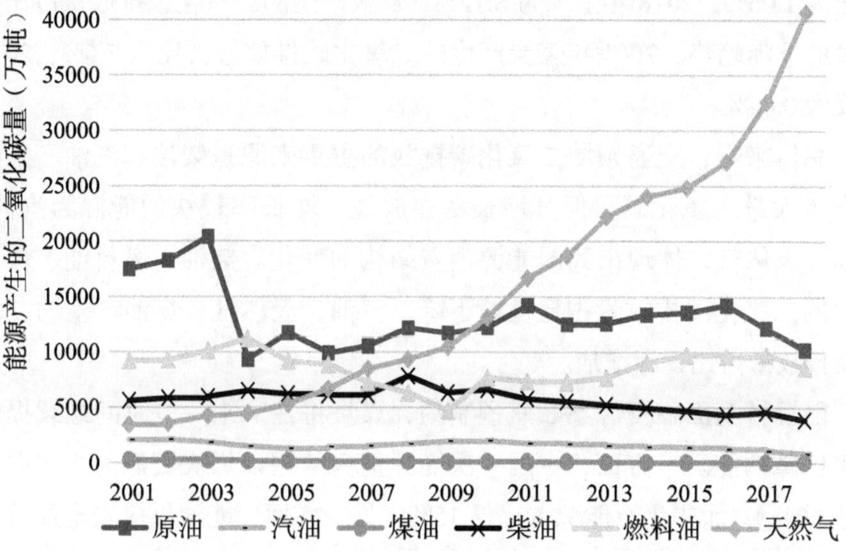

图 3–10　2001—2018 年交通领域部分能源产生的二氧化碳排放量（万吨）

数据来源：中国碳核算数据库 CEADs。

在这六类能源中，柴油是交通运输领域产生二氧化碳最主要的能源品种，二氧化碳排放量占比呈现出先增后降的趋势。2001—2012 年，柴油产生的二氧化碳排放量占比从 48.03% 增加至 56.26%；2013—2018 年，逐渐下降至 45.83%。汽油是交通领域产生二氧化碳的第二大能源品种。2001—2011 年，汽油产生的二氧化碳排放量占比在 20% 左右波动，2012—2018 年呈现上涨趋势，上涨幅度较小，2018 年达到最大占比为 23.78%，较 2017 年上涨 0.92%。燃料油产生的二氧化碳排放量占比总体呈下降趋势。2001—2007 年，燃料油产生的二氧化碳排放量占比较高，2007 年达到 13.32%，2007 年之后逐渐下降，2018 年燃料油产生的二氧化碳排放量占比为 7.55%。煤油产生的二氧化碳排放量占比呈现上升趋势，2001 年煤油产生的二氧化碳排放量占比仅为 7.67%，2018 年为 13.85%，增长了 6.18%。

除占比较大的汽油柴油外，交通领域使用天然气和煤炭的占比虽然较少，但有较为明显的变化趋势。2001—2018 年天然气产生的二氧化碳排放量占比呈现逐年上涨的趋势，2001 年天然气产生的二氧化碳排放量占比为 1.06%，2018 年上涨为 8.12%。煤炭产生的二氧化碳排放量占比呈明显的下降趋势，2001 年煤炭产生的二氧化碳排放量占比为 7.5%，2018 年仅为 0.84%。

总体来看，交通领域二氧化碳排放的主要来源是柴油和汽油。柴油仍产生大量二氧化碳，但其增长率在放缓，增长率较快的能源为汽油、煤油、天然气，体现出我国能源消费结构的变化。柴油、燃料油、煤炭产生的二氧化碳排放量占比逐渐下降，汽油、天然气、煤油产生的二氧化碳排放量占比逐渐增加。

能源转型面临资源禀赋瓶颈制约，煤炭将在未来一段时间继续提供兜底保障功能。一方面，中国一次能源消费结构以煤炭资源为主（占比高达 60%），而非化石能源占比仅 15%；另一方面，能源供应安全风险居高不下，具体表现为，石油和天然气消费高度依赖进口，国内的水电和核电等清洁能源发展空间受限，发展迅猛的光伏发电和风电占比仍然较低（王永中，2021）。我国需要持续推动能源供给侧结构性改革，推动能源结构积极转型。

4. 新兴行业领域节能减排

随着信息技术的发展普及，数据中心、5G 基站等用电量基数大，增速快。2012—2018 年，信息技术领域用电量复合增长率高达 15.3%。截至 2017 年底，我国各类数据中心年耗电量超过 1200 亿度，已超过水泥行业用电量。目前，数据中心评价主要参考电能利用效率（PUE）值，PUE 是数据中心总能耗与 IT 设备实际能耗的比率，比值越接近于 1，表明能效、绿色化程度越好。在对北京某区进行调研时，发现该区拥有数据中心 15 个，其中 PUE ≥ 2.0 的数据中心占比 33%，1.6 ≤ PUE ≤ 2.0 的数据中心占比 60%，PUE ＜ 1.6 的数据中心占比约 7%。2019 年三部门联合颁布的《关于加强绿色数据中心建设的指导意见》（工信部联节

[2019]24号）中明确提出，有序推动数据中心开展节能与绿色化改造工程，特别是电能资源利用效率较低的在用老旧数据中心。力争通过改造使既有大型、超大型数据中心电能使用效率值不高于1.8。

2019年北京市发布《数据中心能源效率限额》（DB11/T1139）提出："已稳定运行一个自然年以上的数据中心，其PUE值应符合限定值1.4的要求，新立项或改扩建的数据中心，其PUE值应符合准入值1.3的要求"。河北省在《河北省"十四五"节能减排综合实施方案》（冀政字[2022]18号）[①] 中也明确提出："推进绿色数据中心、5G通信基站等新型基础设施绿色升级，加快提升新建项目可再生能源消费比重，新建大型和超大型数据中心电能利用效率（PUE）不超过1.3"。从作者调研的情况来看，数据中心平均电能利用效率提高到1.3的水平大概可以节能30%左右。

（四）二氧化碳排放弹性

二氧化碳排放弹性能够反映二氧化碳排放量与国民经济发展的关系，它是二氧化碳排放量增长率与同期国内生产总值增长率的比值。一般而言，随着经济发展质量的提升、经济结构的优化、科学技术的进步，能源利用效率逐步提高，二氧化碳排放弹性系数会趋于下降。

由前文图3–4可以看出，中国二氧化碳排放弹性值多位于0–0.5之间，总体而言，国内生产总值增长速度快于二氧化碳排放量增长速度。在2003年，中国二氧化碳排放弹性值达到最高，首次大于1，说明当年二氧化碳排放量增长速度快于经济增长速度。纵观中国1981—2019年二氧化碳排放弹性，其变化趋势与中国能源消费弹性变化趋势大致相同。

以下进一步采取Tapio脱钩模型研究碳排放与经济增长之间的关系。2002年，经济合作与发展组织（OECD）为探讨经济发展与环境污染之间的关联性，提出"脱钩"理论。以经济与环境"脱钩"为例，具

① 参见：https://huanbao.bjx.com.cn/news/20220523/1227110.shtml。

体指经济增长与环境的耦合关系断开，即资源消耗或环境污染不随经济发展而同步变化。“脱钩”方法从污染物排放与能源消耗的减量化理论衍生而来，它通过简单数量关系表达了经济发展与污染物排放的关系，这为量化描述经济增长与碳排放相关关系提供了全新视角（杨嵘和常烜钰，2012）。国内学者就经济增长与碳排放脱钩方面进行了初步的研究，如李坚明等（2005）探讨了中国台湾地区的二氧化碳排放与经济增长的脱钩关系；刘竹（2011）、李忠民和庆东瑞（2010）分别对低碳试点省份的脱钩特征和山西省经济增长与碳排放关系开展脱钩研究。Tapio 脱钩模型的定义为：

$$e=\frac{\Delta C}{\Delta G}=\frac{\dfrac{C_t-C_{t-1}}{C_{t-1}}}{\dfrac{G_t-G_{t-1}}{G_{t-1}}}$$

其中，e 表示碳排放脱钩弹性，ΔC 表示二氧化碳排放量的增长率，ΔG 表示 GDP 的增长率，C_t 表示第 t 期的二氧化碳排放量，C_{t-1} 表示第 $t-1$ 期的二氧化碳排放量，G_t 表示第 t 期的 GDP，G_{t-1} 表示第 $t-1$ 期的 GDP。以 0、0.8 和 1.2 为临界值，根据弹性系数的大小，将脱钩状态分为弱负脱钩、强负脱钩、扩张负脱钩、衰退脱钩、强脱钩、弱脱钩、衰退连接、扩张连接共 8 种脱钩状态，具体状态细分原则如表 3–4 所示。

表 3–4 Tapio 脱钩弹性模型

状态		环境压力	经济增长	弹性系数
负脱钩	弱负脱钩	<0	<0	0 ≤ e<0.8
	强负脱钩	>0	<0	e<0
	扩张负脱钩	>0	>0	e>1.2
	衰退脱钩	<0	<0	e>1.2
脱钩	强脱钩	<0	>0	e<0
	弱脱钩	>0	>0	0 ≤ e<0.8
连接	衰退连接	<0	<0	0.8 ≤ e ≤ 1.2
	扩张连接	>0	>0	0.8 ≤ e ≤ 1.2

根据 Tapio 脱钩模型，不同年份对应的碳排放脱钩状态主要包含 4 种，分别是强脱钩、弱脱钩、扩张负脱钩、扩张连接（见图 3-11）。其中，2002 年，2004—2005 年，碳排放弹性系数对应的是扩张连接状态，2003 年处于扩张负脱钩状态，与何洋洋和魏振香（2021）通过计算工业碳排放的弹性系数而划分的脱钩状态相同。这表明二氧化碳的排放与经济增长还存在较强的联系，并未实现脱钩，经济增长的同时也在产生着相应的环境压力。2006—2013 年表现为弱脱钩关系，表明经济增长的同时对环境的产生的压力未同步增加。2014—2016 年表现为强脱钩关系，这种关系是较为理想的，经济增长的同时二氧化碳排放量也在减少，经济发展与环境之间的矛盾趋于缓和。分析其原因，由于工业碳排放是国家碳排放的主要来源，占全国总碳排放量的 83.1%，“十二五”期间，国家将节能减排作为调整产业结构、转变企业发展方式的重要抓手，将优化产业结构、淘汰落后产能作为节能减排的首要任务[①]，使得脱钩弹性指数相较于“十一五”期间有明显的降低。

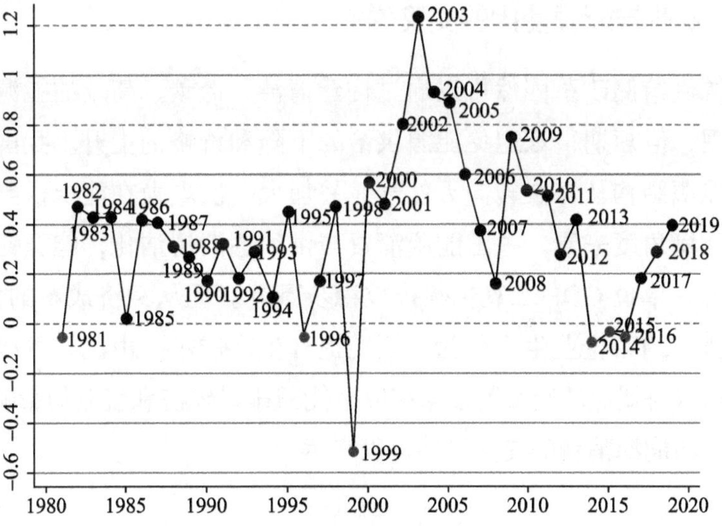

图 3-11　碳排放 Tapio 脱钩趋势图

① 参见:《国务院关于进一步加大工作力度确保实现“十一五”节能减排目标的通知》。

从中国碳排放现实来看，能源供给侧改革背景下，中国能源消费与供给逐渐清洁化，中国单位 GDP 所排放的二氧化碳呈波动下降趋势。总体上，中国二氧化碳排放弹性位于 0.5 左右，意味着中国经济增长速度快于二氧化碳排放增长速度，但经济增长与二氧化碳排放依旧明显正相关，即节能减排现实影响经济发展。

（五）能源供给与就业

“双碳”目标的提出，进一步凸显了我国经济发展与环境保护的抉择，某些地方政府为了完成“能耗双控目标”而拉闸限电，导致相关企业受到一定影响。减碳是大势所趋，但依靠“一刀切”的方式进行减排，忽视了减碳的长期与短期统筹、全国与地方统筹，难免顾此失彼。科学的节能减排应平衡好经济发展目标与就业目标，避免节能减排对经济发展和就业产生的负面影响，需要厘清节能减排与经济增长、就业的关系。

1．就业与能源使用的交叉弹性

能源供给侧改革固然可以通过构建清洁、低碳、高效的能源产业体系来实现，但短期很难避免能源供给的下降和价格的上升。我国目前正积极将能源结构从煤炭转向天然气，并加大一次电力在能源供给中的占比。从环境角度来看，中国能源消费与供给逐渐清洁化，能源使用效率逐步提升，单位 GDP 二氧化碳排放稳步下降。但从经济成本的角度看，节能减排会约束企业生产行为，短期提升生产成本。由此，可以通过观测能源消费与就业的交叉弹性来探究节能减排对经济和就业的影响。

就业与能源消费的交叉弹性可以表达为：

$$e=\frac{\Delta L}{\Delta G}\frac{G}{L}$$

其中 L 代表总就业人数，ΔL代表劳动力的变化量，而 G 代表能源消费量，ΔG代表能源消费的变化量。如图 3-12 所示，进入二十一世纪以后，就业与能源的交叉弹性总体稳定在0附近，变化不明显，但总体来说呈现下降趋势。能源消费的增加，并没有带来明显的总体就业水平增长，下一节将会分析具体的就业结构与能源消费的交叉弹性。

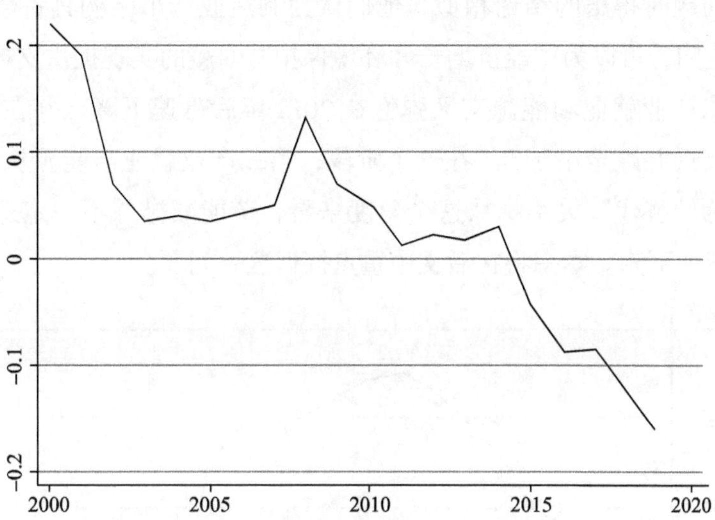

图 3-12 就业与能源消费交叉弹性

2. 就业结构与能源使用的交叉弹性

尽管工业部门是能源消耗和二氧化碳排放的主要部门，但从能源消耗与第二产业就业的交叉弹性来看，工业部门就业与能源消耗之间存在弱正相关性，数值中枢在0附近，即能源消耗与第二产业就业的关系并不明显。

分时段来看，2005到2013年间，第二产业就业人数的弹性持续为正，经济发展带动第二产业不断扩张，同时提升了能源需求，这与刘伟和蔡志洲（2017）研究中国经济增长与产业结构的关系所得出的结论一致。这一阶段的中国现代化进程，主要是以制造业为代表的工业和第二产业驱动的。经济高速发展也带来了环境污染、资源过度消耗的弊端。2014年后，第二产业就业与能源消费的交叉弹性值小于0，表明二者处于强脱钩状态，能源消耗的增速为正，第二产业就业人数的增速为负，二者的关系十分微弱。整体来看，第二产业就业与能源消费弹性的均值为 0.69，说明能源消费每变动 1%，第二产业就业人数变动 0.69%，处于弱脱钩状态。这与史丹和张成（2017）在研究中国制造业产业结构的系统优化问题时得出的结论相似，他们认为制造业产出结构具备较大的优化调整空间，可以为“经济增长和环境保护”双赢的实现提供支撑。

第二产业就业和能源交叉弹性在 2012 年后迅速下降，并在 2014 年后逐渐接近并跌至小于 0。在这个阶段，第二产业就业与能源从“互补”关系转为“替代”关系。从这个角度来看，节能减排并不一定造成工业部门就业的下降。本书将在后文中重点探讨这一问题。

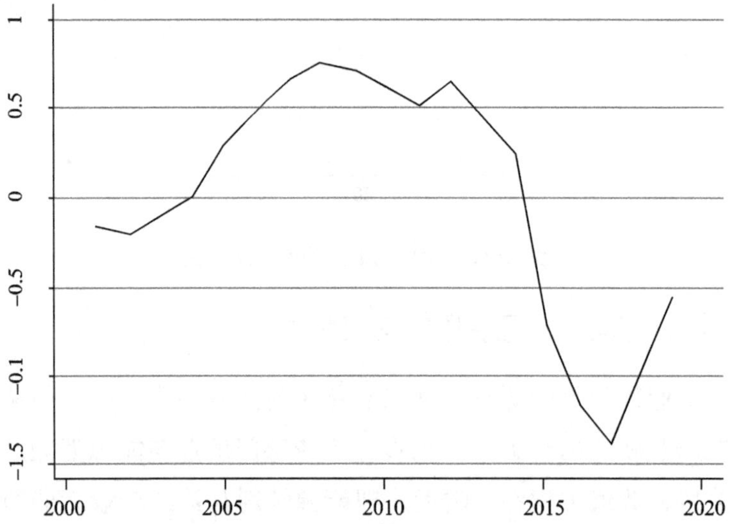

图 3-13　第二产业就业人数的能源消费弹性

（六）能源、排放与就业结构的基本事实

对现实情况的把握是理论建模和实证研究的基础，因此本章先对我国能源使用、排放和就业结构之间关系的基本事实进行描述。需要特别指出的是，在此所指出的基本事实并非特定的因果关系。因果关系需要更加细致的分析，但基本事实的澄清无疑有助于后文的因果分析。

第一，我国在节能减排领域取得了长足的进步。2020年中国碳排放强度比2015年下降18.8%，超额完成“十三五”约束性目标；比2005年下降48.4%，超额完成了中国在2009年哥本哈根会议时向国际社会承诺的“到2020年下降40-45%”的目标。2005—2020年，累计二氧化碳减排约58亿吨，基本扭转了二氧化碳排放快速增长的局面。

第二，中国目前仍是世界上最大的碳排放国，人均碳排放是全球平均水平的1.6倍。应对气候变化和解决环境问题需要长时间的、持续的节能减排政策做引导。尽管一次电力在能源供给中的比重逐渐提升，天然气在传统能源中的占比也逐步提高，但煤炭在我国的能源消耗中依然占据重要地位。从能源消费总量来看，依然呈现逐年上升的趋势。2020年，我国能源消费总量达49.8亿吨标准煤，2001—2020年能源消费年均增长率为5.99%。

第三，我国还处在从“要素驱动”向“创新驱动”转型的初期阶段，经济对能源需求仍在持续增长。另一方面，随着我国绿色能源和天然气逐步取代煤炭，企业用能成本也处于上升趋势。企业成本上升程度在企业间的分布并不平衡，小企业受到的影响更大。

第四，随着经济的发展，单位GDP的能耗和排放下降是自然的过程。整体来看，我国的能源消费弹性和碳排放弹性仍大于0，意味着经济增长势必会带来二氧化碳排放增加与能源消耗增加，但二者弹性均小于1，表明能耗强度和排放强度将不断下降。值得注意的是，能源消费弹性与二氧化碳排放弹性是持续性的，二者从长期看相对比较稳定。

第五，就业与能源使用之间的弹性在逐渐下降，二者之间的互补关系正在消失。这一结果表明，尽管企业用能成本在上升，就业并不一定受到重大影响。然而，能源与就业结构的相关性也在下降，能源使用与二产就业人数占比之间的相关性逐步下降，并趋向于0。

“碳达峰”的承诺只剩下8年时间。2022年1月25日中共中央政治局第三十六次集体学习中，习近平总书记强调要充分发挥市场机制作用，完善碳定价机制，加强碳排放权交易、用能权交易、电力交易衔接协调。

随着碳电价格联动时代的到来，未来在“双碳”背景下用能成本可能进一步提升。能源使用和就业之间互补关系的下降，可能意味着节能减排所导致的能源成本上升，不会明显影响就业。当然，也应当注意到我们计算的能源与就业交叉弹性是基于国家层面的数据，各地情况可能存在差异性。交叉弹性的变化经历了先上升后下降的过程，在经济意义上经历了从“替代”到“无关”甚至“互补”的过程，那么，不同地区是否在经历不同的阶段？处于不同阶段的地区节能减排政策的效果是否相同？这是后文将重点探讨的问题。

第四章　理论模型①

当前，中国经济正处于由高速增长阶段转向高质量发展的关键阶段②，处在转变发展方式、优化经济结构、转换增长动能的供给侧结构性改革关键期。经济动能转换对节能减排和就业结构具有深刻影响。

一方面，经济增速和资本形成率显著下滑，污染排放随之下降。国内生产总值增速从10%以上降到7%以下，资本形成率则从2010年的48%下降到2017年的44.4%。资本形成率的下降将导致高度依赖资本投资的高耗能产业份额的相对下降。钢铁、煤炭等资源及能源密集型传统行业出现产能过剩，就业岗位逐渐向生产性服务业转移。经济增速下降则导致传统生产部门劳动力需求下降。

另一方面，互联网、云计算和大数据等现代服务业发展迅速，技术进步将提升对高技术劳动力的需求。图4–1显示了这种变化，“全国创新指数”和“新一代信息技术与服务业创新指数”③增长迅速，其中全国创新指数在考察期内增长了67倍。由于创新，高技术产业利润率上升，由2005年的4.19%逐渐上升至2017年的7.09%，创新能力提升明显④。2010到2017年间，全国规模以上工业企业研发投入（R&D）的年复合增长率达到17.1%，远超经济增长率；私营部门规模以上工业企业R&D投入增长尤为显著，年复合增长率达到29.8%⑤。新经济发展提升了对高技术劳动力的需求（范从来和彭明生，2018）。

---

① 本章部分内容已发表于2019年《统计研究》和2020年《首都经济贸易大学学报》上，感谢编辑部的修改意见（论文名称与刊号已匿名处理）。

② 习近平2017年12月6日主持党外人士座谈会的讲话内容，http://www.chinanews.com/gn/2017/12-18/8403174.shtml。

③ 创新指数算法见寇宗来、刘学悦，2017:《中国城市和产业创新力报告》，复旦大学产业发展研究中心。

④ 作者根据高技术产业统计年鉴计算所得。

⑤ 作者根据国家统计年鉴数据计算所得。

传统的新古典增长和内生增长模型都无法单独解释中国的经济增长模式转变，前者适合解释以要素为核心增长动力的高速增长阶段，而后者适合解释高质量增长阶段。结合内生增长模型和索罗模型的复合增长模型，对理解增长动能转换是有益的。传统上，“要素驱动”的新古典模型和“创新驱动”的内生增长模型被看作两个对立的阵营，代表人物如 Jones（1995）和 Kocherlakota 和 Yi（1996）。Matsuyama（1999，2001）率先尝试将两类模型归置在一起，Kim（2015）也做了相关尝试，但由于技术原因，相关研究仍相对匮乏。本文利用行业创新成本的不同，将行业划分为创新成功的新兴行业和创新失败的传统行业，实现了索罗模型和熊彼特主义内生增长模型的结合，创建了新的复合增长模型。在经济增长初期，资本相对稀缺，利率较高，创新投入很难得到满足，经济发展由传统行业要素驱动。随着经济的发展，经济规模的上升使得通过创新垄断微小细分市场变得有利可图，随着新兴行业出现，经济逐渐过渡到熊彼特内生增长阶段。

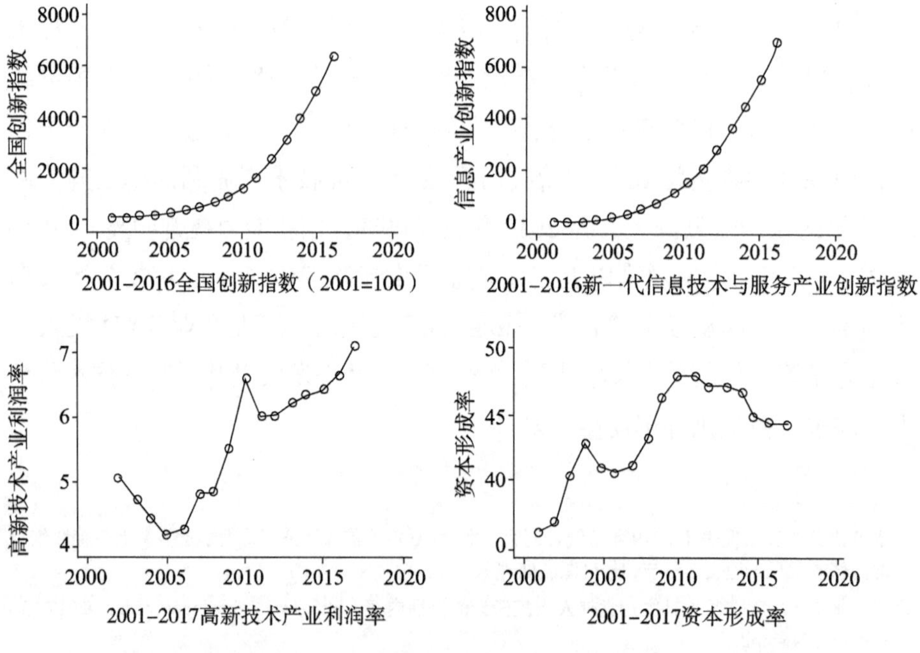

图 4–1　2001—2016 年全国、信息产业创新指数，高技术产业利润率及资本形成率变化情况

资料来源：中国和城市产业创新力报告 2017，国家统计局、高技术产业统计年鉴。

在此模型背景下，作者讨论了节能减排与就业结构的关系。在“要素驱动”阶段，经济增长主要依靠资本积累，社会总产出的增长速度很快，能耗和排放也迅速攀升。随着经济从“要素驱动”转向“创新驱动”，市场整体加成率和增加值率在这个阶段均上升，单位 GDP 排放将有所下降，而且劳动效率有所提升，从而降低了人均排放。因此，经济从“要素驱动”向“创新驱动”转型，同时造成了排放的减少和就业结构的变化。

（一）基准模型

1．模型背景

模型在典型的新古典世代交替模型（OLG）框架下展开。居民生活分为两期，年轻期无弹性地供给一单位劳动力；老年期丧失劳动能力，依靠年轻期留下的储蓄生活。年轻居民的数量为 L_t，并以 n 的增长率增长。假设经济中代表性居民的效用函数具有可分性，并将其设为对数形式：

$$U_t = \ln C_{1t} + \rho \ln C_{2t+1} \tag{4.1}$$

其中 ρ 代表时间偏好，C_{1t} 代表年轻期的消费，C_{2t} 则代表老年期的消费。

最终品是同质的，既可用于消费又可用于储蓄，生产函数如下。

$$Y_t = L_t^{1-a-\beta} K_t^a \int_0^1 [A_t(i) M_t(i)]^\beta di \tag{4.2}$$

K_t 代表社会资本，并在一期内完全折旧，所以 $K_{t+1} = I_t$，其中 I_t 代表全社会资本投资额。中间品部门 i 在 0 到 1 连续，$M_t(i)$ 代表中间品 i 在时期 t 的使用数量，$A_t(i)$ 为中间品 i 的技术水平。中间品生产需要投入 1 单位最终品，将最终品的价格标准化为 1。

根据生产函数（4.2）式，中间品的反需求函数为：

$$P_t(i)=\beta L_t^{1-\alpha-\beta}K_t^{\alpha}\left[A_t(i)\right]^{\beta}\left[M_t(i)\right]^{\beta-1} \tag{4.3}$$

如果本期的生产者在上一期成功研发，那么生产者将拥有高于其潜在竞争者的技术，每一次技术成功研发将推动技术增进 z 的比例。中间品行业企业在质量上展开竞争，与熊彼特内生增长模型一致。

$$A_{t+1}(i)=(1+z)A_t(i) \tag{4.4}$$

创新成功需要$\delta_t(i)$单位的最终品作为创新投入。这部分创新投入主要用于购买创新设备和支付高技术劳动力工资。因为假设本期进行创新投入在下一期才能获得垄断收益，所以只有年轻人会选择投资。创新投入需要公开募集：向社会公开募集资金$\theta_t(i)$，使得$\sum_{h=1}^{L_t}\theta_t(i)=\delta_t(i)$。若募集成功则创新成功，否则创新失败。

对于任意一个中间品企业，生产过程会产生排放：

$$E_t(i)=\varepsilon(i)M_t(i) \tag{4.5}$$

方便起见，在此假设中间品污染强度不随时间变化。在现实中，中间品污染强度也随时间变化。比如，如果经济体的能源结构发生变化，从煤炭转为天然气，或从化石能源转向新能源，则污染强度都会下降。

2．生产性服务业的创新投入

在这里，创新投入的公开募集过程类似于众筹，创新企业向每个年轻人融资，并规定融资的上限$\theta_t(i)$。众筹市场是完美的，企业不会募集超过需要的金额。居民投资于企业创新的目的是获得未来的垄断利润。假设同质企业在价格上展开竞争，即伯川德竞争（Bertrand competition），那么即使行业仅存在两个质量相同的企业，任意一方也都无法获得垄断利润，从而形成了居民只投资一家企业的赢者通吃（Winner-takes-all）局面。

如果行业中存在技术领先企业，假设技术进步程度足够大，以至于企业可以垄断定价，即$P_t(i)=\frac{1}{\beta}$。垄断市场状态的创新企业的利润为：

$$\pi_t(i)=\beta'\{L_t^{1-a-\beta}K_t^{a}[A_t(i)]^{\beta}\}^{\frac{1}{1-\beta}} \quad (4.6)$$

其中$\beta'=(1-\beta)\beta^{\frac{1+\beta}{1-\beta}}$。技术在下一期扩散。如果行业中没有领先企业，那么行业为完全竞争市场，即$P_t(i)=1$。此时，生产者利润为0。该假设与熊彼特内生增长模型基本无异。

行业的生产者和潜在竞争者也将为获得投资者的投资进行竞争，同质的企业行为将导致下一期的垄断利润全部分配给投资者。因此，投资者的投资回报率为：

$$\tau_{t+1}(i)=\pi_{t+1}(i)/\delta_t(i) \quad (4.7)$$

行业间的创新投入回报率并不相同，技术水平越高且投入资金需求低的行业回报率高。对于整个经济体，行业被分为了两个部分：由于创新回报率过低而未能获得充足创新投入的行业成为完全竞争行业，而成功研发的行业则成了垄断行业。

3. 一般均衡

市场的一般均衡定义如下：第一，最终品为完全竞争市场，最终品、劳动力、资本和中间品出清；第二，居民将利息率和创新投入收益率视为给定，并决定储蓄以及各中间品行业创新的投资额；第三，创新投入出清，即对于不能充分筹集资金的行业创新投入为0，充分筹集资金的行业恰好筹集$\delta_t(i)$的最终品，不能超额筹集。

按照上述定义，社会总产出为所有中间品行业贡献的加总：

$$Y_t=A_tL_t^{\frac{1-a-\beta}{1-\beta}}K_t^{\frac{a}{1-\beta}} \quad (4.8)$$

工资水平由劳动的边际产出决定。根据生产函数，全社会的工资水平可表示为：

$$w_t=(1-a-\beta)A_tL_t^{\frac{-a}{1-\beta}}K_t^{\frac{a}{1-\beta}} \tag{4.9}$$

利息率由资本的边际产出决定：

$$r_t=aA_tL_t^{\frac{1-a-\beta}{1-\beta}}K_t^{\frac{a-1+\beta}{1-\beta}} \tag{4.10}$$

经济体中存在两类中间品行业，创新成功并形成垄断的行业，以及创新失败并形成完全竞争的行业，这两类行业的技术水平共同组成了经济体的全要素生产率A_t，可以表达如下：

$$A_t=\int_0^{\bar{i}_t}[A_t(i)]^{\frac{\beta}{1-\beta}}\beta^{\frac{\beta}{1-\beta}}di+\int_{\bar{i}_t}^1[A_t(i)]^{\frac{\beta}{1-\beta}}\beta^{\frac{2-\beta}{1-\beta}}di \tag{4.11}$$

行业$i\in\left[0,\bar{i}_t\right]$为创新行业，而$i\in\left[\bar{i}_t,1\right]$的行业为完全竞争行业，$\bar{i}_t$在本文中被称为“边际创新行业”。$\bar{i}_t$越大则表示创新行业越多，它是市场创新活跃程度的指标。

值得注意的是，由于$\beta<1$，从静态的角度看，与一个同等技术水平的完全竞争行业相比，垄断行业对全要素生产率的贡献更低。正如Schumpeter（1942）所提到的，垄断会造成价格的上升和产出的下降。然而，也正如他所批判的，这一论断只能在静态的情形下正确。当时间因素被考虑以后，垄断企业会生产更高质量的产品，技术进步在长期将弥补垄断的效率损失。

按照加成率的定义，行业i的加成率为价格与边际成本的比值，因为中间品行业的边际成本为1，所以加成率即$P_t\left(i\right)$。因此，市场平均加成率定义为：

$$\text{Markup}_t=\int_0^1p_t(i)di=1+(\frac{1}{\beta}-1)\bar{i}_t \tag{4.12}$$

市场平均加成率反映了市场的垄断程度，平均加成率越接近于1，市场整体上的垄断程度越低。由于$\left(\frac{1}{\beta}-1\right)$大于0，市场的创新程度$\bar{i}_t$越高，市场平均加成率越大。上式将市场的垄断程度与创新程度关联在了一起，反映了熊彼特主义的基本观点。然而，垄断与创新关系的关键在于因果性，即垄断带来了创新，还是创新带来了垄断。本模型中，创新性产品的出现导致了行业垄断，从而创新是因而垄断是果。

4．最终部门劳动收入比与污染强度

新兴行业的定义：如果行业 i 在 $t-1$ 期成功融资并在 t 期形成垄断，称行业 i 是 t 期的新兴行业。在 t 期，所有新兴行业的产值为：

$$NY_t = \beta^{\frac{2\beta}{1-\beta}} L_t^{\frac{1-a-\beta}{1-\beta}} K_t^{\frac{a}{1-\beta}} \int_0^{\bar{\iota}_t} [A_t(i)]^{\frac{\beta}{1-\beta}} di \tag{4.13}$$

相应的，传统行业定义如下：

$$OY_t = \beta^{\frac{\beta}{1-\beta}} L_t^{\frac{1-a-\beta}{1-\beta}} K_t^{\frac{a}{1-\beta}} \int_{\bar{\iota}_t}^1 [A_t(i)]^{\frac{\beta}{1-\beta}} di \tag{4.14}$$

以新兴行业产值占总产值的比例定义经济的产业结构。产业结构指数为：

$$q_t = \frac{NY_t}{Y_t} = \frac{\int_0^{\bar{\iota}_t} \left[A_t(i)\right]^{\frac{\beta}{1-\beta}} \beta^{\frac{2\beta}{1-\beta}} di}{A_t} \tag{4.15}$$

按照收入法计算，最终品市场增加值包含劳动所得和资本所得两个部分[①]，即$(1-\beta)Y_t$；中间品市场增加值即为全部垄断厂商利润，即$(1-\beta)\beta q_t Y_t$。因此，一个经济体的整体增加值为最终品市场增加值和中间品市场增加值之和，可表达为：

$$GDP_t = w_t L_t + r_t K_t + \int_0^{\bar{\iota}_t} \pi_t(i) di = Y_t(1-\beta)(1+\beta q_t) \tag{4.16}$$

因此，国内生产总值占总产值的比重，即增加值率可以表达为：

$$VAR_t = \frac{GDP_t}{Y_t} = (1-\beta)(1+\beta q_t) \tag{4.17}$$

---

① 可以用三种方法计算 GDP，即收入法、生产法和支出法，采用生产法则的国内生产总值为总产出与中间品的差：$GNP_t = Y_t - \int_0^1 M_t(i) di$，而采用支出法则为当期总消费与总储蓄之和，易于证明三种方法所得结果相等。

市场的增加值率与企业的盈利能力有关，企业的创新程度越高，盈利能力越强，从而增加值率越高。

劳动收入占比为：

$$\frac{w_t L_t}{GDP_t} = \frac{1-a-\beta}{(1-\beta)(1+\beta q_t)} \tag{4.18}$$

资本收入占比为：

$$\frac{r_t K_t}{GDP_t} = \frac{a}{(1-\beta)(1+\beta q_t)} \tag{4.19}$$

随着越来越多的行业从传统行业转向新兴行业，产业结构指数上升，劳动力收入占比和资本收入占比都将下降。

总产出污染强度可以如下表示：

$$\frac{E_t}{Y_t} = \int_0^{\bar{\iota}_t} [A_t(i)]^{\frac{\beta}{1-\beta}} \beta^{\frac{\beta}{1-\beta}} \varepsilon(i) di + \int_{\bar{\iota}_t}^1 [A_t(i)]^{\frac{\beta}{1-\beta}} \beta^{\frac{2\beta}{1-\beta}} \varepsilon(i) di \tag{4.20}$$

从上式来看，经济转型有利于污染强度的下降。经济转型后，技术进步是拉动经济发展的主要动力，产业结构转变导致中间品使用下降，从而降低了污染强度。当然，在现实中，除产业结构的影响外，能源使用效率的上升也可能降低污染强度。

（二）经济动能转换

经济动能从“要素驱动”向“创新驱动”的转换是供给侧结构性改革的基本特征。在此，利用经济体从索罗阶段向内生增长阶段的跃迁模拟这一动能转换过程。

当期的最终品被生产出来之后，除一部分供老年人消费外，其他由年轻人支配。年轻人的收入存在如下三种使用途径：第一，当期消费；第二，投资于资本，并在下一期获得利息收入供老年期消费；第三，投资于创新，并在下一期获得垄断利润供老年期消费。可以预见，如果创新投入回报率低于利息率，即$\tau_{t+1}(i)<r_{t+1}$，那么该行业则无法获得投资，并最终无法创新。下面本文将证明这一“成功融资条件”，并据此说明，经济体的创新行为会随着资本K的积累变得越来越容易，所以是资本积累本身促使经济增长方式由资本积累转向创新驱动。

1．居民投资行为与企业价值

对于居民而言，一生消费的折现值不超过一生收入的折现值。

$$C_{1t}+\frac{c_{2t+1}}{r_{t+1}}\leqslant W_t+\int_0^1[\frac{\tau_{t+1}(i)}{\tau_{t+1}}]\sigma_t(i)di \tag{4.21}$$

其中$\sigma_t(i)$代表典型居民对中间品行业i的投入，$\sigma_t(i)\leqslant\theta_t(i)$，即居民对中间品行业的创新投资不大于该行业的公开募集金额。不等号右侧第二项代表的是创新投资所得的净现值，令$x_t=\int_0^1[\frac{\tau_{t+1}(i)}{r_{t+1}}-1]\sigma_t(i)di$，因此，约束条件的含义是，一生消费的净现值等于一生收入的净现值。

最大化效用函数（1）式，可得到关于年轻期消费的一阶条件：

$$c_{1t}=\frac{1}{1+\rho}(w_t+x_t) \tag{4.22}$$

年轻期将消费掉$1/(1+\rho)$部分的一生收入，这与传统的世代交替模型结果一致，而与传统模型不一致的是，收入还包括创新投入收益所得x_t。

根据年轻期的消费，居民储蓄为：

$$S_t=\frac{\rho}{1+\rho}w_tL_t-\frac{1}{1+\rho}x_t \tag{4.23}$$

关于中间品创新投入的一阶条件可以得到：

对于$\tau_{t+1}(i)>r_{t+1}$的行业：$\sigma_t(i)=\theta_t(i)$；对于$\tau_{t+1}(i)<r_{t+1}$的行业：$\sigma_t(i)=0$。

只有当创新投入收益率高于利息率时，居民才会选择投资，且投资额为规定的最大限度$\theta_t(i)$，否则投资额为 0。该一阶条件决定了创新成功的充分条件，即企业能够提供的创新投入回报率高于资本投资利息率。当这一条件成立时，该行业将出现垄断性创新企业，技术水平将提高，否则将保持完全竞争状态，技术水平维持现状。因此，有引理 1。

引理1： 创新投入回报率大于资本投资利息率的行业，即$\pi_{t+1}(i)/\delta_t(i) > r_{t+1}$，将创新成功并产生技术进步。

将中间品行业$i \in [0,1]$，按照创新投入回报率由高到低排列，创新投入回报率和利息率相等的行业就是边际创新行业，即$_i = p_1$。

2. 经济增长阶段

当老年期可以通过创新投资获得更多的利益时，年轻居民会增加投资而减少对工资收入的储蓄（申萌等，2019）。创新投入的剩余储蓄将被用于资本积累，$K_{t+1} = S_t - R_t$。

$$K_{t+1} = \frac{\rho}{1+\rho} w_t L_t - \frac{1}{1+\rho} x_t - \int_{\iota_{t+1}}^{1} \delta_t(i) di \qquad (4.24)$$

如果剩余储蓄很低，利息率将会升高，以至于创新投入下降，因此必然有相当部分储蓄被用于资本积累。由于经济体被分成了以不同速度增长的两个部分，即传统产业部分和创新产业部分，因此模型除一些特殊情况外①，并不存在稳态。因此，本文将通过数值模拟方法考察模型的动态轨迹。

整体上，经济增长可以分为两个阶段，即初期要素驱动阶段和后期创新驱动阶段。在初期阶段，由于利息率很高而垄断利润很低，居民把所有

① 特殊情况存在如下两种：第一种是对于所有时间，$\bar{\iota}_t = 0$时，模型退化成了普通的世代交替模型；第二种情况是当全部行业均为创新行业且人口增长率为 0 时。在其他情况下，经济被分成了两个不同速率增长的部分，即按照常数增长率增长的创新行业部分和不增长的完全竞争市场部分，经济不存在稳态。

的储蓄都用于资本积累。在这个阶段，经济增长的来源是资本的积累。

随着资本的积累，所有行业的企业价值都在上升，将有越来越多的企业价值被发掘出来，经济逐渐进入创新驱动阶段。当经济进入创新阶段后，社会资本依然在积累，经济增长将从投资的单核驱动变为投资和创新双核驱动。随着经济的继续增长，资本投资边际回报持续降低，经济增长中创新的贡献将逐渐增大，而投资的贡献将持续下降。这一结论与 Howitt 和 Aghion（1998）的模型结果是一致的。

当然，经济并不必然能从初期的要素驱动转向创新驱动，这取决于利息率是否能降到足够低的水平并触发经济转型。如果创新投入需求过高，或者$\bar{\iota}_t = 0$时的稳态状态下利息率依然过高，那么经济无法转向创新驱动，并退化成传统世代交替模型。

（三）经济转型的近期冲击与累积效应

经济转型后，经济增速发生变化，从而进一步影响就业规模、结构和排放。此部分对经济转型的增长效应进行探讨。根据总产出表达式，产出增长率$g_{t+1} = (Y_{t+1} - Y_t) / Y_t$可表达如下：

$$g_{t+1} = \underbrace{\frac{1-\alpha-\beta}{1-\beta} n_{t+1}}_{\text{人口增长}} + \underbrace{\frac{\alpha}{1-\beta}\frac{S_t - S_{t-1}}{K_t}}_{\text{资本积累}} + \underbrace{[(1+z)^{\frac{\beta}{1-\beta}} - 1]\frac{\int_0^{\bar{\iota}_{t+1}} [A_t(i)]^{\frac{\beta}{1-\beta}} \beta^{\frac{2\beta}{1-\beta}} di}{A_t}}_{\text{技术进步}}$$

$$-\underbrace{\left(\beta^{\frac{\beta}{\beta-1}} - 1\right)\frac{\int_{\bar{\iota}_t}^{\bar{\iota}_{t+1}} [A_t(i)]^{\frac{\beta}{1-\beta}} \beta^{\frac{2\beta}{1-\beta}} di}{A_t}}_{\text{清洗效应}} - \underbrace{\frac{\alpha}{1-\beta}\frac{\int_{\bar{\iota}_t}^{\bar{\iota}_{t+1}} \delta_t(i) di}{K_t}}_{\text{生产资本损失}} \quad (4.25)$$

在经济转型的过程中，即运行轨迹从索罗状态跃迁至熊彼特内生增长时，经济增长率会受到向上和向下两个方向的影响。产生正向影响的是创新。负面影响的来源有两个，其一是被熊彼特主义广泛探讨的清洗效应（cleansing effect），在本模型中体现在市场结构变化对产出的影响；其二是生产性资本的损失，由于创新需要创新投入，作为沉没成本的创新投入本身并不是生产要素，将原本用于生产性资本积累的居民储蓄用在创新投入上，会造成生产性资本的损失，从而对经济增长产生冲击。我们将证明，两个方面的负面冲击只维持一期，故而远期表现为正向影响[①]。

1. 近期冲击与累积效应的定义

本书以产出增长率所受影响定义转型效应，这与通常以增加值增长率作为定义对象的做法略有不同。由于生产函数中包含中间品，其变化更加全面地反映了经济变化。

根据式（4.25），产出增长率只与当期创新指数及其滞后一期相关，动态关系可表达如下：

$$g_t = \gamma\chi_t + a_0\bar{\iota}_t + a_1\bar{\iota}_{t-1} \tag{4.26}$$

可以将上式改写成如下形式：

$$g_t = \gamma\chi_t + (a_0 + a_1)\bar{\iota}_t - a_1\Delta\bar{\iota}_t \tag{4.27}$$

根据时间序列数据的定义，此时创新指数前的系数“a_0+a_1”，代表创新指数永久变动对产出增长率所产生的累积效应（accumulative effect）[②]。如果该系数大于零，则表明创新指数的上升将在最终提高产出增长率，反之亦然。因此，可以将累积效应定义为：

$$(a_0 + a_1) = \frac{\partial g_t}{\partial \bar{\iota}_t} + \frac{\partial g_t}{\partial \bar{\iota}_{t-1}} \tag{4.28}$$

创新指数差分前的系数 -a_1，即近期冲击，代表创新造成经济增长率的近期波动。近期冲击定义为：

$$-a_1 = -\frac{\partial g_t}{\partial \bar{\iota}_{t-1}} \tag{4.29}$$

① 由于 OLG 本身属于长期模型，根据资本完全折旧一期的时间，大致一期在 10–20 年间。为了避免语义上的混淆，我们采用近期而非习惯的短期表述。

② 对于累积效应和近期效应的讨论可参见 Jones（1995）。

2. 转型的近期冲击分解

根据近期冲击的定义及式（4.27），创新对产出增长率的近期冲击一定为负。

$$-a_1=-\frac{\partial_{gt}}{\partial \bar{\iota}_{t-1}}=-\left(\beta^{\frac{\beta}{\beta-1}}-1\right)\frac{[A_{t-1}(\bar{\iota}_{t-1})]\frac{\beta}{\beta-1}\beta\frac{2\beta}{\beta-1}}{A_{t-1}}-\frac{\alpha}{1-\beta}\frac{\delta_{t-1}(\bar{\iota}_{t-1})}{K_{t-1}}<0 \qquad (4.30)$$

等式右边第一项代表落后企业被淘汰所造成的增长率损失，即“清洗效应”；第二项则代表储蓄作为沉没成本投入创新活动所造成的经济增速放缓，本文称为“资本转移效应”。

对于清洗效应，存在“破”和“立”两个过程。新技术出现后，所有使用旧技术的完全竞争企业都将被淘汰，损失掉的产值占总产值的比重为$\frac{[A_{t+1}(\bar{\iota}_{t-1})]^{\frac{\beta}{\beta-1}}\beta^{\frac{2\beta}{\beta-1}}}{A_{t-1}}$。新兴垄断企业产出将弥补部分损失，但是由于垄断效率损失，并不足以弥补全部，最终的净损失为上式等号右边的第一项。

资本转移效应的产生原因是创新投入属于沉没成本，将本可作为资本投入的储蓄用于创新，将造成近期经济增速下滑。当然，创新投入是技术进步的必要条件，长期将带来经济增长。而且，资本转移效应的负面影响有限。当资本转移过多时，利息率提高，而创新回报率相对下降，最终导致经济将无法转型。这一点将在数值模拟过程中呈现。

3. 转型的累积效应

为了避免对复杂情形的探讨，假设$A_{t-1}(\bar{\iota}_t)-A_{t-1}(\bar{\iota}_{t-1})=o$，$\sigma_{t-1}(\bar{\iota}_t)-\sigma_{t-1}(\bar{\iota}_{t-1})=o$，均为无穷小，也就是只在创新指数的邻域附近探讨。此时可得累积效应：

$$\frac{\partial g_{t+1}}{\partial \bar{\iota}_{t+1}}+\frac{\partial g_{t+1}}{\partial \bar{\iota}_t}=\left[(1=z)^{\frac{\beta}{\beta-1}}-1\right]\frac{\left[A_{t+1}(\bar{\iota}_t)\right]^{\frac{\beta}{\beta-1}}\beta^{\frac{2\beta}{\beta-1}}}{A_{t-1}}>0 \qquad (4.31)$$

由于创新对市场结构和生产资本的负面影响在长期被释放，累积效应表现为对技术进步的正向影响，从而转型对经济增长的长期影响为正。

（四）数值模拟结果

为了更直观地反映创新对经济的影响，对模型进行数值模拟[①]。假设所有行业的创新投入和初始技术水平都相同，这就等同于市场中只有一个行业。这是增长方式转变对经济增长影响的极限情况，所有中间品行业在一期内从完全竞争状态转变为垄断状态。时间偏好为 0.8，对应的索罗状态下的储蓄率约为 44.4%。利用世界投入产出数据库（WIOD）提供的数据，全部行业平均增加值率收敛至 0.45 左右，校准β=0.55 以匹配该数值。劳动力收入占 GDP 比重收敛至 0.27，故而将资本收入弹性设置为 0.18。转型后，技术水平增速 z 为 10%。

表 4–1 关键参数校准情况

变 量	数 值	变 量	数 值
时间偏好ρ	0.8	资本收入弹性α	0.18
中间品收入弹性β	0.55	劳动收入弹性	0.27
创新投入σ	0.01	转型成功技术进步率 z	5%
索罗稳态的人均有效劳动资本 k^*	0.029	转型渐近稳态的人均有效劳动资本 k^{**}	0.0097
单位中间品使用排放ε	2.5		

在相关参数的定义下，索罗稳态的人均有效劳动资本 k^* 为 0.029，而转型后，渐近稳态的人均有效劳动资本 k^{**} 为 0.0097；技术进步和储蓄率的下降共同造成转型后人均有效劳动资本的下降。除了对经济转型进行考察外，本模型还对企业所得税 20% 的情形进行了模拟，作为模型的敏感性分析。

---

① 数值模拟的 R 语言程序可参见本章附录。

1. 转型的经济影响模拟

需要特别指出的是，在此所做的数值模拟是为了更加清晰地表达各变量之间的关系，而非对现实的模拟。模型是资本一期折旧的长期模型，一期的时间在 20 年左右，故而每一期的变化幅度比较大。经济的前两期为索罗（Solow）增长阶段，即“要素驱动”阶段。模型在第 3 期已积累足够的资本并达到转型条件。模型的第 4 期为转型期，之后就步入了“创新驱动”阶段（图 4–2）。

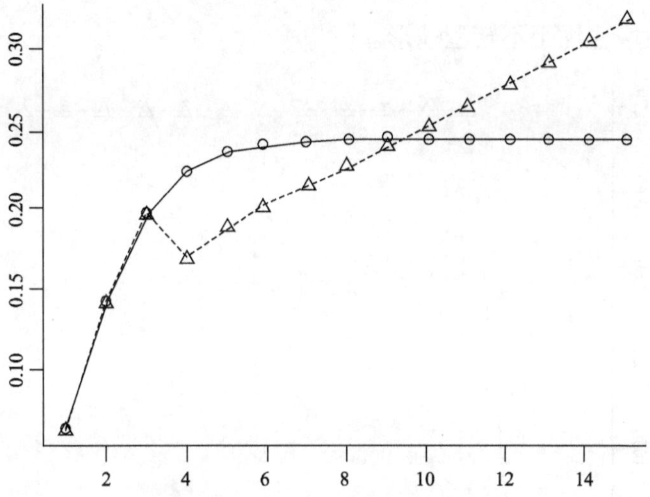

图 4–2 产出增长率

注：①产出增长率用单位劳动力产值衡量；②由于本文使用了长期的 OLG 模型，一期大致为 20–30 年。主要关注转型前后的变化；③圆圈代表不转型情形，三角代表转型情形。下同。

正如我们所预测的那样，产出增长率在转型后的一期经历了负向冲击。相比不转型的 Solow 态（○点线），冲击幅度达到了 –25.5%，但这一负向冲击仅维持了一期的时间。在转型后的第二期，产出增长率就高出不转型的 Solow 态。在长期，转型后的产出增长率将高出 Solow 态约 5% 的水平，即技术进步率 g。由于转型后渐近稳态的原因，转型后长期产出增长率与 Solow 态的差略高于 10%。尽管增长率所受负面影响只维持了一期，但转型对总产出水平的负面影响则维持时间更长，直到转型后的第 5 期，产出水平才超过 Solow 态。

单位劳动力增加值并没有经历类似于单位劳动力产值的下降。在供给侧改革之后，社会总产出的下降被增加值率的上升所弥补。增加值率 VAR 的变化情况类似，也存在转型后跳升的过程，从 0.45 增至 0.6975 的水平。由于增加值率的跳升，GDP 并没有受到显著的负面影响，反而有所上升（图 4–3）。供给侧结构转型后，经济增速要比转型前（前 3 期）的增速更低，但如果不转型，经济增速会趋向于 0。整体来看，转型情形下的增加值增速优于不转型情形。

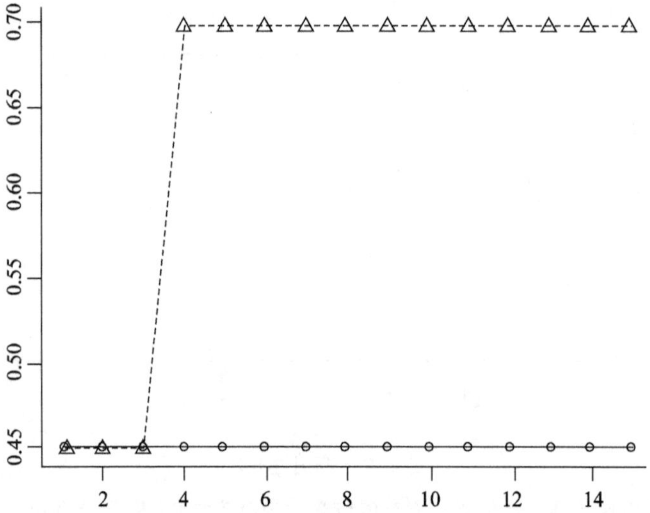

图 4–3　增加值率

在发达国家，社会总产出的相对停滞已经行之有年，但 GDP 增速显著高于总产出增速。比如，我国在 2018 年社会总产出就已经超越美国，但以 GDP 衡量显然存在差距。从世界范围看，随着产业结构的变化，社会增加值率逐渐上升，经济增长逐渐由“要素驱动”转向“创新驱动”，这是普遍存在的规律。正是由于这种变化，单位产出和单位 GDP 的排放将逐渐下降（图 4–4）。

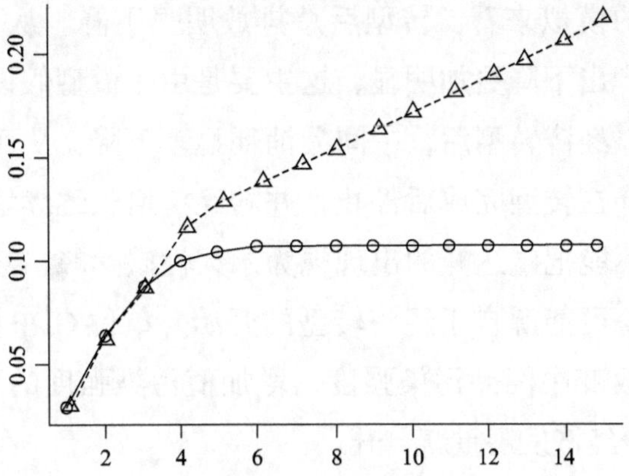

图 4–4 劳动效率

注：劳动效率用单位劳动力增加值衡量。

2. 经济转型与排放

经济转型后，单位产出的增加值上升，在单位中间品能耗不变的情况下，单位 GDP 能耗将下降。根据前文对我国碳排放基本情况的分析，在 2000 年到 2018 年间，我国每万元二氧化碳排放从 3 吨左右下降至 1.05 吨左右，与模拟结果大致相仿。单位 GDP 排放下降的情况在各个国家中普遍存在。然而，如果减排完全源自经济转型的自然过程，单位 GDP 能耗将在转型完成后停止下降（图 4–5）。

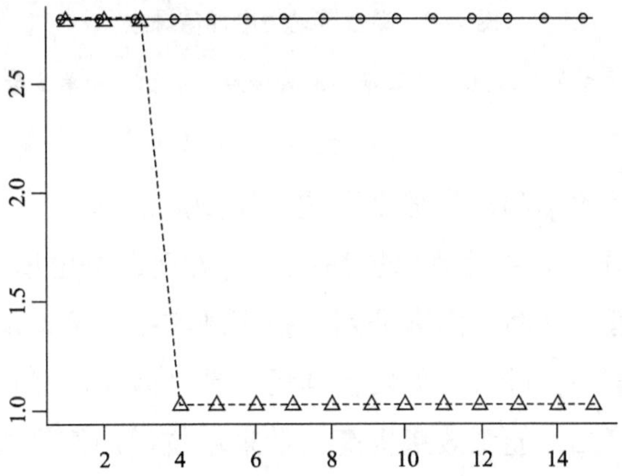

图 4–5 污染强度

注：污染强度用单位增加值排放衡量。

从图 4–6 的模拟来看，转型后总排放明显下降。从下降幅度来看，排放下降比总产出下降更加明显，这主要是由于模型假设排放来源于中间品使用环节。经济转型后，中间品消耗显著下降，从而导致了排放下降。排放的下降在转型完成后停止，并随经济增长继续增加。这一模拟结果暗示，并不能把碳达峰的出现视为永久性碳达峰，甚至视为碳中和的开始。碳达峰可能源自于经济转型的开始，单位 GDP 能耗迅速下降。然而，如果不改变中间品污染强度，增加值污染强度的下降就有限度，最终排放会随着经济发展重新上升。

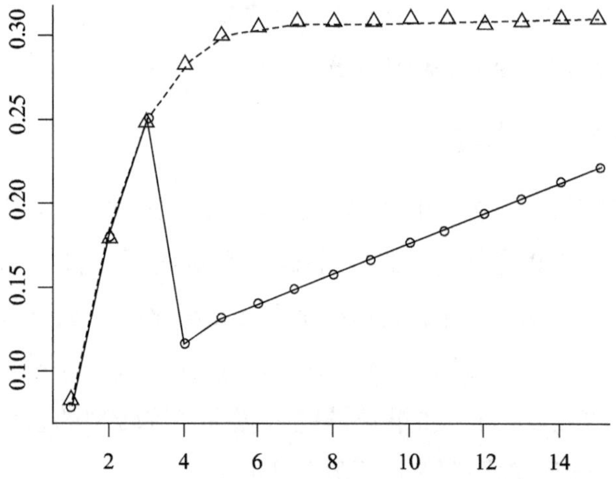

图 4–6　单位劳动力增加值排放

注：单位劳动力增加排放是劳动效率和污染强度的乘积，即单位劳动力增加值与单位增加值排放的乘积。

综上，劳动效率和污染强度影响了转型后的排放。一方面，单位劳动力增加值上升，即劳动效率提高；另一方面，单位增加值排放下降，即污染强度降低。这两个因素分别模拟了现实中经济动能转换时期的节能减排过程。第一，进入动能转换期后，劳动效率明显提升，具有一定增排的效果；第二，能源效率提高，带来单位增加值排放下降，即污染强度下降具有减排的效果。很明显，转型后能源效率上升的减排效果要超过劳动效率上升的增排效果。据此，提出如下三个命题。

命题 1. 劳动效率提升具有增排效应。

命题 2. 污染强度下降具有减排效应。

命题 3. 污染强度下降带来的减排高于劳动效率提升带来的增排，从而具有净减排效果。

当经济体进入转型期后，这三个命题应同时成立。这些命题也揭示了经济转型对节能减排和就业的作用。一方面，就业结构高级化和清洁化，劳动效率显著提升；另一方面，单位 GDP 能耗迅速下降，能耗总量得到控制。在经济体步入转型期后，就业结构和能源环境变得更加协调。

3．经济转型与经济结构

本模型是复合增长模型，在增长路径上会出现一个分歧点（bifurcation）。为了保证模型稳态的存在，模型并没有区分职业类别，以避免劳动力市场均衡问题影响模型渐进稳态的存在①。即便如此，模型仍可以通过劳动收入份额的变化来模拟就业结构的变化。

从图 4-7 中可以看出，在经济转型后，最终部门劳动力收入占比随之下降，最终生产部门劳动收入占全部国民生产总值（GNP）的比重从 60% 下降到 38.7% 的水平。这一变化来自于转型后中间品部门利润率的上升。中间部门利润将用于研发，生产性服务部门的熟练工人将受益。自从 Piketty（2013）出版《21 世纪资本论》以来，劳动收入占比引起了普遍关注。De Loecker（2017）进一步指出，资本收入占比也在持续下降。本文还在柯布道格拉斯生产函数的基础上，解释了劳动和资本收入占 GNP 比重是如何下滑的。由于采用柯布道格拉斯生产函数，劳动和收入占总产出的比重是常数。然而，随着中间品部门利润的上升，GDP 占总产出的比重增加，从而使得劳动收入和资本收入占比同时下降。

① 对于 OLG 模型渐进稳态存在性的讨论可参见论文 Gorokhovsky 和 Rubinchik（2022）。

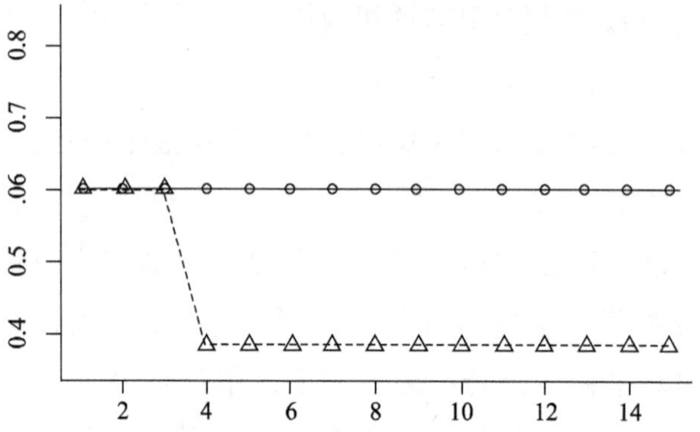

图 4–7　生产部门劳动份额

在本模型中，劳动份额的下降伴随着中间部门利润规模的上升。图 4–8 给出了转型后创新部门利润的变化。创新部门利润将分配给创新投入的投资者。在经济转型后，研发部门收入占比将上升。为了简化模型，我们假定中间部门研发只需耗费一定单位的最终品作为研发成本，但在现实中，研发部门需要雇佣高技术劳动力。因此，在经济转型后，随着最终生产部门劳动份额的下降和中间品利润占比的上升，生产部门就业将下降，而研发部门就业将上升，就业结构将趋向高级化。

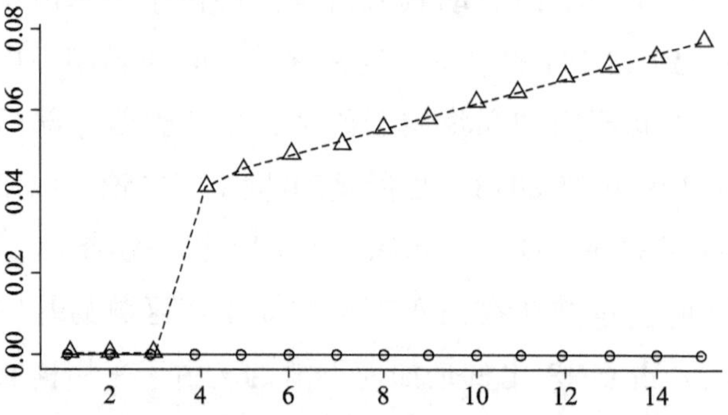

图 4–8　创新部门利润

命题 4. 经济转型后，最终生产部门份额下降，而创新部门份额上升。

上述四个命题将为判断经济体是否进入转型阶段提供判别标准。主要思路在于，当经济体实现内生动力转换后，就业结构和节能减排将更加协调。主要表现在转型后劳动效率的提升和排放的下降。

（五）节能减排政策的影响

根据前文的梳理，我国的节能减排政策大致可以分为两类。首先是市场化政策，包含税收和排放权市场两类。其次是行政－命令政策，如“关停并转”等。由于指令型政策见效快，地方政府倾向于使用此类政策。市场化政策能够达到减排的逻辑是直接明了的。在本模型中，如果对高污染中间品征税，而对低污染中间品补贴，那么低污染中间品的使用量就会相对上升，对创新投入的吸引力也会增加，长期降低污染强度，从而可以达到减排的效果。事实上，只要征税和补贴额度相当，对经济的影响是很小的。然而，行政－命令政策对经济的影响很大，而且也不一定达成减排的效果。在此重点探讨行政－命令政策的影响。

在本模型中，中间品使用过程形成碳排放。因此，假设减排政策针对中间品企业。在行政－命令类政策中，假设如果中间品生产企业的排放效率超过定额，即$\varepsilon(i)>\bar{\varepsilon}$，就面临关停。然而，这种政策不仅会带来经济损失，也不一定能带来实质性减排。正如模型所强调的，经济转型需要资本积累到一定程度。因而，如果减排政策影响了资本积累，就可能拖延转型的时间，从而延误了由经济转型带来的减排。

图 4–9 描述了政策实施后的单位产值变化。假设污染强度服从由 0 开始的均匀分布，且政府认为污染强度最高的 20% 中间品生产企业排放过大，需要停止生产。此时，单位中间品排放会从 2.5 下降至 1.84。对比图 4–4 无政策影响的结果，关停并转政策降低了增加值，前 3 期的降低增加值规模为 20%。由于资本积累不足，本应在第四期实现的经济体转型推迟了一期，因此第四期经济体受到的影响更大。本模型是长期模型，如果一期按照 20 年测算，推迟一期经济转型的影响是重大的。需要特别指出的是，经济体并不一定能够实现发展阶段的跃迁，不适当的节能减排有可能导致经济体陷入索罗阶段而难以自拔，即陷入中等收入陷阱。

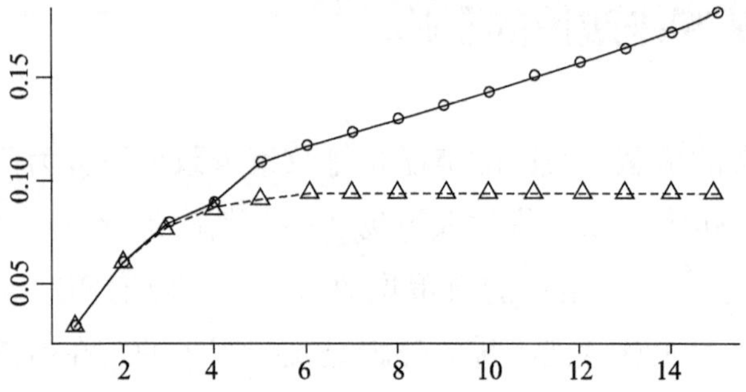

图 4–9　关停并转政策下的单位劳动力增加值

图 4–10 模拟了关停并转政策下单位劳动力的排放，相比于图 4–4，前 3 期的排放确实明显下降。然而，在第 4 期原本的转型期，由于经济体的转型被推迟到第 5 期，排放反而比无政策的情形更高。整体来看，对于正处于转型期的我国来说，“关停并转”政策并不一定能实现减排。经济发展同样是减排的前提，“关停并转”政策反而有可能造成单位 GDP 能耗的上升。

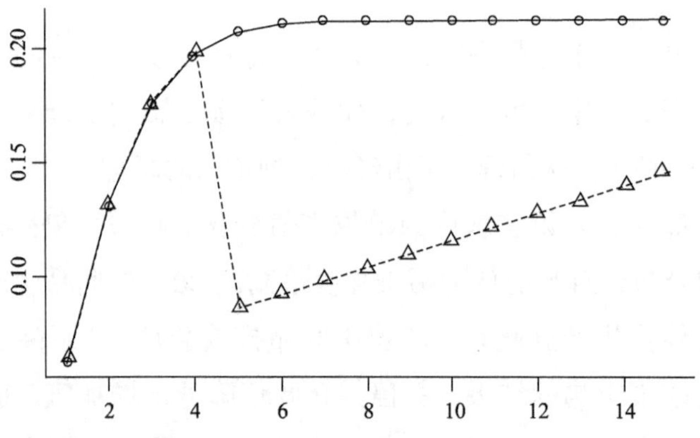

图 4–10　关停并转政策下的单位劳动力排放

（六）小结

在本模型中，索罗模型和熊彼特主义内生增长模型（Aghion 和 Howitt，1992；Aghion 等，2013）被规制在了不同的经济发展阶段，来模拟经济体经济增长动力的转变过程。本模型存在两个稳态，一个是索罗模型的稳态，一个是内生增长的渐进稳态。经济体从索罗模型稳态转换到内生增长稳态需要满足融资条件。需要指出的是，并不是所有经济体都能够成功地从一个稳态跃迁到另一个渐进稳态，理论上需要满足一系列的参数条件。如果经济体无法跃迁，就将长期陷入中等收入陷阱。

居民选择将储蓄投资于资本积累或技术投入，决定了经济所处的发展阶段。资本投资在未来获得利息投入，而投资技术领先的企业，获得未来垄断收益分成。在经济增长的初期阶段，资本相对稀缺导致投资回报率很高，而市场规模过小则导致创新可能获得的投入回报率过低，居民将全部资本用于资本投资而不是创新投入，这一阶段为索罗模型增长阶段。随着资本的积累，资本的边际回报率下降，市场规模上升也使得企业垄断细分行业变得有利可图。那些技术水平较高、需要创新投入较小的行业，因为更高的投资收益率而开始吸引投资，并最终创新成功，成为新兴行业。新兴行业所带来的持续增长动力使得经济规模继续扩大，从而有越来越多的行业创新成功，经济最终进入类似内生增长阶段。当然，动力转换并不必然实现，经济体可能长期维持在索罗增长阶段而无法自拔。

理论模型将经济发展分为了三个阶段。首先，在“要素驱动”阶段，经济发展依靠规模扩张实现。此时，没有内生因素提升能源效率，人均排放在迅速扩张期；然后，随着经济逐步从“要素驱动”向“创新驱动”转型，市场整体加成率和增加值率上升，以 GDP 衡量的单位劳动力效率提升，从而降低了人均排放；最终，当市场完全进入“创新驱动”后，人均排放再次趋向稳定。需要特别指出的是，经济体转型是一个长期过程。在这个过程中，节能减排和就业结构高级化同时出现，排放下降和就业结构变化都是经济结构变革的结果。因此，要实现节能减排优化供给侧就业结构，就要加速经济动能转换。

理论模型具有重要的实践含义。首先，在理论上节能减排政策可能促进变革的提前到来，从而实现供给侧就业结构优化。经济增长阶段的变换取决于资本回报率的变化，当创新回报率高于资本投资回报率时，增长阶段就会开始转换。节能减排政策可以通过增加企业生产成本，降低资本回报率，同时补贴创新，提升创新回报率，从而达到促进变革提前到来的目的。其次，节能减排政策可以促进中间品减排。在数值模拟过程中，为了简化模型，我们假设所有中间品具有相同的排放。但在现实中，不同中间品具有不同的排放。利用节能减排政策，降低低排放中间品研发成本，促进相关企业创新，同时抑制高排放中间品发展，就可以达到进一步减排的效果。再次，尊重经济发展的客观规律，并不是所有的减排政策都是有效的，施策不当可能起到反作用。经济转型以来，只有资本积累到一定程度才会出现经济转型的契机。节能减排政策固然具有促进变革的作用，但是力量是有限的。如果过早采取减排政策，或减排力度超过社会承受能力进而影响资本的足额积累，反而不利于顺利转型。最后，要注意到经济变革并不是对所有就业人员影响一致。工业部门和私有部门的就业人员将受到负面影响，而国有企业和创新性企业的熟练工人则受到正面影响。应当推动绿色就业政策，吸纳由于经济转型而受到影响的特定人群。

附录：数值模拟的 R 语言程序

```
#设置初始值和参数值。注意此模拟主要目的是更直观地反映变量关系，而非对现实的模拟。

alpha=0.18
beta=0.55
la=0.27
epsil=1.84
rho=0.8
g=1.05
s1=rho[1]/(1+rho[1])
lbeta=1-beta[1]
s2=alpha[1]*rho[1]/(beta[1]*lbeta[1]*g[1]+(1+rho[1])*g[1]*alp
ha[1])
```

```
t=15
delta=0.01
lalpha=1-alpha[1]-beta[1]
kstar=(rho*lalpha/(1+rho))^(lbeta/lalpha) #capital per capita in
steady state of solow stage
kstar2=(rho*lalpha*alpha/(beta*lbeta*g+(1+rho)*alpha*g))^(lbeta/
lalpha)  # endo stage
k=c(1:t[1]) #solow stage

#确定经济转型条件
#capital is the state variable.
k[1]=0.001
for (i in 2:t[1])
k[i]=s1[1]*lalpha[1]*k[i-1]^(alpha[1]/lbeta[1])

# k2 is to determine the transition conditions.
k2=c(1:t[1])
k2[1]=0.001
for (i in 2:t[1])
k2[i]=s2[1]*(lalpha[1]*k[i-1]^(alpha[1]/lbeta[1])-delta[1])
kk=c(1:t[1]) #Endo stage
for (i in 1:t[1])
if (k2[i]<delta[1]*alpha[1]/(beta[1]*lbeta[1])) kk[i]=k[i] else
kk[i]=k2[i] # transition condition
A=c(1:t[1]) #tech change
for (i in 1:t[1])
if (k2[i]<delta[1]*alpha[1]/(beta[1]*lbeta[1])) A[i]=1 else
A[i]=A[i-1]*g
Abar=c(1:t[1])
for (i in 1:t[1])
Abar[i]=A[i]^(lalpha/lbeta)

#经济变量变化
K=c(1:t[1]) #capital
for (i in 1:t[1])
if (k2[i]<delta[1]*alpha[1]/(beta[1]*lbeta[1])) K[i]=k[i] else
K[i]=k2[i]*A[i]

Y=c(1:t[1])#solow stage output
for (i in 1:t[1])
Y[i]=k[i]^(alpha/lbeta)
Y2=c(1:t[1])#endo stage output
for (i in 1:t[1])
```

```
Y2[i]=Abar[i]*K[i]^(alpha/lbeta)


VAR=c(1:t[1])     #value added ratio in solow stage
VAR2=c(1:t[1])    #value added ratio in endo stage
GNP=c(1:t[1])     #value added in solow stage
GNP2=c(1:t[1])    #value added in endo stage
markup=c(1:t[1]) # markup in solow stage
markup2=c(1:t[1])# markup in endo stage
profit=c(1:t[1])  # profit of intermediate sector in solow stage
profit2=c(1:t[1]) # profit of intermediate sector in endo stage
wage=c(1:t[1])    # wage in solow stage
wage2=c(1:t[1])   # wage in endo stage
S=c(1:t[1])       # savings in solow stage
S2=c(1:t[1])      # savings in endo stage
emit=c(1:t[1])    # emission in solow stage
emit2=c(1:t[1])   # emission in endo stage
emitrate=c(1:t[1])       # emission rate in solow stage
emitrate2=c(1:t[1])      # emission rate in endo stage
for (i in 1:t[1]) {
VAR[i]=lbeta
if (k2[i]<delta[1]*alpha[1]/(beta[1]*lbeta[1])) VAR2[i]=lbeta else
VAR2[i]=lbeta*(1+beta)
markup[i]=1
if (k2[i]<delta[1]*alpha[1]/(beta[1]*lbeta[1])) markup2[i]=1 else
markup2[i]=1/beta
S[i]=s1
if (k2[i]<delta[1]*alpha[1]/(beta[1]*lbeta[1])) S2[i]=s1 else
S2[i]=s2
GNP[i]=VAR[i]*Y[i]
GNP2[i]=VAR2[i]*Y2[i]
emit[i]=(1-VAR[i])*epsil*Y[i]
emit2[i]=(1-VAR2[i])*epsil*Y2[i]
emitrate[i]=emit[i]/GNP[i]
emitrate2[i]=emit2[i]/GNP2[i]
profit[i]=0
if (k2[i]<delta[1]*alpha[1]/(beta[1]*lbeta[1])) profit2[i]=0 else
profit2[i]=beta*lbeta*Y2[i]
wage[i]=lbeta*Y[i]
wage2[i]=lbeta*Y2[i]
}

gout=c(1:t) # growth rate
gout2=c(1:t)
```

```
for (i in 2:t[1]) {
gout[i]=(Y[i]-Y[i-1])/Y[i-1]
gout2[i]=(Y2[i]-Y2[i-1])/Y2[i-1]
}

lshare=c(1:t) #labor share
lshare2=c(1:t)
for (i in 1:t[1]) {
lshare[i]=(lbeta-alpha)/lbeta
if (k2[i]<delta[1]*alpha[1]/(beta[1]*lbeta[1])) lshare2[i]=(lbeta-
alpha)/lbeta else lshare2[i]=(lbeta-alpha)/(1-beta^2)
}

kshare=c(1:t) #capital share
kshare2=c(1:t)
for (i in 1:t[1]) {
kshare[i]=alpha/lbeta
if (k2[i]<delta[1]*alpha[1]/(beta[1]*lbeta[1])) kshare2[i]=alpha/
lbeta else kshare2[i]=alpha/(1-beta^2)
}

#画图
#Plot GNP.
plot(1:t[1],GNP2,type="o",lty=1,ylab= "", xlab= "",main ="")
lines(1:t[1],GNP,type="o",lty=2,pch=2)

#Plot markup.
plot(1:t[1],markup2,type="o",lty=2,pch=2,ylab =  "",main
="Markup",xlab="")
lines(1:t[1],markup,type="o",lty=1,pch=1)

#Plot value added ratio.
plot(1:t[1],VAR2,type="o",lty=2,pch=2,ylab =  "",main ="VAR")
lines(1:t[1],VAR,type="o",lty=1,pch=1)

#Plot profit of intermediate sector
plot(1:t[1],profit2,type="o",lty=2,pch=2,ylab = "",main = "Profit")
lines(1:t[1],profit,type="o",lty=1,pch=1)

#Plot final output
plot(1:t[1],Y2,type="o",lty=2,pch=2,ylab = "",main = "Output")
lines(1:t[1],Y,type="o",lty=1,pch=1)

#Plot labor share
```

```
plot(1:t[1],lshare,type="o",lty=1,ylab= "",main ="labor share")
lines(1:t[1],lshare2,type="o",lty=2,pch=2)

#Plot capital share
plot(1:t[1],kshare,type="o",lty=1,ylab= "",main ="capital share")
lines(1:t[1],kshare2,type="o",lty=2,pch=2)

#Plot savings.
plot(1:t[1],S2,type="o",lty=2,pch=2,ylab =   "",main ="Saving
rate")
lines(1:t[1],S,type="o",lty=1,pch=1)
```

第五章　城市群排放因素的异质性分析

根据理论模型，经济体能源效率提升和就业结构升级都是经济体转型的结果。模型预测，不同的经济体会有不同的表现。当经济体处在“要素驱动”阶段时，就业与减排的协调性不佳。经济体只有在经历了要素驱动时期、积累了一定的资本之后，才可能进入创新驱动阶段，相应的就业结构和能源效率将共同提升、协调性增强。我们选取了京津冀、长三角、珠三角和关中平原四个城市群进行分析。长三角和珠三角城市群是我国最为发达的地区，正在逐步从“要素驱动”转为“创新驱动”。京津冀城市群发展相对不平衡，京津地区与河北省辖区差异性较大。而关中平原地区能源结构独特，也具有重要的参考意义。利用上一章中的四个命题，对比四个城市群，观察不同区域的异质性，可以更好地验证理论模型。

本章使用LMDI（对数平均迪氏指数法，Logarithmic Mean Divisia Index）分解法，研究我国城市群就业结构与污染排放的关系。在此，就业结构有两个方面的含义。第一，工业生产部门的就业高级化和清洁化。理论预测在经济转型后，单位劳动力产出的增加值率将上升，生产效率也将提升。尽管劳动效率提升导致单位劳动力生产的产品增多，增加了碳排放，但清洁化趋势将令单位劳动力排放处在下降趋势而非上升趋势。第二，就业是否从工业向服务业转移。根据理论模型，在经济转型过程中，经济体工业生产规模相对下降，对研发的需求逐渐上升，就业结构应当出现服务业岗位相对增加的现象。

根据理论模型，经济转型是一个长期的过程。因此，本章研究时间跨度也较长，从2002年到2017年。从图5-1中可以看出，从2002年到2011年，四个城市群的碳排放量上升速度较快；在2012年后增速开始出现下降，并在此后趋于稳定。长三角和珠三角城市群的碳排放变化情况相对比较近似。由于京津冀地区高耗能、高排放的产业更加集中，京津冀城市群的碳排放水平相对较高。关中平原城市群的碳排放规模处在较低水平，主要是由于经济总量相对较低。

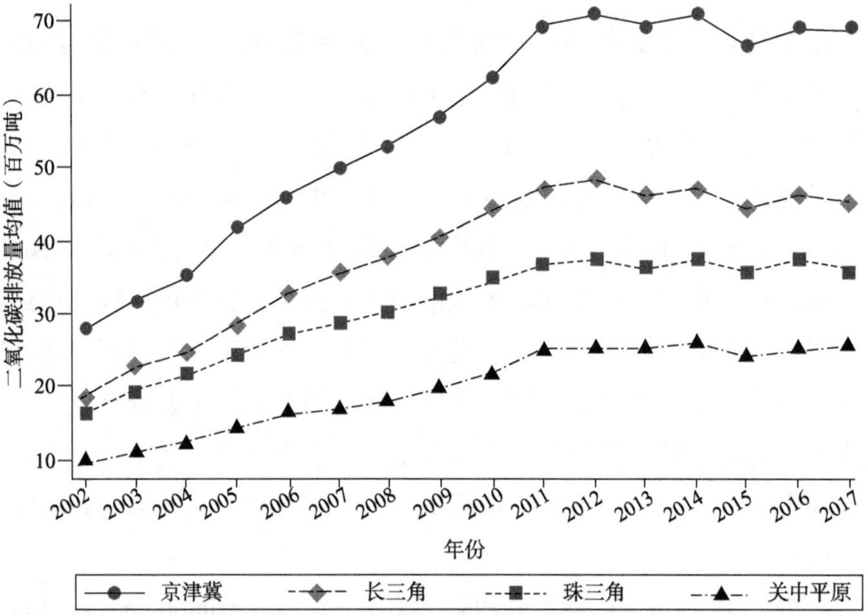

图 5–1 四个城市群二氧化碳排放变化情况

资料来源：中国碳核算数据库（CEADs）。下同[①]。

（一）模型设定

在环境经济研究领域，分解分析已成为研究事物变化特征和作用机理的重要分析框架。分解方法主要有两种，分别是指数分解方法（Index Decomposition Analysis，IDA）和结构分解方法（Structural Decomposition

① 考虑到城市碳排放数据是由手工计算获得，课题组还利用城市统计年鉴中的能源和二氧化硫排放进行了相同的研究。尽管在数值上存在差别，但趋势和结论是一致的。

Analysis，SDA）。SDA 方法需要投入产出表数据作为支撑，而中国通常每 5 年编制一次投入产出表，不便于对问题的深入研究。IDA 方法因只需使用部门加总数据，适用于分解含有较少因素的、包含时间序列数据的模型，在环境经济研究中应用更加广泛。因此，我们使用 IDA 类中的对数均值迪式指数分解法（Logarithmic Mean Divisia Index method，LMDI）对各城市群的二氧化碳排放因素进行分解分析，定量分析各因素变动对排放量变动的影响。LMDI 能够消除不能解释的残差项，分解结果较直观。

本研究基于文献资料和可得的城市数据，使用 LMDI 分解法对数据进行处理，将二氧化碳排放分解成劳动力规模、就业结构、第二产业劳动效率、产业结构和污染强度五个因素，并量化各因素对二氧化碳排放量增减的影响和贡献率，分析计算结果，探讨二氧化碳排放与就业结构之间的关系。就业结构是本书重点关注的内容，其他指标作为控制变量来处理。

LMDI 的乘法公式如下：

$$E=\sum_i E_i=\sum_i (L_i\cdot\frac{L_{2i}}{L_i}\cdot\frac{Y_{2i}}{L_{2i}}\cdot\frac{Y_i}{Y_{2i}}\cdot\frac{E_i}{Y_i})=\sum_i (L_i\cdot Ls_i\cdot Le_i\cdot Ind_i\cdot P_i) \qquad (5.1)$$

其中，E 是二氧化碳排放量，L 是单位从业人员数量，即劳动力规模，L_2 是第二产业从业人员数量，Y 是地区经济发展规模，Y_2 是第二产业产值，i 代表城市。公式中各指标的含义见表 5–1。

根据 LMDI 分解法，我们可以把二氧化碳排放变化量分解为五个因素的变化量加总。现假定 T 为时间 T 期，0 为时间基期；T 期二氧化碳的排放量为 E^T；基期二氧化碳的排放量为 E^O。ΔE 表示从 0 期到 T 期二氧化碳排放量的变化量。即，

$$E^T-E^0=\Delta E=\Delta E_L+\Delta E_{LS}+\Delta E_{Le}+\Delta E_{\text{Ind}}+\Delta E_p \qquad (5.2)$$

其中，ΔE_L 为劳动力规模效应，即劳动力规模对二氧化碳排放变化量的贡献，负值说明劳动力规模变化实现了碳减排，反之亦然；ΔE_{Ls} 为

就业结构效应；ΔE_{Ind} 为第二产业劳动效率效应；ΔE_{Ind} 为产业结构效应；ΔE_P 为污染强度效应。

以劳动力规模效应为例，每个因素的变化量可表示为：

$$\Delta E_L = \sum_i w_i \ln\left(\frac{L_i^T}{L_i^0}\right) \tag{5.3}$$

其中，w_i为 i 城市的辅助计算因子[①]。

表 5-1　各指标含义

名 称	含 义	名 称	含 义
E	二氧化碳排放量	$P_i = E_i / Y_i$	污染强度
L_i	单位从业人员数量 / 劳动力规模	$Ind_i = Y_i / Y_{2i}$	产业结构
L_{2i}	第二产业从业人员数量	$P_i = E_i / Y_i$	污染强度
Y_i	地区生产总值	ΔE_L	劳动力规模效应
Y_{2i}	第二产业增加值	ΔE_{Ls}	就业结构效应
$LS_i = L_{2i} / L_i$	就业结构	ΔE_{Le}	第二产业劳动效率效应
$Le_i = Y_{2i} / L_{2i}$	第二产业劳动效率	ΔE_{Ind}	产业结构效应
$Ind_i = Y_i / Y_{2i}$	产业结构	ΔE_p	污染强度效应

注：下角标 i 代表城市群中的各城市，不带下角标表示整个城市群的总效应。

显然，LMDI 分解法使用了基期和 T 期两年的数据。根据理论模型，在经济完成转型后，经济体更加依赖创新拉动。我们更加关注工业部门劳动力效率的变化，经济转型后单位劳动力产出会上升，增加产出和中间品使用量，从而会增加排放。下面 4 个假设对应的是第四章的 4 个命题。

假设 1．第二产业劳动效率提升，具有增加排放的作用，即劳动效率效应为正。

假设 2．城市群生产效率提升，污染强度下降，即污染强度效应为负。

① 辅助因子的计算公式为$w_i = \dfrac{E_i^T - E_i^0}{\ln E_i^T - \ln E_i^0}$。

假设 3．污染强度下降带来的减排高于劳动效率提升带来的增排，从而具有净减排效果。

假设 1、2 和假设 3 共同构成了对就业结构高级化和清洁化的检验。如果三个假设同时成立，则表明劳动效率显著提升，且单位劳动力的碳排放呈下降趋势。其次，经济转型中工业生产相对减少，现代服务业的需求将有所上升。整体就业岗位需求从工业部门转向服务业部门也会减少单位劳动力的碳排放。

假设 4．工业部门就业占比下降，从而减少排放，即产业结构效应为负。

按照理论模型，当经济体从“要素驱动”向“创新驱动”转型时，上述 4 个假设应当同时成立。因此，可以通过观察各城市群对 4 个假设的满足情况，判断该城市群是否已经处在转型期，以及各城市群发展是否存在异质性。当然，如果经济体已经稳定处于创新驱动阶段，那么就业结构也将趋于稳定，此时产业结构效应将趋于 0。

（二）数据说明

本章采用 2002—2017 年京津冀、长三角、珠三角和关中平原城市群涵盖的 59 个城市的市级面板数据进行实证分析，详细内容见下表 5–2。考虑到理论模型为长期模型，尤其在转型期的初期，产出有可能出现短暂的下降，因此，实证部分时间跨度为 16 年，而且主要关注整个时段的变化而非连续变化。各城市的二氧化碳排放数据来自于中国碳核算数据库（CEADs）[①]。CEADs 数据库使用独立评估的活动数据和更新过的排放因子新测量值，为中国 182 个城市构建了排放清单，关于数据的计算依据可参见 Shan 等（2019）。各城市的单位从业人员数量、第二产业从业人员数量、地区生产总值、第二产业增加值数据来自《中国城市统计年鉴》。

① 具体数据可从 https: //www.ceads.net/ 下载。

表 5-2　城市群规划范围

城市群	城市个数	规划范围
京津冀城市群	13	北京市，天津市，河北省的保定、唐山、石家庄、邯郸、邢台、衡水、沧州、秦皇岛、廊坊、张家口和承德
长三角城市群	26	上海市，江苏省的南京、无锡、常州、苏州、南通、盐城、扬州、镇江、泰州，浙江省的杭州、宁波、嘉兴、湖州、绍兴、金华、舟山、台州，安徽省的合肥、芜湖、马鞍山、铜陵、安庆、滁州、池州、宣城
珠三角城市群①	9	广州、佛山、肇庆、深圳、东莞、惠州、珠海、中山、江门
关中平原城市群②	11	陕西省的西安、宝鸡、咸阳、铜川、渭南、商洛，甘肃省的天水、平凉、庆阳，山西省的运城、临汾

注：根据各城市群发展规划内容整理。

表 5-3 对城市群的变量进行描述性统计。各城市群变量的变化趋势大多在 2012—2017 年发生改变。

就京津冀城市群而言，碳排放量在 2012—2017 年并没有随经济规模的增加而增加；第二产业就业人数占比整体降低（就业结构变得清洁），由之前的 0.40 左右降到 0.31；第二产业单位劳动的产出有所降低（二产劳动效率下降）；产业结构（二产增加值占比的倒数）整体增加，即二产增加值占比降低；污染强度（单位产值的碳排放量）波动幅度较小。

就长三角城市群而言，各时间点的经济规模与京津冀相差不大，均呈现不断增加态势；碳排放量整体低于京津冀水平，也在 2012—2017 年出现小幅下降；与京津冀不同，二产就业人数占比不断提高，在 2017 年达到 0.57；劳动力规模不断扩大，增幅大于京津冀；第二产业劳动效率

①“珠三角”概念首次提出是 1994 年 10 月 8 日，广东省委在七届三次全会上提出建设珠江三角洲经济区，包括广州、深圳、珠海等九个城市。2017 年《政府工作报告》正式提出要研究制定粤港澳大湾区城市群发展规划，标志着粤港澳大湾区建设正式成为国家战略，大湾区由广州、深圳、珠海等 9 个城市和香港、澳门两个特别行政区组成，考虑到香港和澳门地区数据的不可得性，本章仅采用广州、深圳、珠海等九个城市的数据进行分析。

② 根据《关中平原城市群发展规划》，关中平原城市群规划范围包括一些区县地区，考虑到数据的可得性，本研究对于仅部分区县被纳入城市群规划的城市，仍采用该市的市级数据进行分析。

在2012—2017年由提高转为降低；产业结构变化趋势与京津冀一致；污染强度水平低于京津冀，且波动幅度不大。

就珠三角城市群而言，碳排放量水平更低，同样在2012—2017年出现小幅下降；与长三角一样，第二产业就业人数占比不断提高，在2017年达到0.61；劳动力规模、第二产业劳动效率和产业结构呈现与长三角一致的变化趋势；污染强度水平接近长三角。

就关中平原城市群而言，碳排放量水平进一步降低；就业结构基本稳定在0.40水平；与其他3个城市群一样，劳动力规模整体呈扩大态势，第二产业劳动效率也在2012—2017年由上升转为下降；产业结构在2012—2017年由降低转为提高，即二产增加值占比由增转降；污染强度水平最高，在2012—2017年由降转增。

总的来看，京津冀、长三角和珠三角的经济规模和碳排放量变化呈现一致趋势，即经济规模不断增加，碳排放量在2012—2017年由增转减。长三角和珠三角的就业结构和劳动力规模变化态势一致，即就业结构水平和劳动力规模不断提升；4个城市群的第二产业劳动效率和产业结构变化趋势基本一致。

表5–3 描述性统计

		Y/亿元	*E*/百万吨	*LS*	*L*/万人	*Le*	*Ind*	*P*/%
京津冀	2002	894.10 (861.37)	27.82 (14.99)	0.39 (0.08)	104.83 (178.02)	15.72 (9.06)	2.17 (0.32)	3.88 (0.01)
	2017	4666.11 (8539.05)	68.66 (35.36)	0.31 (0.09)	128.44 (215.58)	37.10 (17.28)	2.56 (0.88)	5.41 (0.04)
长三角	2002	886.69 (1070.89)	18.25 (22.48)	0.45 (0.10)	49.22 (65.34)	20.78 (10.34)	2.02 (0.33)	2.37 (0.01)
	2017	4291.62 (6257.55)	45.55 (39.45)	0.57 (0.14)	118.16 (131.47)	31.08 (19.26)	2.26 (0.40)	1.83 (0.01)
珠三角	2002	1062.81 (937.06)	16.58 (7.89)	0.52 (0.08)	54.96 (52.34)	22.00 (11.70)	2.00 (0.35)	2.02 (0.01)
	2017	7992.68 (8415.54)	36.26 (15.94)	0.61 (0.15)	172.15 (145.41)	31.55 (12.56)	2.22 (0.56)	0.95 (0.01)

续表

		Y/亿元	E/百万吨	LS	L/万人	Le	Ind	P/%
关中平原	2002	207.71 (218.45)	9.92 (8.37)	0.40 (0.13)	31.84 (30.16)	7.60 (3.55)	2.40 (0.53)	5.55 (0.03)
	2017	1003.35 (2071.41)	25.68 (16.90)	0.39 (0.07)	45.28 (53.62)	17.58 (11.77)	2.63 (1.05)	7.27 (0.06)

注：①表中结构是各变量的均值，括号内为标准差；②篇幅所限，不再报告所有时点数据，下同。

（三）京津冀城市群碳排放因素分析

1. 二氧化碳排放量情况

由上文可知，京津冀城市群的碳排放量在2002—2017年由增转减。图5-2描绘了京津冀城市群13个地级市的碳排放量。整体来看，各城市碳排放量自2002年到2017年呈现不同程度增幅，天津市、唐山市等工业化城市碳排放量较大。

分城市来看，京津冀13个城市的碳排放呈明显的阶梯式分层，天津市一直处于高排放梯队，唐山市在2017年取代北京市，加入高排放梯队。2002年天津市和北京市的碳排放量断层式领先于其他城市，排放量在4500万吨以上，处于碳排放的第一梯队；石家庄市、唐山市、邯郸市、保定市、沧州市、廊坊市、邢台市的碳排放量主要在2000~4500万吨之间，处于城市群碳排放的第二梯队；张家口市、衡水市、秦皇岛市、承德市的碳排放水平最低，是京津冀城市群较为清洁的区域，属于城市群碳排放的第三梯队。2017年天津市和唐山市位于碳排放的第一梯队，两座城市的碳排放量均超过10000万吨；石家庄市、保定市、沧州市、邯郸市、北京市、廊坊市、邢台市处于城市群碳排放的第二梯队，城市的碳排放量范围在5000~10000万吨；张家口市、衡水市、秦皇岛市、承德市的碳排放量都低于5000万吨，第三梯队的城市名单没有发生变化。

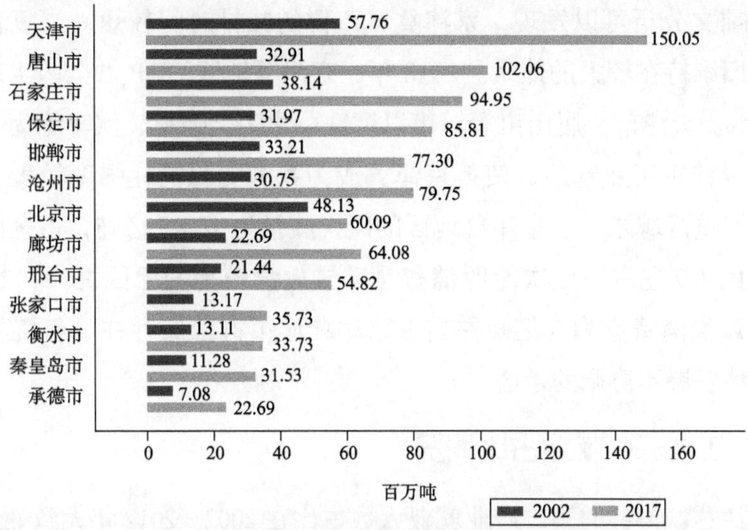

图 5-2 京津冀城市群二氧化碳排放变化情况

注：由于 2002—2007 年和 2007—2012 年各城市的变化情况一致，在此不作展示。

2002—2017 年，北京市和唐山市所属的碳排放梯队发生改变，碳排放梯度的变化可能与各城市产业布局的变化有关。北京市由第一梯队变成第二梯队，节能减排工作成效较为显著，碳排放量仅增加了 1200 万吨。北京市的城市定位为金融商务中心、信息服务中心、科技创新中心，经济发展主要依赖第三产业。唐山市由第二梯队上升到第一梯队，碳排放量增加幅度为 210.12%，这可能是由于唐山市经济对工业的依赖度高。唐山市是华北地区重要的重化工产业基地，是京津冀城市群主要能源供应基地。唐山市统计局发布的《2021 年 12 月唐山统计月报》显示，2021 年唐山市地方生产总值达到 8230.6 亿元，钢铁产业创造的 GDP 占 31%。张家口市、承德市、秦皇岛市、衡水市的碳排放在京津冀城市群的末列，一直保持在第三梯队，主要原因可能在于这四个城市主要依靠第三产业发展经济。张家口市和承德市是京津冀城市群绿色生态农业和清洁能源基地；秦皇岛市是北方重要的出海口岸，也是京津冀城市群未来高新技术和高档居住扩散地之一；衡水市是城市群的教育医疗、休闲养生功能基地。因此这四个城市的碳排放体量相对较小。

由前文分析可以发现，京津冀城市群的减排时间较短，二氧化碳排放量依旧维持在较大的体量。2018 年，京津冀地区 GDP 占全国生产总值的 9.44%。天津市、唐山市等城市以钢铁、化工、建材、汽车等为主，是全国重要的重工业基地，使得京津冀成为我国能源消耗强度较大、大气污染较严重区域之一。京津冀地区的碳排放量为 10.85 亿吨，占全国碳排放总量的 1/9 左右。一次能源消费是碳排放量较高的原因之一，2019 年京津冀煤炭消费量为 3 亿吨左右。京津冀城市群依旧存在着经济发展和资源环境发展不协调的矛盾。

2．工业部门就业占比情况

京津冀城市群的第二产业就业人数占比在 2002—2012 年大致处于 0.40 水平，在 2017 年降到 0.31（图 5–3）。整体上看，京津冀城市群中劳动力多数从事第二产业，多聚集于天津市、唐山市、邯郸市。天津市、唐山市等城市的就业人数占比值一直维持在较高水平，而北京市的第二产业就业人数占比一直呈现下降趋势。唐山市虽然有大量就业人员流向了第一、三产业，但第二产业就业人数仍占较大比重，在京津冀城市群中依旧处于较高水平。

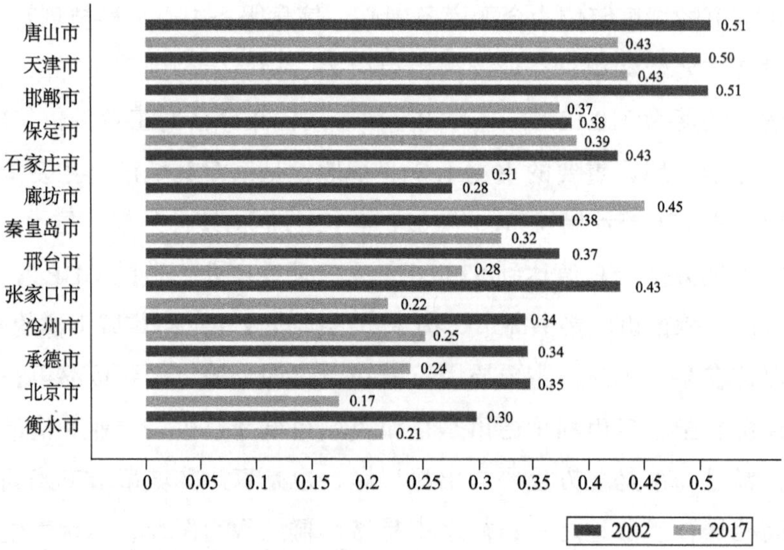

图 5–3　京津冀城市群二产就业人数占比变化情况

3. 二氧化碳排放总分解结果

观察图 5-4 可知，在京津冀城市群发展的不同时间段，五个因素在碳排放变化上发挥的作用方向和贡献（各效应绝对值）存在差异。分析各因素对碳排放的影响，需结合前文对各变量均值的描述性统计进行解释。2002—2017 年，就业结构水平降低，其他 4 个指标均上升。负值的就业结构效应说明二产从业人员占比降低有利于碳减排，刘殿兰和周杰琦（2015）同样得出该结论。同样，其他指标对应的各效应均为正值（发挥碳增排作用），其中劳动力规模效应的碳增排贡献最大。需要注意的是，13 个城市的单位产值碳排放量均值在增加，但污染强度效应为负值，原因是各城市对碳减排的贡献存在差异，污染强度降低的城市发挥的减排作用大于其他城市的增排作用。综上，对于京津冀城市群而言，第二产业劳动效率的提升是碳排放增加的主要因素。

需要指出的是，二产就业占比和二产产出占比对碳排放产生了相反的影响。这是因为二产就业占比在考察期内明显下降，但由于第二产业劳动生产效率提升更快，产出占比并没有下降，反而有所上升，因此二者对碳排放的影响产生了背离。

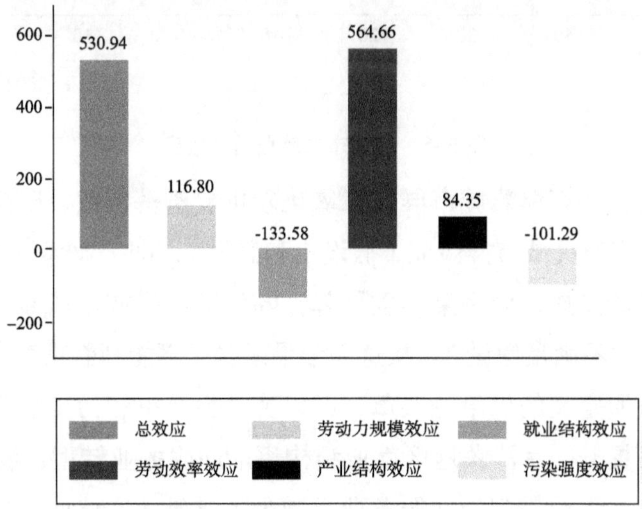

图 5-4 京津冀城市群 LMDI 分解总效应

由上文分析可知，各因素对京津冀城市群整体的碳排放影响是各城市贡献的加总，同时，就业结构与碳排放量变化方向一致。如图 5-5 所示，13 个城市的就业结构效应在 2002—2012 年有显著差异。总的来看，2002—2017 年，廊坊市和保定市的就业结构效应为正值，分别为京津冀贡献了 75 万吨和 1942 万吨的碳排放量，其他 11 个城市对碳减排起到了积极作用，共减排 15376 万吨。由于北京市二产就业占比下降幅度最大，就业结构减排效应位于前列。京津冀城市群的就业结构在 2002—2017 年变化波动大，这可能与京津冀都市圈规划有关。

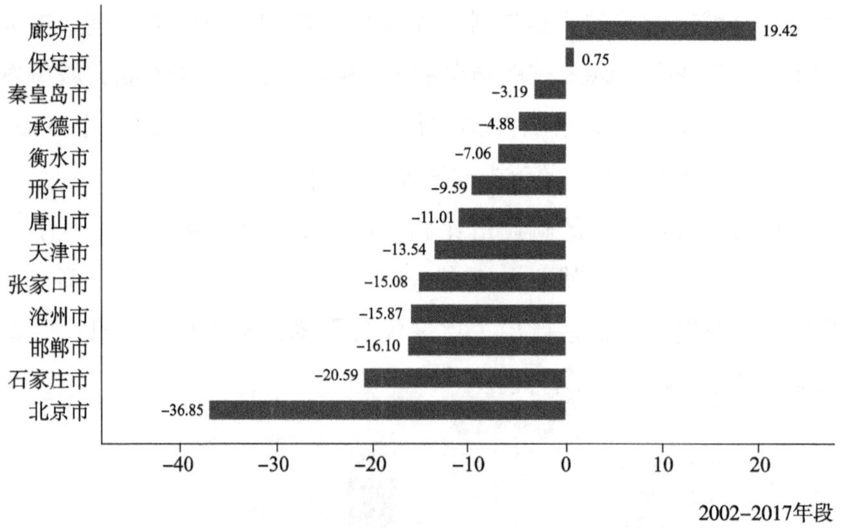

图 5-5 各城市的就业结构效应

总体而言，京津冀城市群的二氧化碳排放量基数大，碳排放呈现阶梯式分布。京津冀城市群验证了假设 1 和假设 2，即工业部门劳动效率提升，增加了碳排放；而污染强度下降，降低了碳排放。然而，京津冀城市群整体上并不满足假设 3。从这一结果来看，不能判断京津冀地区经历了理论模型所定义的供给侧改革，即以劳动力效率和污染强度衡量的生产效率显著提升。京津冀地区就业结构逐渐向服务业转型，满足假设 4，即就业结构从工业部门转向服务业且减少了碳排放。然而，这种变化主要集中在北京，其他城市的贡献相对较低。

（四）长三角城市群碳排放因素分析

1. 二氧化碳排放量情况

相较于京津冀城市群，长三角城市群的二氧化碳排放量处于较高水平。自2002年到2017年，长三角城市群的碳排放量总体呈上升趋势，但增速逐渐放缓，随后在2012—2017年段有小幅度的下降。城市群内部出现较为严重的异化现象，上海市碳排放量遥遥领先，同时也是碳减排的主要贡献城市。从增幅来看，2002—2017年碳排放增幅最大的城市是苏州市和常州市，分别增长了71.7%和70.18%，上海市的碳排放量居于长三角城市群首位，但其增幅在长三角城市群中最低，只增加了37.42%。

长三角城市群各城市碳排放也呈现明显的阶梯式分层。根据2017年结果，上海市、苏州市碳排放量遥遥领先，处于碳排放的第一梯队；南京市、宁波市、杭州市、无锡市、南通市、盐城市的碳排放虽不及上海市和苏州市，但同其余城市相比仍处于较高位置，位于长三角城市群的第二梯队；扬州市、常州市、泰州市、金华市、嘉兴市、合肥市、台州市、绍兴市、滁州市、湖州市、安庆市、马鞍山市、宣城市的碳排放水平再次之，位于长三角城市群碳排放的第三梯队；池州市、铜陵市和舟山市的碳排放水平最低，位于长三角城市群的第四梯队。可以看出长三角城市群二氧化碳排放主要集聚在上海、苏州、南京、宁波、杭州、无锡、南通、盐城等8个核心城市组成的带状区域。根据2020年长江三角洲生态环境建设发展报告可知，长三角城市群空间生态冲突主要集聚在上海、南京、杭州、苏州、无锡、常州、嘉兴、宁波等8个核心城市组成的带状区域，区域空间生态冲突目前已经由“点轴”冲突扩散模式演化至多中心网络化发展阶段[①]。唐建荣和郭士康（2021）的研究表明，人口规模的扩大会加剧环境污染。长三角城市群碳排放量靠前的城市均属于经济发达地区，尤其是上海市作为我国的超一线城市，有大量的人口净流入，能源需求量大。苏州、南京也有较大的经济规模与人口数量，能源消费量大，

① 数据参照政府文件：https://www.tjdag.gov.cn/fz_tjdfz/xwdt/wbfzdt/details/1620894123261.html。

导致二氧化碳排放量巨大。根据各省市的 2017 年能源统计年鉴，上海市能源消费量为 11859 万吨；浙江省能源消费量为 21030 万吨，消费量靠前的城市有杭州市、宁波市、嘉兴市、绍兴市和温州市；江苏省能源消费量为 31430 万吨，消费量靠前的城市有苏州市、无锡市、南京市、常州市和南通市。这些城市的二氧化碳排放量均居于长三角城市群前列。

长三角城市群二氧化碳排放量虽然超过其余城市群，但是在近些年采取了有效的碳减排措施，部分城市二氧化碳排放得到有效控制。在《2017 年空气质量报告》中空气质量较好的前十大城市，有 4 个城市位于长三角城市群——舟山市、宁波市、台州市和南通市，长三角城市群空气质量平均达标天数达到 74.8%，与 2013 年相比，细颗粒物浓度降低了 20%，空气质量得到了较好的改善。上海、苏州等经济中心城市的碳减排力度较大，相较于之前年份，碳排放显著下降。南京的碳排放仍然出现正增长，但增长幅度不大，其余部分城市的二氧化碳排放量也出现了不同程度的下降，可以看出当地碳减排措施初步取得成效，但仍然存在一定的改进余地（图 5–6）。

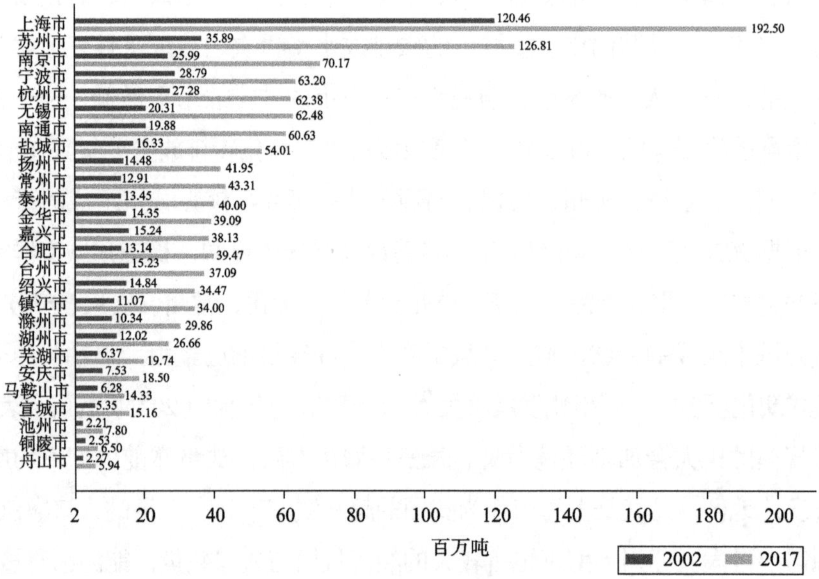

图 5–6　长三角城市群碳排放变化情况

2. 工业部门就业情况

长三角城市群的就业人群主要从事第二产业，其就业结构变化与二氧化碳排放量变化相似，也遵循着增长幅度逐渐下降，最后总量减少的规律。城市群就业结构出现“高与低”两种状态的集聚，第二产业从业者多聚集于诸如绍兴市、南通市等二三线城市，上海市、杭州市、南京市等经济中心城市的第二产业从业者占比并不高，在整个城市群居于中下水平。

2002 年，长三角城市群第二产业从业者较高的城市主要聚集在以上海市为中心，由长三角沿海发展带和沪宁合杭甬发展带组成的“爪”形区域。2017 年，长三角城市群第二产业从业人员比例高的城市则聚集在除上海市以外长三角城市群东边靠海一带的条状区域内，以南京市、杭州市为界的长三角西部地带以及上海市的第二产业从业人员比例明显较低，城市群就业结构以南京市、杭州市为界限，出现“高与低”两种状态的集聚，如图 5-7 所示。

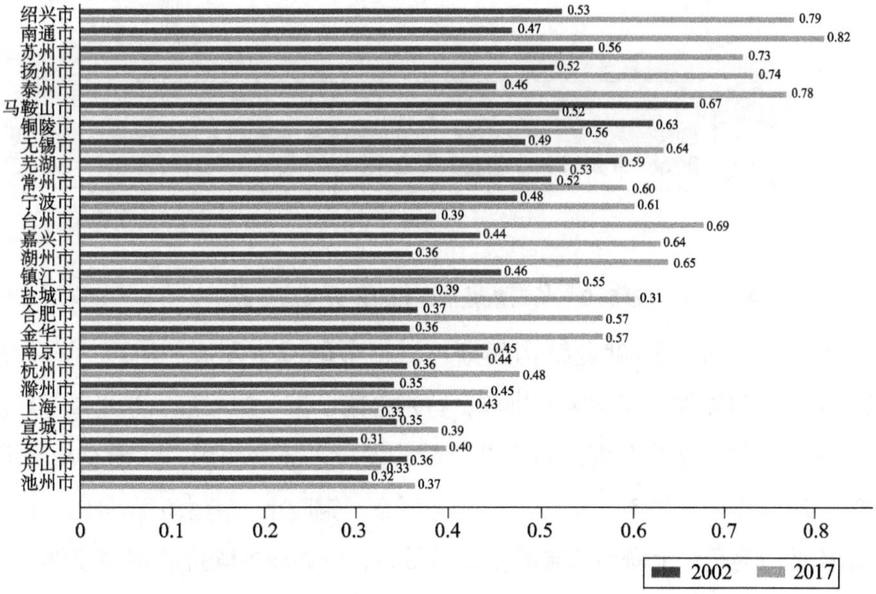

图 5-7 长三角城市群二产就业人数占比变化情况

3. 二氧化碳排放总分解结果

如图 5-8 所示，自 2002 至 2017 年，长三角城市群劳动力规模不断增加，是主要的增排贡献因子；污染强度不断降低，是重要的减排因子；就业结构均值在不断增加，其在三个分年段中对碳排放的贡献率递减，分别为 22.14%、21.03% 和 -19.54%（为碳减排贡献了 19.54%）。不少研究证实了劳动力规模对二氧化碳排放的正面影响。人口规模的扩大会导致能源的使用和需求越来越多，从而不可避免地改善生态环境及土地利用方式，造成森林破坏、植被减少、地区碳汇能力明显下降，二氧化碳排放明显增加。

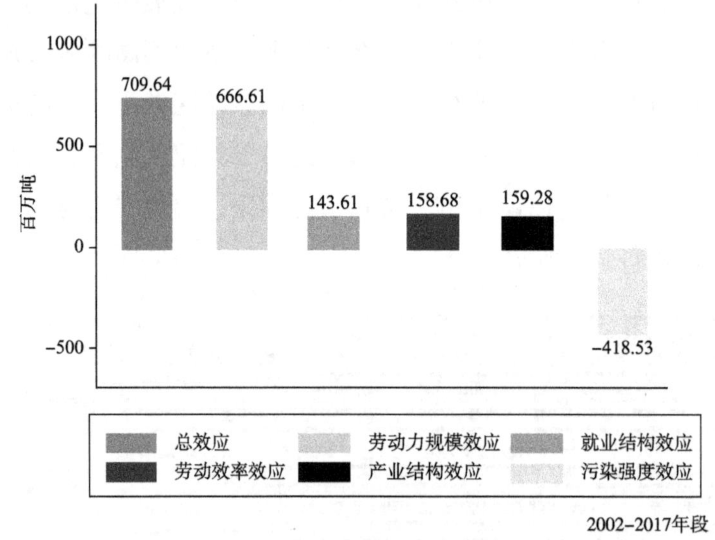

图 5-8 长三角城市群 LMDI 分解总效应

长三角城市群的就业结构逐渐与城市节能减排发展相协调，有效地减少了城市群整体二氧化碳的排放，特别是南京市、杭州市、苏州市等经济中心城市的就业结构对促进城市节能减排发挥了显著作用。如图 5-9 所示，2002—2017 年，上海市、马鞍山市、芜湖市、铜陵市、南京市和舟山市的就业结构效应为负，上海市的碳减排贡献最大，一共减少碳排放 4157 万吨。

由于长三角城市群的就业结构以第二产业为主，而且在观察期内占比略有上升，故而就业结构效应整体为正。因此，假设 4 并不成立。长三角城市群涉及的26个城市的就业结构与节能减排的协调机制逐步优化，总体呈现出“极点带动，区域协调”的发展格局。《上海资源环境发展报告（2020）》显示，在长三角一体化发展上升为国家战略的背景下，长三角面临着发展模式不适应资源环境约束趋紧的要求；产业结构与布局不适应绿色发展的需要；能源结构不适应清洁化转型和污染减排的需要；生态环境相关规划与标准不适应“三个统一”的需要；生态环境建设一体化存在共识但难以推进等问题。整体上看，长三角城市群的就业结构与碳减排的协调性不断改善，但局部城市的就业结构与城市节能减排发展并未协调一致。

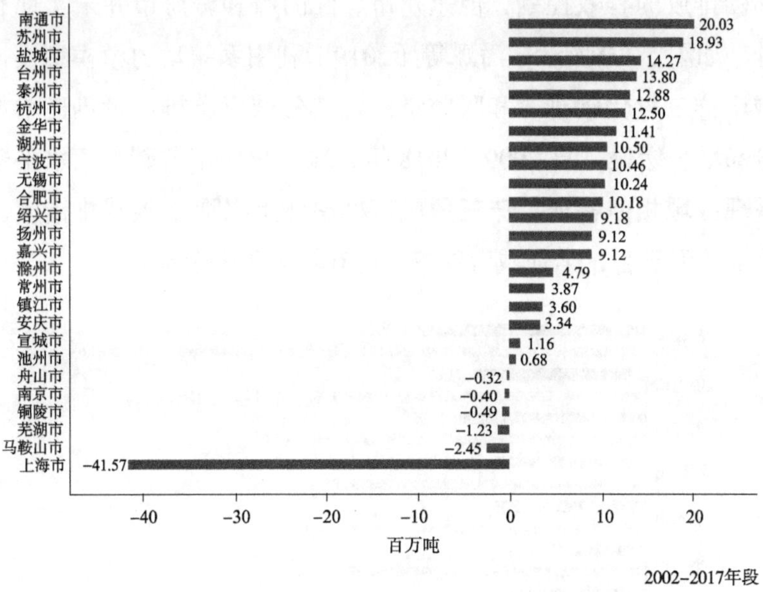

图5-9　长三角城市群二氧化碳排放就业结构效应

（五）珠三角城市群碳排放因素分析

1. 二氧化碳排放量情况

自2002年到2017年，珠三角各城市的二氧化碳排放量翻了一番。

二氧化碳排放量较高的城市以广州市、东莞市、佛山市为代表，其二氧化碳排放量超过深圳市。为有效控制碳排放总量，广东省政府于2017年发布《广东省“十三五”控制温室气体排放工作实施方案》，明确提出加快建设低碳能源体系，打造低碳产业体系，健全碳排放权交易机制，推动城镇低碳化发展和区域低碳发展。2017年广东省各城市空气质量达标天数比例平均为89.4%①。

珠三角城市群各城市在碳排放的变化轨迹上比较相似，自2002年到2017年，珠三角城市群总体上为实现碳减排采取了有效措施，二氧化碳排放量明显下降，碳排放的代表城市——广州市、佛山市和东莞市都实现了碳排放的有效控制，但惠州市、江门市和珠海市并未实现有效的碳减排，如图5-10所示。潘娜等（2019）利用系统动力学模型模拟了珠三角城市群二氧化碳排放和吸收量，发现各城市碳排放量迅速增加，碳吸收量却增长缓慢。自2009—2018年，珠三角城市群碳平衡水平逐渐下降，呈现区域相似特征。珠三角城市群整体上采取了碳减排措施，但实施的效果并不显著，个别城市碳减排仍有较大改进余地。

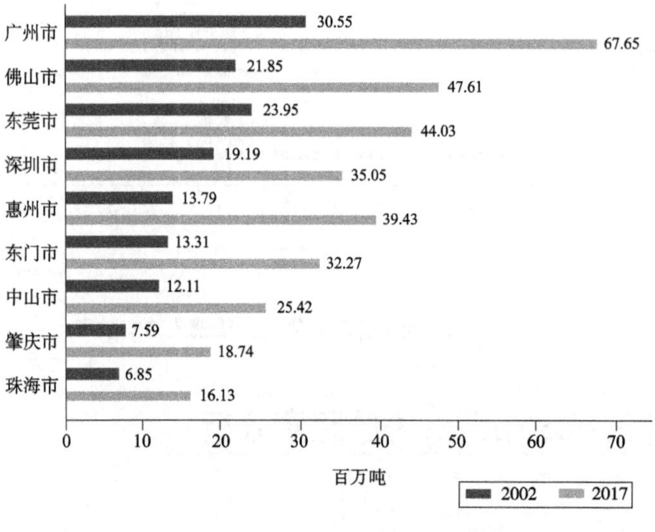

图5-10 珠三角城市群二氧化碳排放量变化

① 参见：http://www.gd.gov.cn/zwgk/gongbao/2017/15/content/post_3365448.html。

2. 工业部门就业占比情况

珠三角城市群的就业结构变化以东莞市、中山市、佛山市为中心，第二产业从业人员占比迅速增长，其余城市就业结构没有出现明显的变化，城市间差异较大，呈现出“局部猛增，整体平稳”的特征。2002—2007 年间，珠三角城市群大多数城市的第二产业就业人数比例出现增加，第二产业就业人数占比在 0.40~0.60 之间，东莞市和深圳市的第二产业就业人数占比有小幅下降。2017 年，除广州市外，其他城市的就业结构值均超过了 0.5 水平线，如图 5-11 所示。

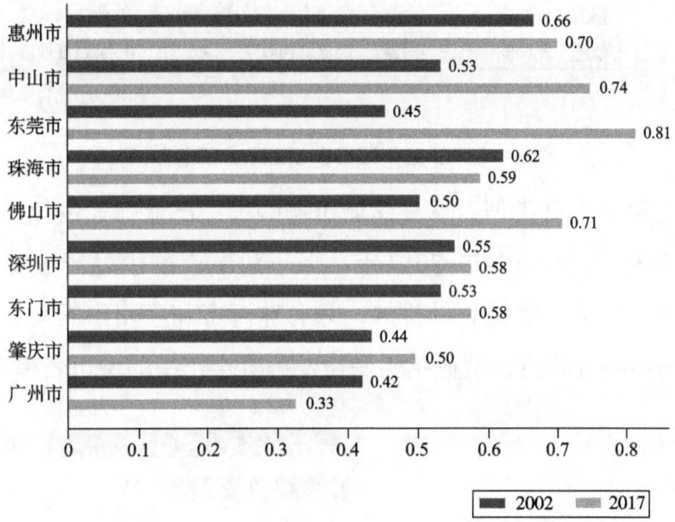

图 5-11 珠三角城市群二产就业人数占比变化情况

3. 珠三角城市群二氧化碳排放总分解结果

对于珠三角城市群来说，其劳动力规模在不断增加，是碳增排的主要贡献因子；污染强度效应在不断降低，是重要的碳减排贡献因子；就业结构在三个分年段中对碳排放变化的贡献率分别为 7.80%、-5.85%（为珠三角减排贡献 5.85%）、284.83%，就业结构对珠三角城市群碳排放的贡献整体上低于长三角城市群。与京津冀地区和长三角地区类似，珠三角城市群也同时满足假设 1 和假设 2，表明了经济结构变革的规律性，如图 5–12 所示。

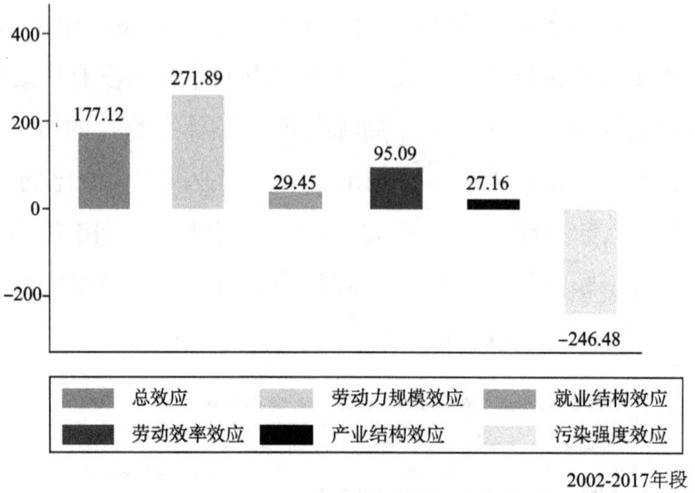

图 5–12 珠三角城市群 LMDI 分解总效应

与长三角城市群类似，珠三角城市群的第二产业就业占比整体不断提高。如图 5–13 所示，2002—2017 年，珠三角城市群中过半数城市的就业结构变化均促进了二氧化碳的排放，只有珠海市和广州市的就业结构效应为负值。在不同时间段，就业结构变化发挥减排作用的城市名单变化很大。

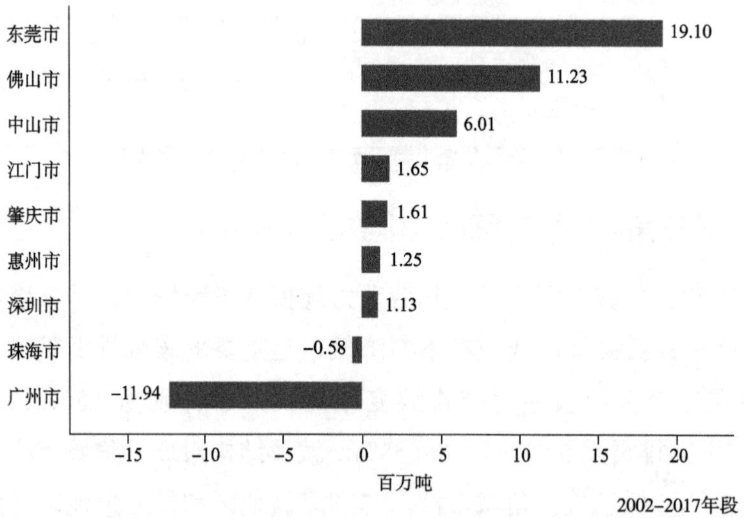

图 5–13 珠三角城市群二氧化碳排放就业结构效应

总体而言，在珠三角城市群，假设1、2和3同时成立，说明就业结构呈现高级化和清洁化趋势。珠三角城市群的二氧化碳排放量规模整体低于长三角城市群，各城市碳排放的变化轨迹比较一致，呈现区域相似性。城市群的就业结构变化呈现出“局部猛增，整体平稳”的特征，东莞市、中山市和佛山市的第二产业从业人员占比迅速增长，其余城市就业结构没有出现明显的变化，城市间差异较大。珠三角城市群的就业结构和节能减排步调不一致的问题逐渐凸显，呈现出两极分化的局面——以东莞市、中山市和佛山市为代表的大部分城市就业结构与城市节能减排的发展缺乏协调性，广州市的就业结构和节能减排的协调性不断改善。

（六）关中平原城市群碳排放因素分析

1. 二氧化碳排放量情况

关中平原城市群二氧化碳排放总量呈上涨趋势，但增速逐渐放缓，个别城市的二氧化碳排放量出现下降态势。2002—2017年，关中平原城市群内部的二氧化碳排放量呈现出“基数较小，增幅较大”的特点，各城市碳排放量在15年间新增了1~4倍，增幅明显，并且碳排放量基数较大的城市增幅较小，碳排放量基数较小的城市增幅较大。整体上看，西安市、临汾市和运城市等经济发展较快的城市碳排放量有下降趋势，碳减排效果初显，西安市碳排放减幅最大。西安市作为关中平原城市群的中心城市，积极响应国家低碳政策，在二氧化碳减排上发挥了积极引领作用。

关中平原城市群二氧化碳排放量虽然基数较小，但增幅较大。关中平原城市群以煤为主的能源消费结构调整难度大，污染源头尚未得到有效控制，重度以上污染天气频发。2017年关中平原城市群各市（县区）环境空气质量优良天数只有154–247天，低于全国平均水平。关中平原采取的节能减排措施并未达到得预期效果，仅在其城市群的经济中心城市如西安市、临汾市初见成效，但其减排措施仍有较大改进空间，关中平原城市群的碳减排情况不容乐观。人口集聚和产业转移带来的自然资源消耗增加、生态承载能力不足、生态资源跨域调度难度大、国土资源和城市建设规划重叠等问题，使关中平原城市群的城镇化发展与生态环境矛盾突出，生态环境容量接近极限（图 5-14）。

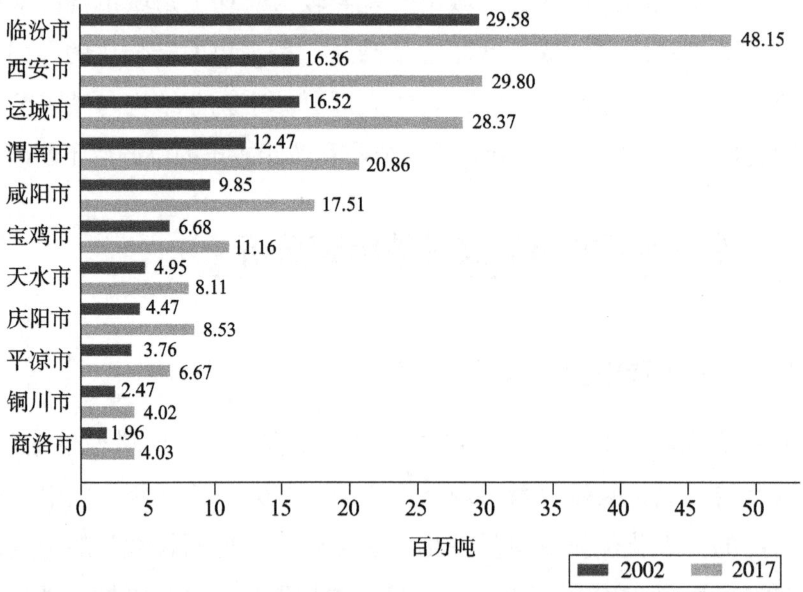

图 5-14 关中平原城市群二氧化碳排放量变化情况

2. 工业就业占比变化情况

关中平原城市群整体的就业结构基本稳定在 0.40 的水平，但各城市就业结构的差距较大，呈现出“两极分化，中间平稳”的特点。在 2002—2017 年间，关中平原城市群第二产业从业人员占比较高的城市——铜川市、西安市、运城市、临汾市的第二产业从业人员比例大幅减少，铜川市的第二产业就业人数占比降幅最大；而第二产业从业人员占比较低的城市——商洛市、庆阳市的第二产业从业人员比例却急剧增加，商洛市第二产业就业人数占比增幅最大，增加近 1.5 倍；其余城市的第二产从业人员占比出现不同程度的增加或减少，但变化幅度不大（图 5-15）。

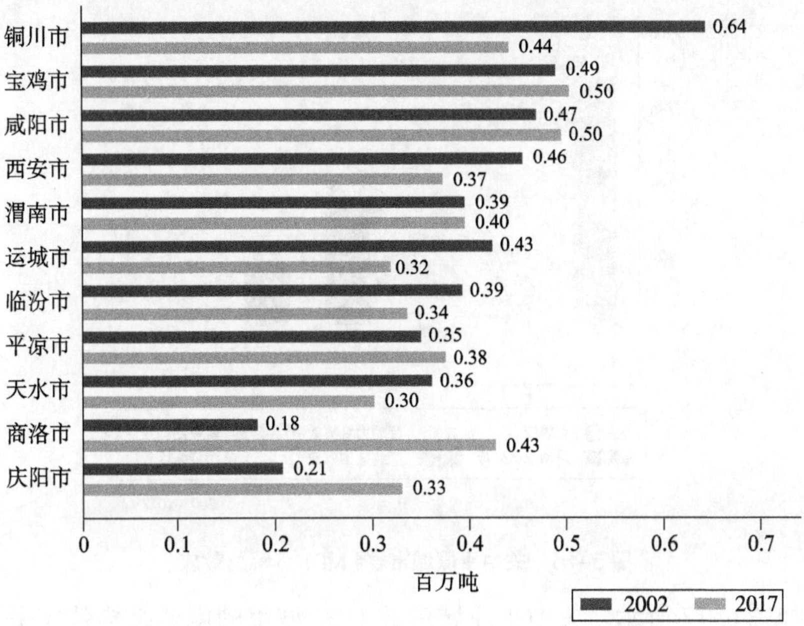

图 5–15　关中平原城市群二产就业人数占比变化情况

3. 二氧化碳排放总分解效果

如图 5–16 所示，关中平原城市群在碳排放变化情况以及五个因素的作用方向与贡献上，呈现出与京津冀城市群一致的态势，各因素变化与碳排放量变化方向一致。2002—2017 年，关中平原城市群的就业结构均值由 0.40 降到 0.39，实现碳排放减少 1283 万吨，其他正向增加的指标导致碳排放量增加。

总的来看，对关中平原城市群而言，劳动力规模在不断增加，与其他三个城市群相比，对碳排放量增加的贡献相对较低；二产劳动效率增加，是主要的增排贡献因子，但该指标降低时也是一个重要的减排贡献因子；就业结构效应在三个分年段中的贡献率分别是 –10.81%（负号表示碳减排贡献）、–4.73%、1250.60%，与其他四个因素相比，就业结构对碳排放变化的贡献较低。

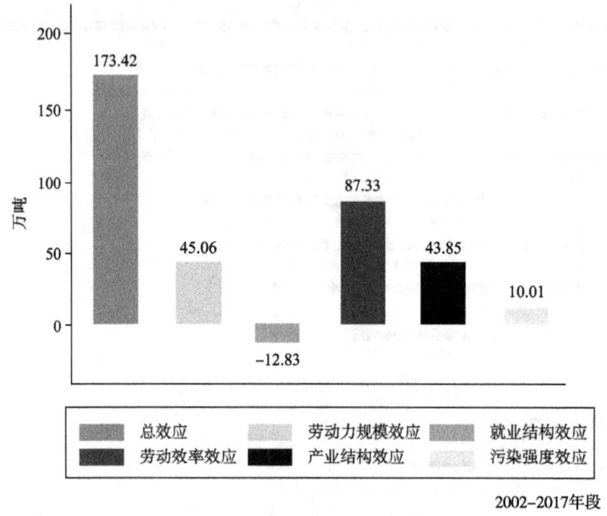

图 5-16 关中平原城市群 LMDI 分解总效应

如图 5-17 所示，关中平原城市群 11 个城市的就业结构效应呈“极化”态势。2002—2017 年，运城市、临汾市、西安市、铜川市和天水市 5 个城市均在大气污染防治工作中发挥了积极作用，共减排 2283 万吨；其余 6 个城市为关中平原城市群增加了 1000 万吨二氧化碳排放量。

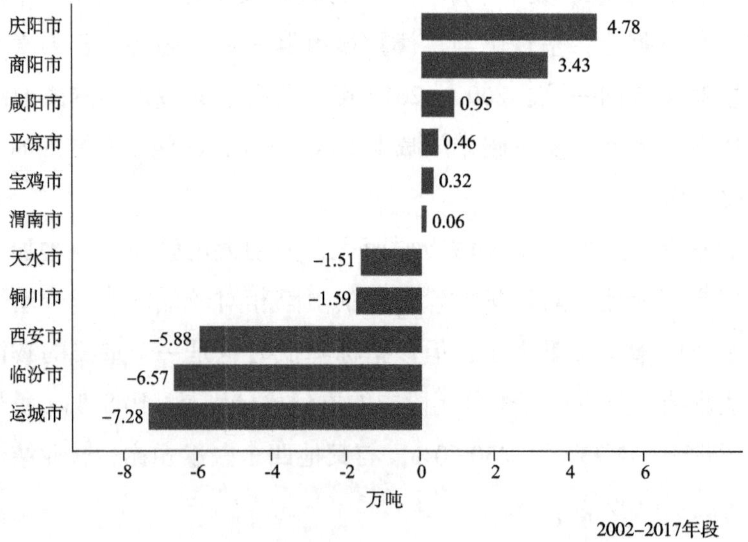

图 5-17 关中平原城市群二氧化碳排放就业结构效应

关中平原城市群的二氧化碳排放规模在四个城市群中最小。与京津冀城市群一样，碳排放量基数小的城市增幅大，碳排放量基数较大的城市增幅较小，城市群的经济中心城市如西安市、临汾市实现了较好的减排效果。关中平原城市群的就业结构变化差距较大，呈现出“两极分化，中间平稳”的特点，以铜川市、西安市、运城市、临汾市为代表的城市第二产业从业人员占比从高位大幅减少，以商洛市、庆阳市为代表的城市第二产业从业人员占比从低位急剧增加，就业结构效应值在2012—2017年段由负转正，就业结构同节能减排的协调性问题逐步凸显。

总体而言，关中平原地区经济规模最小，经济基础相对薄弱，假设1和假设2并没有同时得到满足，污染强度效应没有明显下降，反而略有上升。这表明，关中平原并不支持理论模型所描述的经济结构变化。

（七）小结

利用LMDI分解法，本章从就业的角度，分析了京津冀、长三角、珠三角和关中平原等城市群的碳排放影响因素。理论模型预测经济体的发展会经历不同的阶段：在要素驱动阶段，经济规模迅速提升，劳动效率的提升不足以抵消经济规模所造成的排放增加；在创新拉动阶段，尤其是从要素驱动向创新驱动的转型阶段，增加值率的上升将导致能源强度显著下降，从而同时促进节能减排和就业升级。

整体来看，劳动力规模提升无一例外成为四个城市群增排的主要因素。因此，四个城市群都还没有完全摆脱“要素驱动”增长模式。进一步的，根据理论模型，在经济转型期间，劳动效率的提升会增加排放，但增加的排放规模将完全被排放强度下降所抵消。据此，本章对比了四个城市群的实际情况。首先，劳动力规模上升是四个城市群共同的影响最大因素，说明我国城市群还处在扩张阶段。其次，四个城市群的劳动效率均明显上升，排放强度也都明显下降，即均满足假设1和假设2。然而，并不是所有城市群劳动效率提升带来的碳排放都可以被排放强度下降所抵消，而是显示出了异质性。在长三角和珠三角地区，排放强度下降的减排幅度明显高于劳动效率提升所导致的增排幅度，即满足假设 3。然而京津冀地区并不满足这一假设。京津冀地区除北京市和天津市外，很难找到大规模要素驱动向创新驱动转变的证据。因此，尽管北京市的生产效率提升明显，但无法显著带动整个区域的经济转型。关中平原城市群亦无法确认已发生显著的经济转型。

从产业结构看，尽管长三角和珠三角地区的就业结构并没有发生根本性改变，依然以第二产业为主，但工业部门生产效率提升很快，增加的二氧化碳排放有限。碳排放增加的主要因素在于劳动力规模的提升，这本身难以避免。整体来看，长三角和珠三角地区的工业部门展现了供给侧经济结构变革的特征，即经济从单一的要素驱动转向创新驱动。在这个变革的过程中，单位产出创造的增加值上升，排放下降。

上述结果表明，不同城市群所处的经济发展阶段存在明显的差异。长三角和珠三角地区已经超越了完全依靠劳动和投入规模提升经济产出的“要素驱动”阶段，经济效率提高带来的减排作用已经凸显。京津冀城市群和关中平原城市群则总体上还没有步入到相应的发展阶段。因此，节能减排政策需要因地制宜。相关政策在长三角或珠三角地区要达到“双重红利”作用具有更大的空间，但在京津冀和关中平原地区则相对困难。节能减排政策的时机选择很重要。对于长三角和珠三角地区，适宜的减排政策可以加快经济转型的速度；而对于京津冀和关中平原区域，仍需考虑节能减排对就业尤其是低技术劳动力的影响。

第六章　节能减排与就业结构：来自欧盟的经验证据

20 世纪 90 年代，欧盟地区的国家多数已经实现碳达峰。2019 年 12 月，欧盟委员会发布了《欧洲绿色协议》，旨在使欧洲到 2050 年成为总体变化影响为零的气候中和第一大陆。根据国际能源署（IEA）数据，2020 年欧盟地区碳排放量较 2019 年下降 10%，较 1990 年下降超过 30%，超额完成 2020 年碳减排目标。欧盟各经济体虽然经济发展水平不一，但控制温室气体排放都取得了一定成效，二氧化碳排放量连续下降，燃煤发电比例逐渐降低，可再生能源的使用量逐渐增多。

随着碳达峰、碳中和纳入我国生态文明建设整体布局，如何科学实现 2030 年碳达峰、2060 年碳中和目标成为我国当前环境保护工作的重中之重。因此，有必要横向对比分析欧盟节能减排的就业结构效应，为我国“双碳目标”的实现提供一定的借鉴参考。

前文利用 LMDI 法分析了我国城市群碳排放与就业之间的关系。从长期来看，长三角和珠三角作为我国重要的制造业集中地区，创新驱动力逐渐增强，污染强度下降带来的减排效果明显超过了技术水平上升带来的增排效果。然而，京津冀和关中平原地区则尚未出现这一现象。根据理论模型，经济转型需要一定条件，即资本积累已经达到一定水平，以满足创新驱动所需的基本条件。实证结果表明，京津冀和关中平原地区并没有完全进入经济转型期。进一步地，本章利用欧盟地区经验进行实证分析。欧盟地区资本积累水平显然已经达到转型所需水平，而且西欧地区已经步入后工业化时代，因此欧盟地区是验证理论模型的良好样本。

（一）欧盟节能减排政策

本章的研究跨度为 1995 年到 2018 年，在观察期内，欧盟的范围发生了变化，比如 2004 年欧盟东扩和 2020 年英国脱欧。为了方便前后对比，本文讨论的欧盟地区包含 28 个国家或地区，即 2018 年的欧盟范围。自 20 世纪 90 年代初以来，欧盟逐渐显示了其在全球环境治理方面的重要地位，包括保护臭氧层、生物技术、生物多样性和联合国相关改革等内容，欧盟在应对气候变化这一典型领域的作用最为突出。1997 年《京都议定书》和 2001 年《马拉喀什协议》通过后，欧盟气候政策得到了推动。《2000 年欧盟排放交易指令》(2003/87/EC) 于 2000 年由欧盟委员会发起，是基于欧洲气候变化计划 (ECCP) 制定的欧盟新气候政策的核心。排放交易计划（Emissions Trading Scheme，ETS）设置了大型设施的碳排放限额，这些设施碳排放量约占欧盟二氧化碳排放总量的 40%。除了共同和协调的气候政策外，欧盟各成员国的国内措施也是欧盟气候政策的重要组成部分。这些措施以所谓的“负担分担协议”为指导，该协议分配了欧盟地区各国执行《京都议定书》规定的 8% 的联合减排目标所需承担的工作。根据欧盟理事会 2002/358/EC 号决定，最终的减排目标被写入超国家的欧盟法律。自 2000 年以来，欧盟各成员国在国内气候政策的制定落实上取得了显著进展，但各成员国之间仍存在差异。

2007 年 3 月，欧盟宣布“到 2020 年将温室气体排放量在 1990 年的基础上减少 20%”。此外，欧洲理事会同意在 2020 年将可再生能源在欧盟能源供应中的比例提高到 20%，并将生物燃料在交通运输中的使用比例提高到 10%。它还设定了 2020 年将欧盟预计能源消耗减少 20% 的目标。在此期间，欧盟委员会提出了一系列实施立法的建议，包括：（1）修订排放交易指令；（2）关于欧盟成员国分担 2020 年减排 20% 目标的新决定，该目标涉及未纳入欧盟排放交易体系的行业；（3）关于促进开发利用可再生能源的指令，包括约束性的国家目标，从而自下而上地实现 2020 年的低碳发展目标。

由于欧盟 ETS 将基于欧洲层面分配和拍卖排放津贴，新汽车的二氧化碳排放将通过一项规定加以限制（该规定直接应用于汽车制造商），可再生能源目标将成为有约束力的超国家法律，欧盟气候政策也将大大减少对欧盟地区各国家的依赖。此外，新措施所产生的政策框架将为欧盟气候政策的中长期演变指明道路。欧洲绿色协议于 2019 年启动，作为欧盟委员会的一项战略和政策计划，旨在转变欧盟经济发展方式以实现未来可持续发展，并承诺为此做出努力。除了确定 2030 年增加的 55% 减排目标和 2050 年气候中和目标之外，该协议还计划出台一套主要在 2021 年实施立法的提案，该提案优先考虑欧盟所有其他政策领域的气候政策目标，以及设立援助特别依赖化石燃料或碳密集型地区和部门的基金（表 6–1）。

表 6–1　欧盟节能减排政策撮要

时　间	政　策	主要内容与作用
1992	《马斯特里赫特条约》	欧盟正式成立，减碳政策方面的重点落在能源、土地整治与利用、水资源管理等领域
1995	《欧盟能源政策白皮书》	对欧盟整体的能源政策的实施进行了规划，要求大力支持可再生能源技术的研发和利用，提出可再生能源发展的具体目标
1997	《未来能源：可再生能源——共同体战略与行动计划》	
1998	《能源行动框架计划》	
2000	第一个欧洲气候变化计划	要求通过碳排放交易、热电联产、可再生电力等方面开展应对气候变化的行动
2005	欧盟碳排放交易体系建立	优化市场资源配置，推动欧盟低碳发展
2006	《可持续、竞争和安全的欧洲能源战略绿皮书》	要求统一欧盟内部电力与天然气市场；要求通过能源调整应对气候变化
2007	《2020 年气候和能源一揽子计划》	将“20–20–20 计划”作为减碳目标，提出提高可再生能源的利用、减少各部门碳排放、扩展欧盟碳排放交易体系以及发展碳捕获及封存技术

续表

时 间	政 策	主要内容与作用
2007	《里斯本条约》	将可持续发展作为欧盟对外政策的基本目标之一，要求欧盟采取国际性的措施来保护和改善环境质量，以及加强全球自然资源的可持续管理
2011	《2050 年迈向具有竞争力的低碳经济路线图》《2050 年能源路线图》	提出相比 1990 年，在 2050 年将碳排放量减少 80%–95%
2012	第七个环境行动计划	提出气候变化政策立法，提高能源利用效率、投资绿色创新项目，并要求将减碳工作融入各级部门的发展规划中
2014	《2030 年气候与能源政策框架》	提出减少碳排放、提高可再生能源占比、提高能源效率的相关目标；要求推动欧盟能源结构的转变、各部门的节能减排
2017	《强化欧盟地区创新战略》	提到要以创新技术推动欧盟脱碳
2018	《欧盟 2050 战略性长期愿景》	要求欧盟从能源、建筑、交通、土地利用与农业、工业、循环经济等方面入手，推动欧盟全面低碳化发展
2019	《欧盟绿色新政》	设置 2030 年减排目标和 2050 年气候中和目标；以调整能源结构等方面为主线，要求从能源、工业、金融等领域提出政策，构建欧盟可持续发展模式
2020	《欧洲气候法》	对碳中和立法，以法律形式来推动欧盟碳中和目标的实现

（二）欧盟二氧化碳排放与就业结构的现状分析

1. 欧盟二氧化碳排放总量分析

通过观测 1995—2018 年欧盟碳排放总量（图 6–1）发现，欧盟地区（即 28 国地区）碳排放总量由 1995 年的 39.14 亿吨波动下降到 2018 年的 32.30 亿吨，较 1995 年下降了 17.48%。从欧盟碳排放下降趋势来看，

1995—2005 年，欧盟碳排放总量一直保持在 40 亿吨左右；2006—2014 年，一方面受世界经济下行压力的影响，另一方面，环境保护日益受到国际组织的重视，欧盟碳排放总量呈快速下降趋势，由 2006 年的 40.39 亿吨下降到 2014 年的 32.54 亿吨；2015—2018 年，欧盟碳排放总量保持在 32 亿吨左右。

纵观欧盟二氧化碳排放，可以发现欧盟在 2004 年已经碳达峰。2004 年之后，欧盟二氧化碳排放迅速下降，欧盟正处于碳达峰向碳中和的过渡阶段。通过对比分析欧盟二氧化碳排放的影响因素，可以为中国碳达峰、碳中和实现提供一定的借鉴与参考。

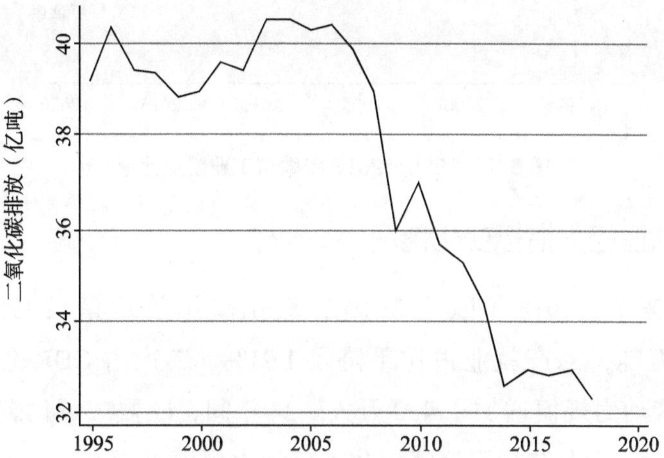

图 6–1　1995—2018 年欧盟二氧化碳排放量

2．欧盟工业就业比重分析

根据相关数据绘制得到欧盟各成员国 1995—2018 年工业就业比重图，如图 6–2 所示。观察该图可知，欧盟各成员国 1995—2018 年工业就业比重位于 10%–40% 之间，最高的为捷克，工业就业比重在 40% 左右，最低的为卢森堡，工业就业比重保持在 10%–20% 之间。可以看出，欧盟各经济体发展程度不一，欧盟 15 个老成员国工业比重在 20%–30% 之间，服务业比重高达 70% 以上，体现出发达国家工业化特征。部分新成员国家还处在发展中国家阶段，工业所占比重普遍高于老成员国，工业就业比重同样高于老成员国。欧盟工业就业比重平均值约为28%左右。相比于上一章中提到的中国四个城市群，欧洲地区工业就业占比明显更低。

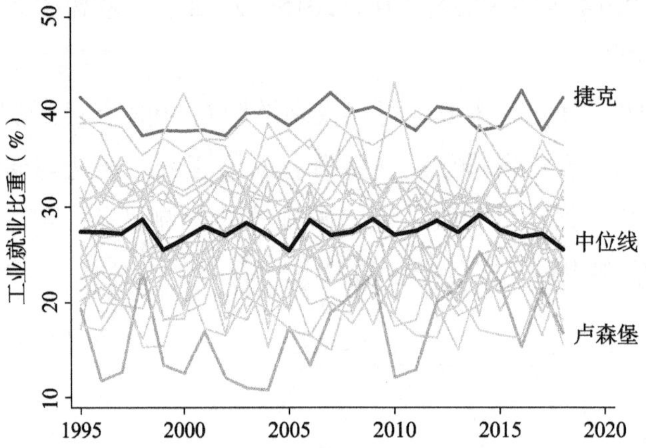

图6-2　1995—2018年欧盟工业就业比重

3. 欧盟相关指标变化情况

总体来看，2018年欧盟28国二氧化碳排放总量较1995年减少了68434万吨，二产就业占比下降了1.21%，二产占GDP比重上升了0.6714，劳动力规模增加了450万人。24年间，欧盟二氧化碳减排取得了一定成效，产业结构逐渐清洁化，劳动力规模逐渐上升，工业就业比重逐步下降。

分年段来看，二氧化碳排放量在1995—2004年段处于上升趋势，得益于2005年欧盟碳排放贸易体制的颁布，2013年二氧化碳排放量较2005年减少了59328万吨，2018年较2014年减少了24040万吨，碳减排工作取得了一定的成效。就业结构在三个年段均呈下降趋势，2018年就业结构较2014年降低了1.55%，说明欧盟工业就业比重呈缓慢下降趋势，工业就业人口逐渐向服务业转移。产业结构指标值越大说明产业结构越清洁，2013年产业结构较2005年上升了0.7092，此阶段产业结构更加清洁。从劳动力规模来看，2004年劳动力规模较1995年增加了690万人，此阶段碳排放量也呈上升趋势，在2005—2013年段，劳动力规模下降了360万人（表6–2）。

表6–2 欧盟二氧化碳排放量变化

年段	总体	分时间段		
	1995—2018	1995—2004	2005—2013	2014—2018
二氧化碳排放量变化（T期–0期）（百万吨）	–684.34	137.17	–593.28	–240.40
二产就业占比变化（T期–0期）（%）	–1.2075	–0.8479	–0.0882	–1.55
二产占GDP比重变化（T期–0期）	0.6714	–0.0255	0.7092	–0.1187
劳动力规模变化（T期–0期）（万人）	450	690	–360	450

注：就业结构为工业就业人数占总就业人数比重，产业结构为GDP与工业增加值的比率，劳动力规模为总就业人数。

（三）欧盟二氧化碳排放LMDI分解结果

1. 欧盟二氧化碳排放总分解结果

由图6–3可知，在1995—2017年段，欧盟地区28国二氧化碳排放下降了68434万吨。其中，贡献最高的是污染强度效应，减排高达231264万吨，劳动效率效应增加了110058万吨碳排放，产业结构效应增加了49040万吨，劳动力规模效应与就业结构效应的影响微乎其微。这些结果说明，欧盟地区技术水平依然提升明显，而就业规模和就业结构已经趋于平稳。

分年段来看，劳动力规模效应在2004—2013年段、2013—2017年段均减少了欧盟地区二氧化碳排放，仅在1995—2004年段增加了8369万吨二氧化碳排放。就业结构效应分别在1995—2004年段、2004—2013年段减少了2518万吨、13298万吨碳排放，可以看出欧盟就业结构逐渐清洁化。劳动效率效应在各年段均为正值，意味着欧盟劳动效率效应在各年段均增加了欧盟二氧化碳排放。产业结构效应在1995—2004年段、2004—2013年段分别增加了24514万吨、34163万吨二氧化碳排放，在2013—2017年段降低了2926万吨二氧化碳排放。污染强度效应在各年段均降低了二氧化碳排放，2004—2013年段降低了99802万吨二氧化碳排放。

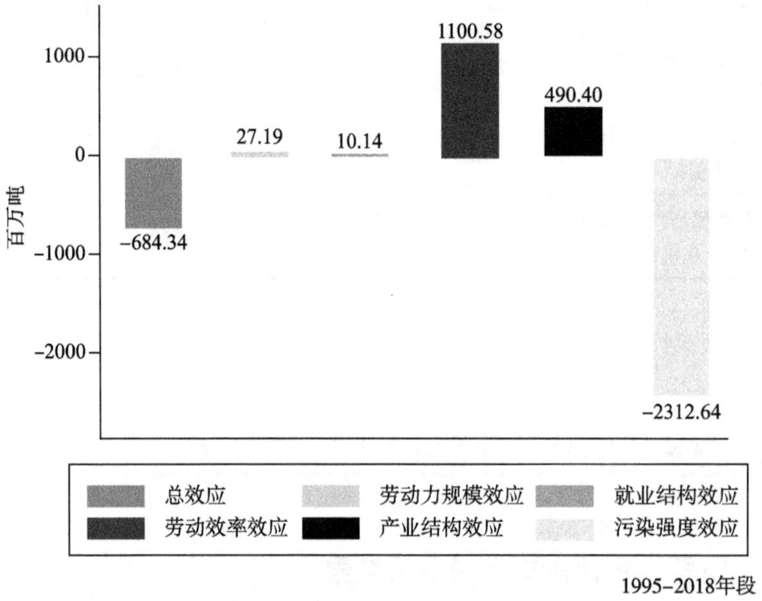

图 6-3　欧盟碳排放 LMDI 分解结果

注：篇幅所限，不再报告分年段情况，下同。

2. 欧盟二氧化碳排放分国家情况

理论模型将经济发展阶段归结为三个阶段。第一阶段为“要素驱动”阶段，在这个阶段内，经济体发展是依靠规模增加驱动的外延式增长。第二阶段为从“要素驱动”向“创新驱动”的转型阶段，也是我国目前所处的阶段。在这个阶段经济发展效率迅速提升，污染强度迅速下降，而就业结构则趋向清洁化和高级化。第三阶段是完全“创新驱动”阶段，此时经济体的就业结构和人均排放将趋向稳定。

从欧盟各国碳排放的总效应来看，2018年欧盟碳排放较1995年下降了 68434 万吨，在碳减排领域取得了一定的成就。分国家来看，多数欧盟国家碳排放的总效应为负数，说明多数欧盟国家碳排放量呈下降趋势。其中，西班牙 2018 年碳排放较 1995 年上升了 1776 万吨；德国、英国与意大利碳减排最多，分别减少了 16355 万吨、16549 万吨与 9157 万吨。可以看出，欧盟初始 15 国碳排放量基数大，减排潜力大，减排量高。后加入欧盟的 13 国，碳排放基数较小，受限于经济发展程度，碳减排潜力小，减排量低（图 6–4）。

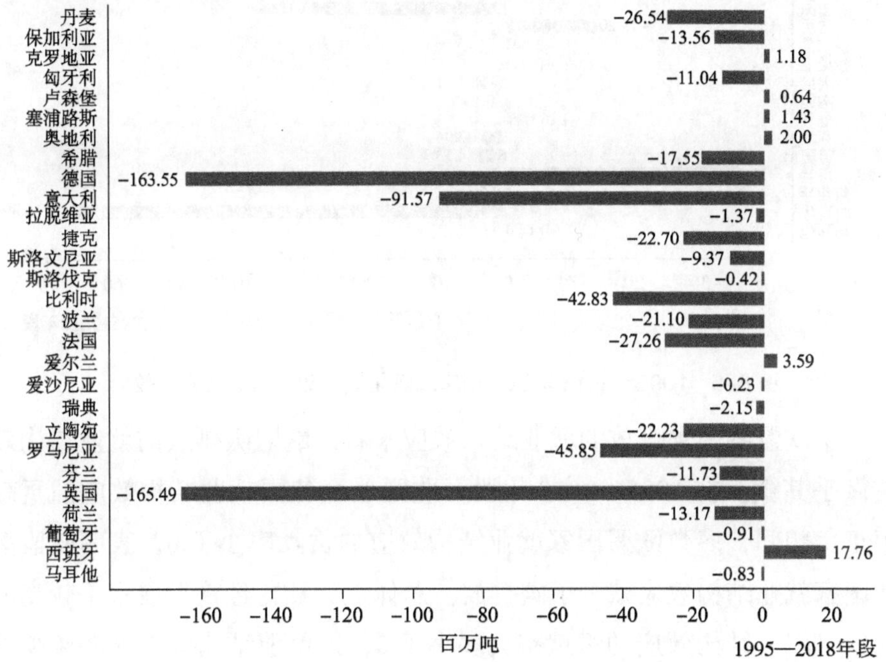

图 6–4　1995—2018 年欧盟国家二氧化碳排放总效应

整体来看，欧盟国家已经脱离了依靠经济规模驱动的经济发展阶段，故而总体上劳动力规模效应对欧盟碳排放的影响较小。从欧盟各国碳排放的劳动力规模效应来看，欧盟劳动力规模效应使得碳排放上升了 2719 万吨，增加了欧盟碳排放。分国家来看，德国、意大利与荷兰的劳动力规模效应分别降低了 3201 万吨、2483 万吨与 2231 万吨碳排放，而西班牙、法国与奥地利的劳动力规模效应分别增加了 6989 万吨、3104 万吨与 1089 万吨碳排放。可以看出，发达经济体的劳动规模造成的碳排放为负或可忽略不计（图 6–5）。

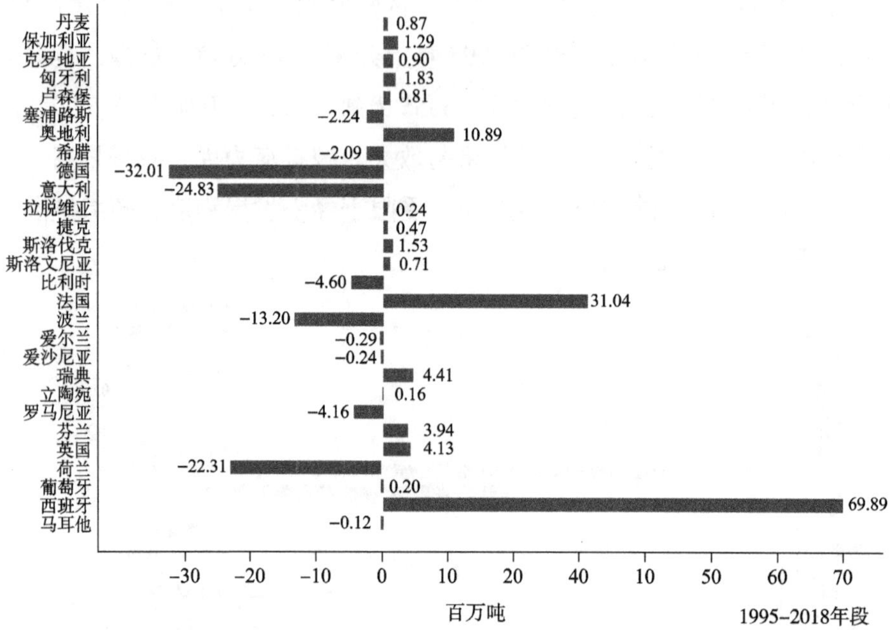

图 6–5　1995—2018 年欧盟国家二氧化碳排放的劳动力规模效应

从欧盟各国碳排放的就业结构效应来看，欧盟碳排放的就业结构效应微乎其微。在 1995—2018 年段，欧盟地区各国就业结构效应的贡献率正负相间，多数欧盟国家就业结构效应的贡献率小于 0，表明欧盟多数国家就业结构效应减少了碳排放。总体上，欧盟经济发展水平较高的国家，就业结构效应的贡献率大多小于 0，即就业结构效应能够减少碳排放。

具体来看，德国、意大利与荷兰的就业结构效应分别增加了 11560 万吨、5180 万吨与 2487 万吨碳排放；法国、希腊与西班牙的就业结构效应分别减少了 6616 万吨、2706 万吨与 2293 万吨碳排放。

从欧盟各国的劳动效率效应来看，多数欧盟国家的劳动效率效应大于 0，增加了欧盟的碳排放。分国家来看，波兰、德国与法国劳动效率效应最高，分别增加了 28055 万吨、13279 万吨与 10010 万吨碳排放。此外，意大利劳动效率效应减少了 4524 万吨碳排放。总体上，欧盟的劳动效率效应增加了碳排放（图 6-6 和图 6-7）。

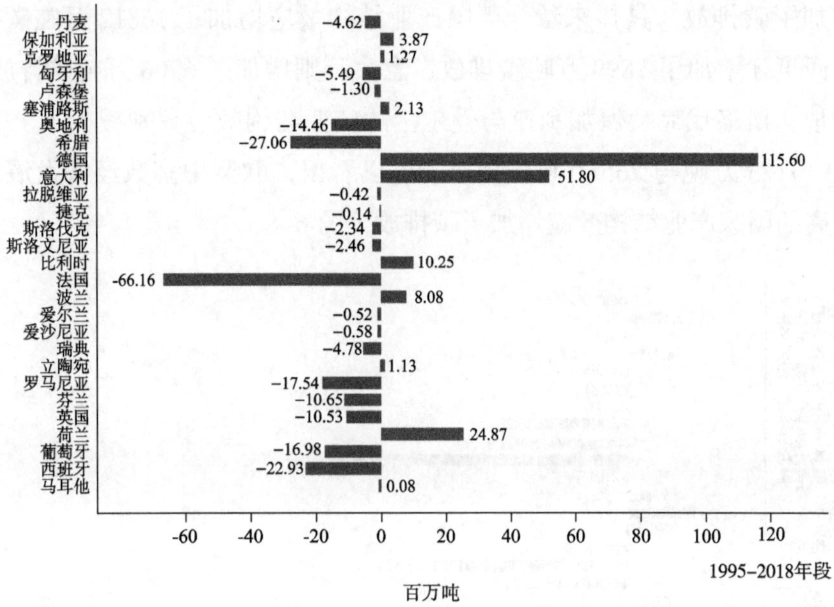

图 6-6　1995—2018 年欧盟国家二氧化碳排放的就业结构效应

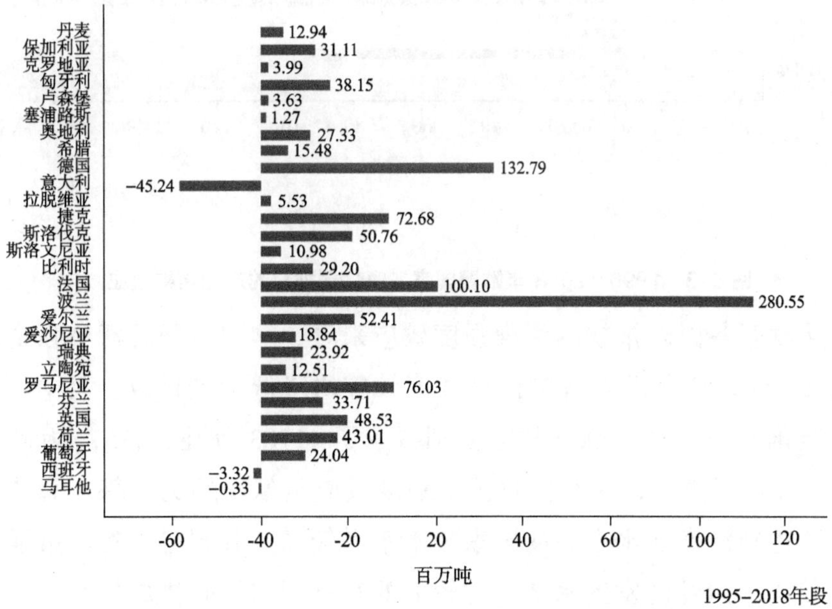

图 6-7　1995—2018 年欧盟国家二氧化碳排放的劳动效率效应

从欧盟各国碳排放的产业结构效应来看，多数国家的产业结构效应均增加了碳排放。具体来看，英国产业结构效应增加了16812万吨碳排放，西班牙增加了7899万吨碳排放，意大利则增加了6906万吨碳排放。相反地，斯洛伐克、保加利亚与爱尔兰的产业结构效应分别减少了1733万吨、1123万吨与765万吨碳排放。可以看出，欧盟中多数经济发展水平较高的国家产业结构效应增加了碳排放（图6-8）。

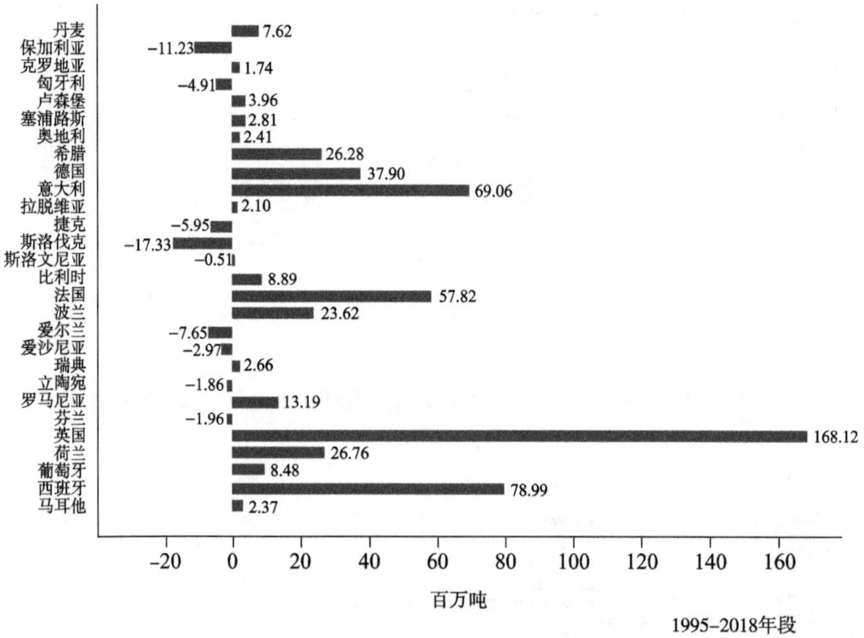

图6-8 1995—2018年欧盟国家二氧化碳排放的产业结构效应

从欧盟各国碳排放的污染强度效应来看，欧盟各国的污染强度效应均小于0，说明欧盟各国污染强度效应均降低了碳排放。其中，德国、英国与波兰污染强度效应分别减少了41783万吨、37574万吨与32630万吨碳排放，对欧盟总污染强度效应贡献率约为50%。总体来看，欧盟经济发展水平高的国家技术水平较高，其碳排放的污染强度效应较高；而经济发展水平相对较低的东欧国家，碳排放的污染强度效应相对较低（图6-9）。

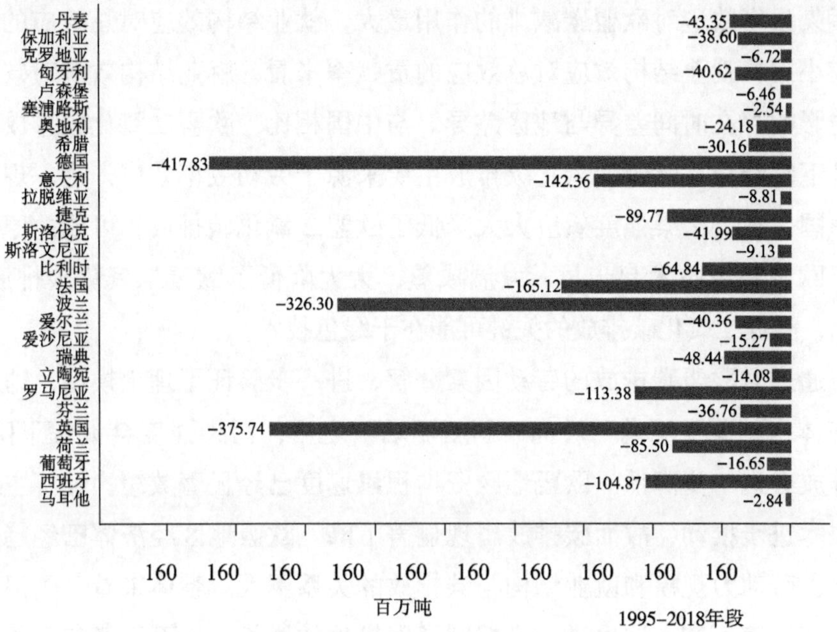

图 6-9　1995—2018 年欧盟国家二氧化碳排放的污染强度效应

整体来看，欧盟二氧化碳的增排因素主要为劳动效率效应，污染强度效应则大大降低了欧盟二氧化碳排放，符合上一章中的假设 1 和假设 2；而且污染强度的减排效应远大于工业部门劳动效率提升的增排效应，满足上一章假设 3。

（四）小结

上一章利用 LMDI 模型，考察了中国四个城市群的二氧化碳排放与就业的关系，并发现不同城市群的贡献因素存在异质性，与理论模型的结论基本一致。我们认为，当经济体还处在“要素驱动”的扩张期时，劳动规模效应造成的增排占主导地位；当经济体处在创新驱动时期，污染强度下降将成为主要减排因素。

通过对欧盟 28 国 1995—2018 年二氧化碳排放进行 LMDI 分解，发现污染强度效应对欧盟碳减排的作用最大，就业结构效应对总效应的贡献较小。从就业结构效应对总效应的贡献率来看，就业结构效应对碳排放的影响存在时间差异与地区差异。与中国相比，欧盟二氧化碳排放总量呈下降趋势，欧盟二氧化碳排放主要来源于劳动效率效应，这一现象与中国一致。污染强度效应大大降低了欧盟二氧化碳排放，可能的原因在于欧盟绿色技术起步早、发展成熟，大大降低了欧盟二氧化碳排放。因此，降低二氧化碳排放的关键可能在于绿色技术。

通过对欧盟碳排放的劳动因素分解，进一步验证了理论模型，即当经济体由“要素驱动”转向“创新驱动”之后，污染强度会大幅下降，总排放会进一步降低。欧盟地区资本积累速度已经显著放缓，经济主要由技术进步推动，故而碳排放出现显著下降。欧盟地区经济体已经趋向稳定，劳动力规模和就业结构与碳排放的关系不大。整体来看，欧盟地区经济增速不高，这也进一步抑制了碳排放的增长，从而已经实现了碳达峰。

无论是气候变化的国际谈判还是减排政策的实施方面，欧盟都走在全球的前列，这与欧盟已经摆脱“要素驱动”增长方式，经济体已经趋于稳定不无关系。在这种情况下，一方面，根据理论模型，经济体中企业平均意义上的加成率水平较高，能够承担能源价格上涨带来的成本压力；另一方面，由于就业结构的转型基本完成，劳动力对新技术的适应能力较强。更重要的是，欧盟在缺乏新经济增长点的前提下，迫切希望通过绿色经济形成新的经济增长模式。对比我国城市群与欧盟的就业与排放关系就不难发现明显的差异。我国城市群劳动力规模提升是排放增加的最大因素，而就业结构主体也在从二产向三产转移过程之中。在这种情况下，尽管欧盟的政策对我国有借鉴作用，但也需要因地制宜。欧盟地区在实施减排政策时注重保障劳动力权益，积极实施绿色就业政策。相比而言，减排政策对我国劳动力的影响会更大，我国更需要绿色就业政策的辅助。

第七章　河北省节能减排规制对就业结构的影响

根据理论模型，经济体只有从“要素驱动”向“创新驱动”转型后，就业结构调整和节能减排的进程才会自然发生。如果经济体还处在要素驱动的经济发展阶段，节能减排政策难以达到“双重红利”的效果。根据前文对城市群排放因素的分析，河北省各城市就业规模上升是造成碳排放上升的首要因素，尽管劳动效率的提升带来排放效率的提升，但还不足以补偿产出增加所带来的排放增长效应。因此，河北省的大多数城市还处在“要素驱动”阶段之内。

从现实情况来看，在京津冀城市群中，河北省能源密集型企业较多，节能减排的任务重。从“十一五”开始，河北省就开始实施节能减排政策，以减少污染排放为主要目的。在2013年之后，河北省更是提出了“6643”工程：即“到2017年底，压减钢铁产能6000万吨；到2017年底，以2012年为基数，淘汰水泥落后产能6100万吨以上；净削减煤炭消费量4000万吨；淘汰平板玻璃落后产能3600万重量箱。”由此可见，河北省对产业结构调整的决心不可谓不大。

根据理论模型，河北省在“十二五”期间所实施的节能减排政策，对就业结构转型的促进效果可能不明显。本章采用河北省县级工业企业数据，利用“双重差分法（Difference-in-difference）”，考察河北省各县受节能减排规制影响较大的污染密集型行业就业变化情况。

（一）减排政策回顾

重工业大省河北地处华北平原，受地理因素和产业结构影响，节能减排政策对其经济有较大影响。2013年颁布的《京津冀及周边地区落实大气污染防治行动计划实施细则》中提出，“河北省钢铁产能压缩淘汰6000万吨以上”，占当年全省粗钢产量的31.9%。Aghion等（2016）发现产业发展存在“路径依赖”，产业结构调整的时机对产业调整成本有显著影响，调整越晚则成本越高。河北省的能源密集型产业经过21世纪第一个十年的快速发展，产业结构已经显著“污染密集化”。河北省2013年粗钢产量为1.88亿吨，占全国总产量的23.9%，占世界总产量的11.6%。根据全国第三次经济普查数据，河北省“黑色金属压延业”就业人数在2013年占全省工业行业就业人数的16.7%，增加值占比则超过30%。除钢铁行业外，水泥、平板玻璃等高耗能产业也是河北省的支柱产业，这必然使得河北省的产业结构转型需要付出更高的成本。我国实施了一系列环境政策，这些政策大多与河北省密切相关，因此本章采用2007—2013年河北省县级工业行业数据进行研究。在这样的情况下，环境政策能否使河北省产业结构“去污染化”，从而使就业从“污染密集产业”流向其他产业，并造成区域人口流动？这是本章研究的主要问题。

在本世纪的第一个五年内，我国由于产业结构的重工业化倾向和较低的能源效率，能源强度由连续多年的下降趋势转为上升趋势。而我国以煤炭为主的能源结构又使得“能源密集型”行业同时成了“污染密集型”行业。“十一五”计划明确提出，“到2010年实现单位GDP能耗比2005年降低20%”，节能减排成为我国经济“又好又快”发展的国策。

总的来看，我国在环境领域的相关政策已取得一定成效，“十一五”期间，我国单位GDP能耗下降19.6%。工业部门节能减排效果更为明显，工业增加值能耗累积下降26%，年均下降5.8%，化学需氧量和二氧化硫排放总量实现双降，超额完成“十一五”规划纲要提出的减排目标；2013年，全国化学需氧量、氨氮排放总量、二氧化硫排放总量和氮氧化物四种污染排放总量均同比下降①。尽管能耗有所下降，但并不表示产业结构显著调整，原因可能在于原有高能耗能行业能源效率的增强。Walker

① 资料来源：http://www.zhb.gov.cn/gkml/hbb/qt/201408/t20140828_288398.htm。

（2011）的研究表明，强有力的环境政策不仅能够降低能耗，而且可以使资本流向“装备制造业”等非污染密集型行业，从而促进产业结构升级。就业结构是衡量产业结构变化的重要指标，如果环境政策能够促进产业结构升级，应使“污染密集产业”就业占比下降，其他产业就业占比上升。

2008年后，河北省产业结构调整政策力度加大。一方面，空气污染和气候变化问题日益严峻，我国加大了节能减排政策的实施力度，如“差别电价政策”，正式公布了高耗能企业名单，并提高了限制和淘汰类行业电价的上涨幅度。另一方面，钢铁和建材价格在2008年后相对下跌，为河北省产业结构转型提供了客观条件。本书通过从“2007年中国工业企业数据库”和“全国第三次经济普查数据库”提取整合的河北省各县级数据，考察了在2007—2013年间，河北省各县工业部门就业结构是否向有利于能源节约和环境改善的“非污染密集型”行业方向调整。

在我国节能减排政策的相关文献中，缺乏对河北省的专门探讨。河北省在节能减排方面的重要性包含以下两点：第一，环境政策对该区域企业的影响很不平衡，从而造成了非平衡冲击。以“千家企业节能行动”为例，河北省受规制企业数量占全国一成有余，是北京的10倍左右，天津的5倍左右。而黑色金属压延业是河北省的支柱产业，2012年工业总产值占全省工业产值的27.4%。不平衡冲击不仅不利于区域经济一体化，而且不利于政策的长期推行。第二，Young（2000）发现地方政府有通过各种经济优惠政策吸引高收益行业企业的冲动，进而保护本地市场并导致整体市场分割；而钢铁、有色金属等高耗能行业属于高收益行业，对河北省GDP的贡献率很大。通过对“中国工业企业数据库”的前期研究发现，我国钢铁行业规模以上企业分布与区域比较优势（按照省份钢铁行业平均企业生产成本核算）并无直接关系，但与政府支持高度相关。这说明Young的发现在钢铁行业中确实存在。河北省的突出特点为研究环境政策、就业和人口流动之间的关系提供了典型样本。

河北省的产业结构转型并非刚刚开始，我国自2004年起实施了一系列环境政策（表7-1），很早就对河北省能源密集型行业产生了一定影响。按照规制政策实施工具分类，相关环境政策可以划分为“行政类手段”（如“关停并转”等）和“经济类手段”，而“经济类手段”又可分为“规制性政策”（如“差别电价政策”“碳排放权交易市场”等）、“激励性政策”和“混合政策”等（张红凤等，2011）。在此，对“十一五”期间两个重要的环境政策，“差别电价政策”和“千家企业节能行动”进行回顾，以厘清我国节能减排政策的逻辑和问题。

表 7–1　河北省相关减排政策与效果

政策名称	政策工具	实施年份	规制企业	实施范围	河北企业	经济影响
关停并转	行政手段	2004 年下半年至今（历次）	《产业结构调整目录》淘汰或限制类	不明确	不明确	不明确
差别电价政策	经济规制政策	2004 年 6 月至今，期中历经反复	2007 年公布 10249 家企业	全国范围 8 大高耗能行业	河北 670 家	正面（Lin & Liu，2011）
千家企业节能行动	经济规制与激励并存	2006 年	1008 家企业	全国范围	河北 112 家	不明确
出口退税率调整	经济规制政策	2004 年后逐步实施	高耗能行业	全国范围	不明确	正面
十大重点节能工程	经济规制与激励并存	“十一五”期间	高耗能行业	全国范围	不明确	促进技术节能

注：①“关停并转”常与其他政策混合实施；②实行差别电价政策的河北省相关企业数为通过企业名单和“中国工业企业数据库（2007 年）”匹配结果，可能有遗漏。

1. 差别电价政策

差别电价旨在遏制能源密集型产业盲目发展和低水平的重复建设，清理低效产能、促进产业结构调整，根据 2004 年以来的电力消费水平对高能耗公司设定不同的电价水平，以缓解能源供应的紧张局面。差别电价政策根据用电效率将高耗能企业分为三类，鼓励类企业、限制类企业和淘汰类企业。对鼓励类企业保持电价不变，提高限制类和淘汰类企业的电价，且用电量越高电价越高。差别电价也是一种促进低效能企业提高生产效率的重要工具。

尽管差别电价政策在大多数省份施行效果良好，但在一些省份，地方政府为了经济发展仍对高能耗企业施行相对优惠的电价政策，吸引了大批被其他省份所抑制的低能效企业。2010 年，国务院发布了《关于进一步加大工作力度，确保实现“十一五”节能减排目标（国务院，2010）》的文件，授予当地政府施行差别电价政策更高的自主权，能够根据其自身情况调节电价。同时，对生产用电强度显著高于当地政府设定标准的高能耗企业施行惩罚性电价政策。随后，《关于清理对高耗能企业优惠电价等问题的通知（国家发改委，2010）》文件再次要求地方政府取消有关优惠电价，加大差别电价政策实施力度，进一步提高对淘汰类和限制类企业的加价标准。近些年来，一些省份开始讨论针对不同能源密集型产业实施多样化差别定价施行标准的政策。

根据 2007 年国家电网公布的 10249 家高耗能企业名单，河北省高耗能企业共计 670 家，仅次于江苏省、辽宁省和山西省。可见，河北省是受到环境政策影响较大的省份之一，因此对河北省的研究具有一定的代表性。

2. 千家企业节能行动

2006 年 4 月，我国决定在重点能耗行业开展千家企业节能行动，为中国 1000 家最高能耗企业设定节能目标。这是政府为达成 2010 年底 GDP 能源强度比 2005 年降低 20% 这一“十一五”节能减排目标的重要举措。列入千家企业节能行动的企业涉及钢铁、有色、煤炭、电力、石油石化、化工、建材、纺织、造纸等 9 个重点耗能行业，是 2004 年企业综合能源消费量达到 18 万吨标准煤以上的大型企业。

千家企业节能行动的主要目标是显著提高千家企业的能源效率，将单位能耗降低至所有核心产品的国内最佳水平，提高各部门的能源效率，并在“十一五”期间实现节能 1 亿吨标准煤。2006 年夏天，列入千家企业节能行动的公司与当地政府签订了节能协议，承诺每季度向国家统计局报告能源消耗情况（国家发改委，2006），并在2010年前达成节能目标。

（二）数据说明

本书使用的数据来源于《中国工业企业数据库》所提供的规模以上企业数据，以及《2013年第三次经济普查数据》。《中国工业企业数据库》已被用于多个经济研究领域，且数据处理的方法也形成了相对统一的意见（聂辉华等，2012）。在时间选择上，产业结构调整在2008年后更为明显。因此，本章选择了2007—2013年作为研究的时间段，将2007年《中国工业企业数据库》和《2013年第三次经济普查数据》进行了合并。通过将规模以上企业就业数据按照县级地区代码和二位数工业行业代码合并，形成了河北省县级工业部门的二位数工业行业面板数据。在考察时间段内，一些县经历了撤销、合并或拆分①，为避免异常值出现，我们将这些县的样本剔除。

污染密集型行业是产业结构调整的重要对象。在不同的政策文件中，污染密集行业（文件中多称为“高耗能行业”）的定义有所差异。差别电价政策将高耗能行业定义为电解铝、铁合金、电石、烧碱、水泥、钢铁、黄磷和锌冶炼八个行业，这八个行业与《国民经济行业分类与代码》（GB/T4754—2002）并不一致。通过对照国家电网2007年公布的10249家高耗能企业名单，发现涉及的企业主要分布在化学原料及化学制品制造业（后称化工业）、非金属矿物制品业（后称非金属业）、黑色金属冶炼及压延加工业（后称黑色金属业）、有色金属冶炼及压延加工业（后称有色金属业）四个二位数工业行业中。在《京津冀及周边地区落实大气污染防治行动计划实施细则》中，针对河北省特别提及的钢铁、水泥和平板玻璃也属于上述四个二位数行业。因此，我们将这四个2位数行业作为样本，考察污染密集型行业在河北省内的变化。

---

① 如石家庄获鹿县并入石家庄市并改为鹿泉区，唐山丰润县和新区合并改为唐山市丰润区等。

除差别电价政策外，另一个可以通过企业名单区分高耗能产业的政策是“千家企业节能行动”。“千家企业名单”中包含1008家企业，其中18家企业的企业代码存在重复问题。再根据企业代码与2006年工业企业数据库进行匹配①，其中895家企业完全匹配，95家企业未包含在数据库中。从行业分布来看，包含企业数目较多（超过10家企业）的行业分别是：煤炭开采洗选（58家）、造纸（22家）、石油加工及炼焦（86家）、化工（217家）、化学纤维制造（15家）、非金属（90家）、黑色金属（183家）、有色金属（67家）和电力热力生产（124家），共计9个二位数行业②。在计量过程中，本章分别使用了四个行业和九个行业两种分类方式以保证分析的稳健性。

根据数据绘制得到河北各县工业行业就业占比图，如图7-1所示。观察分析该图可知，在四个污染密集型行业中，有色金属就业占比相对较低，而化工、非金属和黑色金属都是河北省的支柱产业，三者占比总和接近工业部门整体就业的25%。在2007—2013年间，化工行业和非金属行业就业占比有所下降，而黑色金属行业就业占比有所上升，从8.5%上升到11.5%。四个行业整体就业情况在考察期间变化不大。

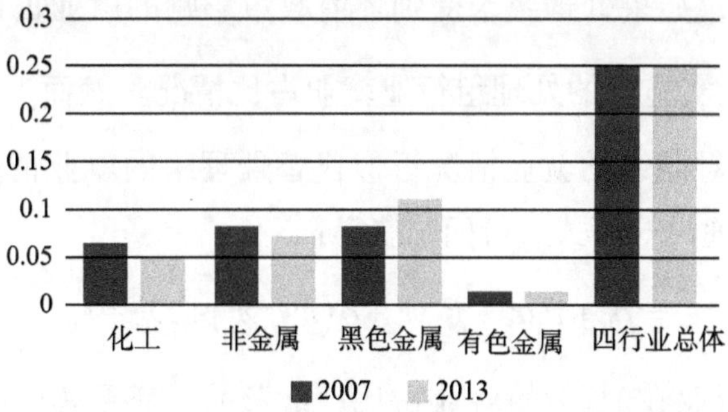

图7–1 河北各县四行业就业占工业部门比重

① 本章去除了“全部从业人员数”为零的异常值企业，企业数相较于2006年《中国统计年鉴》公布的全国规模以上企业数略少。

② 在附录中本章考察了“九行业”的工业总产值、就业、固定资产原价、出口占工业部门比值的历史走势情况。

（三）节能减排规制与就业结构

1．研究方法

我们通过"双重差分法（Difference-in-difference）"，考察河北省各县受节能减排规制影响较大的"污染密集型行业"就业情况是否产生了显著的变化。首先，将河北省各县46个二位数工业部门分成两组，即处理组和对照组。按照上述污染行业分类方式，我们将上述"四行业"和"九行业"分别设为处理组，其他行业视为对照组；以四行业情况为例，有色金属、化工、非金属和黑色金属四个污染密集型行业视为处理组，其他行业视为对照组。在理论上，河北省各县污染密集型行业占工业部门就业比值在考察期间的"平均处理效应"可具体表达为：

$$\eta_{DID} = E\left[y_{i1} - y_{i0'}\right] - E\left[y_{i0} - y_{i0'}\right] \qquad (7.1)$$

其中η_{DID}代表就业占比的平均处理效应；y_{i1}表示第i县的处理组行业，即污染密集型行业，在2013年受到环境政策影响后的就业占比；y_{i0}表示在理论上，如果处理组未受到环境政策影响的就业占比情况；$y_{i0'}$表示2007年政策实施前的处理组行业就业占比情况。然而，y_{i0}是无法观测的，因此通过对照组的就业情况近似代替处理组的就业情况。此时，平均处理效应可通过对下式进行回归获得：

$$y_{kt} = \beta_0 + \beta_1 tr_k + \beta_2 yr_t + \delta\left(tr_k \cdot yr_t\right) + D_{kt} + \varepsilon_{kt} \qquad (7.2)$$

y_{kt}表示k行业在时间t的就业占比；tr_k表示"是否属于政策组"的虚拟变量；yr_t表示政策实施前后的时间虚拟变量；系数δ即为平均处理效应η_{DID}。D_{kt}表示控制变量。由于部分县的某些行业就业占比为零，为了避免因变量限制对模型的影响，本文采取了OLS和Tobit模型两种方法，以保证回归结果的稳健性。

2. 实证结果

表 7–2 为以四行业作为污染行业分组标准的计量结果。第一列和第二列报告了 OLS 回归结果，其中第二列的标准误为行业分组标准误，二者并没有本质区别。从分组虚拟变量 *Tr* 的结果看，河北省各县污染行业就业人数占比高出其他行业约 4%。从平均处理效应结果看，在考察期内，污染行业占比并没有受到显著影响。第三列和第四列报告了 Tobit 模型的结果，其中第四列为行业分组标准误。Tobit 模型的左侧截断点设置在了 0.1% 水平上，共有 2702 个样本占比小于 0.1%。Tobit 模型回归结果基本和 OLS 一致，污染行业就业占比受影响不明显。计量结果和数据的观察结果基本一致。

表 7–2 四行业就业占比双重差分法

变 量	OLS	OLS	Tobit	Tobit
	就业占比	就业占比	就业占比	就业占比
tr	0.041***	0.041**	0.093***	0.093***
	(0.003)	(0.019)	(0.006)	(0.032)
yr	0.000	0.000	–0.014***	–0.014**
	(0.001)	(0.002)	(0.003)	(0.006)
tryr	–0.001	–0.001	0.002	0.002
	(0.004)	(0.010)	(0.008)	(0.014)
Constant	0.022***	0.022***	–0.056***	–0.056***
	(0.001)	(0.003)	(0.002)	(0.016)
按行业分组标准误	否	是	否	是
Observations	13,832	13,832	13,832	13,832
R–squared	0.027	0.027	0.20	0.20

表 7–3 为以九行业作为污染行业分组标准的计量结果。其结果和四行业分组结果基本一致，这说明计量结果的稳健性，即环境政策对污染行业就业占比影响有限。

表 7–3 九行业就业占比双重差分法

变 量	OLS	OLS	Tobit	Tobit
	就业占比	就业占比	就业占比	就业占比
tr	0.021***	0.021*	0.049***	0.049*
	(0.002)	(0.012)	(0.004)	(0.028)
yr	–0.001	–0.001	–0.016***	–0.016**
	(0.001)	(0.002)	(0.003)	(0.007)
tryr	0.002	0.002	0.009	0.009
	(0.003)	(0.005)	(0.006)	(0.010)
Constant	0.021***	0.021***	–0.058***	–0.058***
	(0.001)	(0.004)	(0.002)	(0.016)
按行业分组标准误	否	是	否	是
Observations	13,832	13,832	13,832	13,832
R–squared	0.015	0.015	0.115	0.115

表 7–4 报告了以就业人员数作为被解释变量的“双重差分法结果”，其中变量“total”代表 2007 年基期各县工业部门就业总数。第一列和第二列报告了 OLS 回归结果，其中第二列的标准误为行业分组标准误。从回归结果中可以看出，虽然在 OLS 回归中“平均处理效应”显著为负，但当标准误以行业分组聚类（cluster）后，“平均处理效应”变得不再显著。Tobit 模型左侧截断点设置在了 1% 水平上，其回归结果与 OLS 类似。与就业占比结果类似，污染密集型行业的就业水平在考察期内并没有显著变化。这说明节能减排政策对污染密集型行业就业水平的影响不显著。

表 7–4 四行业就业双重差分法

变 量	OLS	OLS	Tobit	Tobit
	就业人数	就业人数	就业人数	就业人数
tr	2,103.380***	2,103.380*	4,661.035***	4,661.035**
	(148.042)	(1,192.881)	(258.175)	(2,028.864)
yr	126.317*	126.317	–361.812***	–361.812
	(69.060)	(114.816)	(137.971)	(226.590)
tryr	–1,200.008***	–1,200.008	–1,122.278***	–1,122.278
	(209.941)	(784.938)	(370.423)	(946.074)

续表

变 量	OLS	OLS	Tobit	Tobit
	就业人数	就业人数	就业人数	就业人数
total	0.026***	0.026***	0.036***	0.036***
	(0.000)	(0.005)	(0.001)	(0.007)
Constant	–221.408***	–221.408	–4,431.854***	–4,431.854***
	(51.852)	(187.057)	(109.825)	(1,297.291)
按行业分组标准误	否	是	否	是
Observations	13,832	13,832	13,832	13,832
R–squared	0.191	0.191	0.20	0.20

表 7–5 为以九行业作为污染行业分组标准的计量结果，其结果和四行业分组结果没有本质差异。

表 7–5 九行业就业双重差分法

变 量	OLS	OLS	Tobit	Tobit
	就业人数	就业人数	就业人数	就业人数
tr	1,077.463***	1,077.463	2,554.866***	2,554.866*
	(107.297)	(659.624)	(198.355)	(1,512.927)
yr	128.323*	128.323	–409.123***	–409.123
	(74.929)	(121.849)	(150.729)	(262.910)
tryr	–541.807***	–541.807	–403.885	–403.885
	(152.160)	(420.031)	(285.963)	(566.234)
total	0.026***	0.026***	0.036***	0.036***
	(0.000)	(0.005)	(0.001)	(0.007)
Constant	–255.189***	–255.189	–4,524.874***	–4,524.874***
	(55.780)	(197.343)	(117.683)	(1,342.524)
按行业分组标准误	否	是	否	是
Observations	13,832	13,832	13,832	13,832
R–squared	0.184	0.184	0.05	0.05

从上述回归分析中不难发现，在 2007—2013 年的 7 年间，污染密集

型行业的“就业人数”及“就业占比”二者的变化和其他行业相比并无显著差异。这说明环境政策对河北省就业结构影响有限。

（四）节能减排规制与区域就业增长

为了考察各县就业增长情况是否和污染密集度相关，我们计算得到了“各区县（共计171个无更名、合并撤销或代码变更的区县）工业部门规模以上企业在2007—2013年七年的整体就业增长比率”，各区县七年就业增长比率平均为49.9%。利用“自体抽样法（bootstrap）”可以考察就业增长和污染密集度是否相关。具体做法如下：首先，将各区县“四污染密集型行业就业占工业部门比重”按照由低到高排序，并等分成三组，每组57个县；第一组可视为“非污染密集县”，第三组视为“污染密集区县”。然后，将“非污染密集区县”的平均就业增长率减去“污染密集区县”的平均就业增长率，获得“真实增长率差”；若增长率差为正则说明污染行业密集不利于就业增长，从侧面说明减排规制与就业增长率有关，否则无关。最后，随机分组并计算“模拟增长率差”，重复2000次以观察“真实增长率差”是否在5%水平上显著。这一做法的好处在于不需要对就业增长率的分布进行任何假设，图7–2给出了就业增长率的Kernel分布图。

图7–2 各县“就业增长率”Kernel分布图

注：就业增长率以百分比为单位。

实证结果表明，“非污染密集县”比“污染密集县”平均就业增长高出 14.5%。这在一定程度上说明“污染密集”行业已经不再是带动地区就业的动力。然而，“增长率差”重复 2000 次自提抽样 5% 分位在 24.8% 水平，10% 分位为 19.3%，二者关系并不显著。因此，就业增长和污染密集度没有显著的关系。Walker（2011）利用美国清洁能源法案作为“拟自然实验”，证实了一个符合直觉的结论：减排政策将使污染产业密集的县就业增长率降低，而清洁产业相对密集的县则就业增加，从而造成“人口流动”和“就业结构”变化。根据这一结论，我们的研究表明，环境政策对“区域就业结构”和“人口流动”影响都很有限。

（五）政策启示

河北省在节能减排方面作出一系列的尝试，旨在结束高耗能、高污染企业较多的产业结构，加速供给侧结构性改革，淘汰落后产能。然而实证结果表明，节能减排对就业结构的影响有限。当然，这并不能表明产业结构调整政策是无效的。首先，在 2001 年到 2007 年期间，污染密集型行业，尤其是钢铁行业在河北省发展迅速，甚至形成了“村村点火、镇镇冒烟”的局面；而在 2007—2013 年，该区域污染密集型行业没有呈现出明显上升的势头，这表明产业结构调整政策起到了一定作用。其次，经过产业内部整合，2007 年没有报告在规模以上企业的就业人员可能成为 2013 年规模以上企业雇员，使得 2013 年就业数据更全面，从而导致平均处理效应被高估。然而，计量结果表明，产业结构调整政策没有根本性改变河北省“能源密集”和“污染密集”的产业结构，这应与产业结构调整政策的设计有关。当然，由于数据的可得性问题，本章并没有确认 2007 年之前的就业变化情况，以及变化的趋势是否发生了改变。考察环境政策对就业结构变化趋势的影响将是未来的研究课题。

地方政府“环境分权”和各县间的竞争关系是导致环境标准降低的主要原因之一。祁毓等（2014）对我国的环境分权进行了梳理和评估，发现环境分权与环境污染有正向关系。朱平芳等（2011）发现国内地方政府存在为保持本地的相对优势而采用降低环境标准的方式吸引外商直接投资的事实。Kostka和Hobbs（2008）也发现，地方政府会倾向于模糊和变通节能减排政策以达到环境与经济考核的平衡。在本世纪的第一个十年中，高耗能行业中的水泥、钢铁和建材均属于高收益行业，地方政府有动力通过降低环境标准以吸引高耗能行业投资。这些行业也恰是河北省的支柱产业，仅黑色金属业就占2012年全省工业总产值的27.4%。通过河北省的内在动力解决产业结构问题相对困难，而在“京津冀大气防治”之前的环境政策一般由各地方政府主管，这从客观上造成环境政策效率较低。

在政策工具选择上，政府往往选择有更大自由度的“行政类政策”，如“关停并转”政策，较少使用“经济激励”或“经济规制”政策。相对经济政策而言，行政政策虽然看似见效更快，但成本更高、效率更低且更容易出现反复（申萌和王叶，2018）。在调研部分小型钢铁厂的过程中，我们发现在钢铁行情好的时候，这些钢铁厂一年的利润即可弥补所有固定成本投入，即便在第二年关停也并不亏本。如果没有相应的经济规制措施，单纯的关停并转措施并不足以遏制小型钢铁企业在没有环评手续的前提下进行生产。更重要的是，政策目标明确的经济政策在长期比行政政策更有效，如差别电价政策。在2007年前主要以关停并转为主，政策效果并不明显却投入较大成本（申萌，2015）；而2007年后实施以调高电价为主的经济政策，其政策效果明显有所改善。相比较之下，行政政策的自由度更大，但是目标不明确。

地方政府节能减排意愿不强是造成政策效果不显著的另一个原因。我国现有环境政策一般采取以下措施保障地方政府规制意愿：中央政府和地方政府签署“目标责任书”，企业再与“地方政府”签署目标责任书，从而将节能减排目标落实到企业。中央政府通过绩效考核的方式将环境绩效与政绩评价等联系在一起。Kostka和Hobbes（2012）通过对山西省的调研发现，该方法造成了节能减排政策“时松时紧”，当中央政府督察力度加强时，地方政府和企业规制意愿也增强，反之意愿将减弱。这一现象在“差别电价政策”的执行过程中也有明显体现。节能减排政策因此持续性不足，客观影响了政策有效性。

此外，由于减排政策的特殊性，各地区受冲击力度有明显差异。以《京津冀及周边地区落实大气污染防治行动计划实施细则》为例，该细则要求“到2017年底，北京市要调整退出高污染企业1200家，天津市钢铁、水泥产能控制在2000万吨和500万吨，河北省钢铁产能压缩淘汰6000万吨以上”。河北省典型高耗能行业黑色金属压延业占全省工业总产值比重的27.4%，而北京市或天津市只占约1%。可见不同地区内节能减排对经济影响并不平衡。在地方政府存在竞争的背景下，难以保证各地统一规制意愿。当然，这一问题已得到关注并有所改善。张文彬等（2010）发现在2004到2008年间，随着环境绩效考核作用的不断强化和考核体系的调整，节能减排的省际竞争发生了明显的转变，竞争行为趋优。新《环保法》的出台，逐渐将政府机构的规制责任加以法律保证，有可能彻底改变地方政府规制意愿不一的局面。

（六）小结

本章通过2007年和2013年河北省县级规模以上工业企业数据发现，在考察期间内，河北省“污染行业就业占工业部门就业比例”受到减排政策的影响是有限的。理论模型认为，当地方经济还处在“要素驱动”发展阶段时，节能减排可以降低排放，却难以促进就业结构升级，符合理论模型的预期。

通过对不同地区的实际调研，我们加深了对理论微观基础的理解。当某一地区还处于“要素驱动”发展阶段时，地方融资比较困难，绿色产业很难形成规模。尽管节能减排能够打破乡镇企业在“三高”行业上的发展局势，但却难以形成新的经济增长点，要实现绿色就业绝非一蹴而就，需要加大对县域的基础设施投资，增强县域绿色经济对资本的吸引力。另一方面，县域的劳动力技能储备不足也是重要的限制因素。因此，绿色就业政策任重道远，需要加大对地方劳动者培训力度，以帮助劳动者适应新经济模式。

当前，“双碳”目标的提出，进一步体现了经济发展与环境保护的矛盾。一些地方政府为了完成“能耗双控目标考核”而拉闸限电，导致社会经济秩序受到影响，目标企业停工停产。尽管减碳是大势所趋，但依靠“一刀切”的方式进行减排，忽视了减碳的长期与短期统筹、全国与地方统筹，就难以起到产业结构调整的作用。科学的节能减排，应平衡经济发展目标与就业目标。在节能减排工作进入到“双碳”时期，能源成本进一步上升的情况下，更需平衡好节能减排与经济增长、就业稳定的关系。

第八章　节能减排对流动人口工资的影响分析

根据理论模型，节能减排对就业结构产生影响，这意味着并不是所有的劳动者都能够从中直接受益。由于绿色产业一般具有高技术特征，高技术劳动力更容易获益而低技术劳动力则可能受损。因此，本章考察节能减排政策对流动人口工资的影响。在上一章中，研究发现减排政策对河北就业结构调整影响有限，但上一章用到的数据为就业岗位，而就业存在一定惯性。本章则使用工资水平、尤其是流动人口工资水平作为参数，因为流动人口工资水平更容易受到节能减排规制影响。

节能减排内涵丰富，且没有统一的可观测指标用于表示环境政策力度。多数学者基于理论和可观测指标，选择节能减排政策的代理变量。一般来说，关于选取节能减排代理变量的文献大致可分为两类（表 8–1）：第一类是以可观测的污染治理指标作为节能减排的代理变量。显然，这种做法是从治污成本角度衡量节能减排力度，但环境政策具有手段多样化特点，单一指标可能存在片面性，容易造成研究结论的偏差。第二类是基于多种污染物的排放指标构建节能减排综合指数。这类研究是根据污染治理效果来衡量节能减排力度，其基本逻辑是，污染排放强度越高的地区，政府往往会采取较严格的管制措施，因此可以采用不同污染物的排放强度作为环境政策指标的构建基础（蒋伏心等，2014）。虽然两种思路都是基于不同污染物的排放指标，但构建方法有所不同。如陆凤芝和杨浩昌（2019）采用熵权法，基于六个单项指标构建代理节能减排指数。沈坤荣等（2017）基于加权线性和法，使用二氧化硫去除率、工业烟粉尘去除率两个单项指标构造综合指数。

表 8–1 节能减排代理变量文献撮要

学 者	年 份	节能减排代理变量
第一类：单一指标		
Dasgupta	2001	污染税
Keller 和 Levison	2002	环境治理投入
张彩云和郭燕青	2015	污染治理支付成本
范洪敏和穆怀中	2017	工业污染治理投资总额占工业增加值比重
邵帅和杨振兵	2017	环境治理设施运行费
李青原和肖泽华	2020	排污收费和环保补助
第二类：综合指数		
沈坤荣等	2017	二氧化硫去除率、工业烟粉尘去除率
叶琴等	2018	废水、二氧化硫和烟尘
张建清等	2019	工业废水排放量、工业二氧化硫排放量和工业烟粉尘排放量
宋德勇和杨秋月	2019	工业固体废物排放量、工业二氧化硫排放量和工业废水排放量
陆凤芝等	2019	工业废气排放量、工业废水排放量、工业固体废弃物、工业二氧化硫排放量、工业烟粉尘排放量

资料来源：作者整理。

两类不同的指标构建方法各有优势，第二类综合指数法能够尽可能避免片面性导致的估计误差。本书参照叶琴等（2018）的构建方法，基于工业二氧化硫排放、工业烟粉尘排放和工业废水排放，构建节能减排的代理变量（以下简称减排规制指数）。进一步地，为确保该指数能够较为准确地描述节能减排对流动人口工资的影响，我们将各城市与北京的距离和环保约谈分别加入基准回归模型，通过观察这两个变量与指数的交乘项系数的方向，保证结果的稳健性。

（一）研究设计及描述性统计

1. 数据来源

我们使用的研究数据主要包括流动人口特征数据和城市层级的污染数据。流动人口特征数据来源于2014—2017年的“流动人口动态监测数据”（China Migrants Dynamic Survey，CMDS）。CMDS数据是由原国家卫生与计划生育委员会牵头，针对全国流动人口开展的动态监测调查，在流动人口相关研究中使用较多，具有一定权威性。2014—2017年正值“十二五”末“十三五”初，我国恰处在供给侧结构改革初期，节能减排工作取得显著成果。

全国流动人口调查在中国31个省市和新疆生产建设兵团开展，采用分层、多阶段、与规模成比例的PPS方法，对流入地居住一个月以上，非本区（县、市）户口的15周岁及以上流入人口开展抽样调查。CMDS数据提供了流动人口的月工资信息，是我们实证研究中的被解释变量。相比于使用城市层级的平均工资，使用月工资数据可以更加细微地观测到节能减排对于工资的影响，这也是我们使用此数据的一大优势。

城市层级的污染数据来源于《中国城市统计年鉴》，涉及我国281个地级市的各种指标，涵括了我们实证工作中的核心解释变量（减排规制指数）和控制变量。考虑到没有直接的减排规制指数，我们参照叶琴等（2018）的做法，基于各城市工业二氧化硫排放、工业烟粉尘排放、工业废水排放构建地区减排规制指数，具体做法见下文。此外，我们使用均值插补法补齐了关键变量的缺失值。

为方便分析，我们对CMDS数据进行了如下处理：一是考虑到异常值导致的偏误，我们对流动人口月工资进行1%双边缩尾处理，将每年1%分位数以下的值替换为1%分位数上的值，将99%分位数以上的值替换为1.5倍的99%分位数上的值；二是考虑到包括环境在内的各类影响因素对流动人口工资的影响具有一定滞后性，因此仅保留流动人口在流入地居留超过 1 年的样本；三是剔除掉跨境流动的样本以及关键变量缺失的样本。按照城市名称对两套数据进行匹配，以进行下文的实证分析。最终，2014—2017 年的样本量分别为 139544、136050、114186 和 96226 个。

2. 模型设定及变量定义

我们首先介绍减排规制指数的构建方法，据此建立实证模型。借鉴叶琴等（2018）的做法，基于工业二氧化硫、工业烟粉尘、工业废水三种污染物排放构建减排规制综合指数①。具体计算步骤为：首先计算出三种污染物的排放强度，即单位GDP排放量（PE_{cj}），然后将其标准化；然后，计算各污染强度的调整系数（W_{cj}），考虑到不同城市污染排放强度差异较大，且同一城市不同污染物的排放强度也不同，所以构建调整系数以较准确地反映各城市的节能减排规制强度；最后，根据标准化的三种污染物排放强度PE_{cj}^{S}和调整系数W_{cj}，计算城市c的减排规制指标（ER_c）。计算公式如下：

$$PE_{cj}^{s}=\frac{[PE_{cj}-\min(PE_j)]}{[\max(PE_j)-\min(PE_j)]} \quad (8.1)$$

$$W_{cj}=\frac{P_{cj}}{\sum_c P_{cj}}/\frac{GDP_c}{\sum_c GDP_c} \quad (8.2)$$

$$ER_c=\sum_{j=1}^{3}W_{cj}PE_{cj}^{S}/3 \quad (8.3)$$

其中，PE_{cj}表示c城市j污染物的排放强度；$\max\left(PE_j\right)$和$\min\left(PE_j\right)$为所有城市各污染物排放强度的最大值和最小值；PE_{cj}^{S}为PE_{cj}的标准化值；W_{cj}的分子是c城市j污染物排放量占所有城市j污染物排放总量的比值，分母

① 考虑到有学者可能会质疑本文关于节能减排指标的构建方法，我们对此做了进一步讨论，具体可参见 8.4 的内容。

是c城市 GDP 占所有城市总 GDP 的比值，其内在含义是，污染水平较高的城市需要更严格的节能减排政策，因此要被赋予较大的权重。ER_c越大，表明城市c的污染物排放水平在全国范围内相对较高，该城市的节能减排规制力度也相应地越高。

为考查节能减排对流动人口工资的影响，我们构建如下基准回归模型：

$$\text{lnwage}_{ict} = a_0 + a_1 ER_{ct} + a_2 X_{ict} + \text{year}_t + \text{region}_c + \varepsilon_{ict} \quad (8.4)$$

其中，被解释变量lnwage_{ict}表示流动人口i在t年c城市的月收入对数；ER_{ct}表示t年c城市的污染排放指数；X_{ict}是控制变量，分别控制了个体层面变量、外部流动因素以及城市层面变量。基于已有的相关研究，个体层面变量选取了流动人口的性别、年龄、受教育水平、婚姻状态、职业和就业身份；外部流动因素包括流动范围和流动时间；城市层面变量包括城市经济水平、人口密度、失业率、就业结构、对外开放度和政府支持。此外，我们还控制了年份固定效应（year_t）与省份固定效应（region_c），ε_{ict}为随机扰动项。本章节涉及的主要变量如表 8-2 所示。

表 8-2　变量定义

变量类型	变量名称	变量符号	变量说明	数据来源
被解释变量	流动人口工资	lnwage	根据问题“您个人上个月（或上次就业）收入多少?（不含包吃包住费）”对流动人口工资变量进行度量，并取对数	CMDS
核心解释变量	减排规制指数	ER	基于三种污染物（工业二氧化硫排放、工业烟粉尘排放、工业废水排放）的单位 GDP 排放量，构建减排规制指数	中国城市统计年鉴

续表

<table>
<tr><th>变量类型</th><th>变量名称</th><th>变量符号</th><th>变量说明</th><th>数据来源</th></tr>
<tr><td rowspan="6">个体层面</td><td>性别</td><td>gender</td><td>1 为男性，0 为女性</td><td rowspan="8">CMDS</td></tr>
<tr><td>年龄</td><td>age</td><td>调查年份与出生年份差值表示</td></tr>
<tr><td>受教育水平</td><td>edu</td><td>未上过学 =0，小学 =6，初中 =9，高中及中专 =12，大专 =15，大学本科 =16，研究生 =19</td></tr>
<tr><td>婚姻状态</td><td>mar</td><td>初婚取为 1，未婚、再婚、离婚和丧偶取为 0</td></tr>
<tr><td>职业</td><td>occupation</td><td>1 为白领，0 为蓝领</td></tr>
<tr><td>就业身份</td><td>position</td><td>1 为雇主和自营劳动者，0 为其他</td></tr>
<tr><td rowspan="2">外部流动因素</td><td>流动范围</td><td>florage</td><td>剔除跨境流动的样本，将省内跨市和市内跨县取为 0，跨省流动取为 1</td></tr>
<tr><td>流动时间</td><td>floyear</td><td>流动时间用调查年份减去第一次流入本地年份表示</td></tr>
<tr><td rowspan="6">城市层面</td><td>城市经济水平</td><td>lnPGDP</td><td>人均 GDP</td><td rowspan="6">中国城市统计年鉴</td></tr>
<tr><td>人口密度</td><td>lnpopdensity</td><td>年末人口数与行政区域面积的比值来表示</td></tr>
<tr><td>城镇登记失业率</td><td>unemp</td><td>年末城镇登记失业人员占单位从业人员、私营和个体从业人员和城镇登记失业人员之和的比重表示[①]</td></tr>
<tr><td>就业结构</td><td>secpop</td><td>第二产业就业人数占比</td></tr>
<tr><td>对外开放度</td><td>openness</td><td>外商实际投资金额占 GDP 的比重</td></tr>
<tr><td>政府支持</td><td>outputfiscal</td><td>财政支出占 GDP 的比重</td></tr>
</table>

① 参照沈坤荣等（2017）方法计算城镇登记失业率。

3. 描述性统计

表 8–3 报告了本文变量的描述性统计结果。流动人口月工资对数的均值是 8.13（经过换算是 3394.80 元），最小值和最大值分别是 5.29（198.34 元）和 13.12（498819.71 元），可见流动人口月工资差距较大。减排规制指数的平均水平为 0.64，通过观察最值发现该指标同样存在较大差异。通过观察其他变量可知，我们选取的流动人口样本男性偏多，多是 35 岁左右的群体，平均受教育年限大于 10 年（基本是初中及以上学历水平），初婚群体占比较大，大多是雇员，蓝领的人数略多于白领，跨省流动人群和其他类型的流动人群比例几乎一致，流动年限平均为 5.65 年。对于城市层级的状况，人均 GDP 对数的平均值为 11.18（71682.36 元），与国家统计局公布的全国人均 GDP 相当；人口密度对数的平均值为 5.89（361.41 人 / 平方公里）；城镇登记失业率的平均水平是 2.2%；第二产业就业人数占比为 0.047；外商实际投资金额占 GDP 的比重平均为 0.004；财政支出占 GDP 的比重平均为 0.18。

表 8–3 描述性统计

变量名称	样 本	均 值	标准差	Min	Max
lnwage	486006	8.13	0.59	5.29	13.12
ER	486006	0.64	1.04	0.04	32.47
gender	486006	0.59	0.49	0	1
age	486006	35.29	9.31	15	99
edu	486006	10.24	3.07	0	19
mar	486006	0.80	0.40	0	1
occupation	486006	0.11	0.31	0	1
position	486006	0.41	0.49	0	1
florage	486006	0.49	0.50	0	1
floyear	486006	5.65	5.14	1	60
lnPGDP	486006	11.18	0.56	9.23	13.16
lnpopdensity	486006	5.89	1.01	0.24	7.88

续表

变量名称	样　本	均　值	标准差	Min	Max
unemp	486006	2.20	1.75	0.05	49.73
secpop	486006	0.047	0.155	0.081	0.834
openness	486006	0.004	0.003	0.02	2.90
outputfiscal	486006	0.18	0.15	0.04	2.06

数据来源：CMDS 和《中国城市统计年鉴》。

（二）实证分析

1．基准回归结果

表 8–4 报告了基准模型的回归结果。第（1）列为不加控制变量的回归结果，在控制年份和省份固定效应后，减排规制指数（Emission regulation index, ER）每增加一个单位，流动人口的月工资显著降低 2.1%。第（2）列加入了个体特征、流动特征和城市特征变量，继续控制年份和省份固定效应，发现 ER 与流动人口工资依然在 1% 水平上显著负相关。

基于环境库兹涅茨定理，地区经济发展水平（在本节中特指流动人口工资）越高，可能会面临较差的空气质量和较严格的节能减排政策，即基准模型存在反向因果的内生性问题。考虑到当期的流动人口工资不会影响到历史环境政策力度，因此，我们使用 ER 的滞后一期作为新的核心解释变量进行分析，发现 ER 对流动人口工资的负向影响依旧显著，具体结果见第（3）–（4）列。进一步的，我们考察了节能减排对流动人口工资的影响是否存在行业异质性。第（5）–（7）列分别报告了工业、建筑业和服务业的流动人口样本的情况，统计结果表明节能减排对各行业的流动人口工资都存在显著的负面影响。

控制变量方面，男性、受教育水平高的流动人口工资较高；流动人口的年龄对工资的影响呈现倒 U 型关系；初婚的流动人口群体工资更高；

雇主和自营的流动人口劳动者收入更高；从事白领职业的流动人口的工资高于蓝领的流动人口。由此可见，流动人口个体层面变量的回归系数基本与经验事实相符。对于外部流动变量来说，跨省流动和在流入地居留较短的流动人口的工资相对较高。对于城市层面变量，经济发展水平越高、失业率越低、财政支持力度越大，流动人口的工资越高。

表 8-4 节能减排对工资的影响：基准回归结果

变量	(1)	(2)	(3)	(4)	(5)	(6)	(7)
	全样本				工业	建筑业	服务业
ER	−0.021***	−0.011***			−0.008***	−0.014***	−0.013***
	(0.001)	(0.001)			(0.002)	(0.003)	(0.001)
L.ER			−0.019***	−0.010***			
			(0.001)	(0.001)			
gender		0.255***		0.255***	0.242***	0.258***	0.247***
		(0.002)		(0.002)	(0.003)	(0.005)	(0.002)
age		0.045***		0.045***	0.038***	0.035***	0.048***
		(0.001)		(0.001)	(0.001)	(0.002)	(0.001)
age2		−0.001		−0.001	−0.001	−0.001	−0.001
		(0.001)		(0.001)	(0.001)	(0.001)	(0.001)
edu		0.040***		0.041***	0.037***	0.038***	0.041***
		(0.001)		(0.001)	(0.001)	(0.001)	(0.012)
mar		0.090***		0.089***	0.091***	0.103***	0.080***
		(0.002)		(0.002)	(0.004)	(0.007)	(0.003)
occupation		0.113***		0.113***	0.119***	0.116***	0.118***
		(0.002)		(0.002)	(0.004)	(0.009)	(0.004)
position		0.204***		0.204***	0.223***	0.182***	0.237***
		(0.002)		(0.002)	(0.004)	(0.005)	(0.002)
florage		0.070***		0.070***	0.061***	0.055***	0.070***
		(0.002)		(0.002)	(0.003)	(0.006)	(0.003)
floyear		−0.003***		−0.003***	−0.001	−0.002***	−0.003
		(0.001)		(0.001)	(0.001)	(0.000)	(0.002)
lnPGDP		0.113***		0.114***	0.087***	0.110***	0.108***

续表

变 量	(1)	(2)	(3)	(4)	(5)	(6)	(7)
	全样本				工 业	建筑业	服务业
		(0.002)		(0.002)	(0.004)	(0.005)	(0.003)
lnpopdensity		−0.004***		−0.003	−0.017***	−0.003	−0.006***
		(0.001)		(0.001)	(0.002)	(0.003)	(0.002)
unemp		−0.586***		−0.623***	−0.548***	−0.829***	−0.689***
		(0.058)		(0.058)	(0.111)	(0.185)	(0.080)
secpop		−0.051***		−0.055***	0.011	−0.151***	−0.106***
		(0.009)		(0.009)	(0.015)	(0.027)	(0.013)
openness		0.014		−0.186	−0.118	−1.832**	0.114
		(0.328)		(0.327)	(0.570)	(0.918)	(0.463)
outputfiscal		0.087***		0.091***	0.135***	0.091***	0.201***
		(0.011)		(0.011)	(0.034)	(0.027)	(0.019)
常数项	是	是	是	是	是	是	是
年份效应	Y	Y	Y	Y	Y	Y	Y
省份效应	Y	Y	Y	Y	Y	Y	Y
N	486006	486006	486006	486006	144059	75556	252403
调整 R^2	0.066	0.207	0.066	0.207	0.222	0.164	0.236

注：①括号内为回归系数的标准误；②***，** 和 * 分别表示在 1%、5% 和 10% 的水平下显著；③工业包括采矿、制造和电煤水生产供应。下同。

2. 内生性问题的处理

基准回归结果表明，节能减排政策规制力度加强会降低流入人口工资，通过引入滞后一期的减排规制指数，初步缓解了反向因果带来的内生性问题，但仍可能存在遗漏变量导致估计系数存在偏误。如地方官员动机会影响地区污染水平，而主观因素很难用具体的指标度量出来。因此，OLS 回归得到的结果可能是有偏差的，我们尝试使用工具变量来缓解内生性问题。

在计量经济学理论层面，工具变量既要与节能减排高度相关，而又不直接影响流动人口的工资，与随机扰动项不相关。基于这一认识，我们参考 Hering 和 Poncet（2014）的做法，以空气流通系数作为减排规制的工具变量。一方面，空气流通系数在大气污染的标准方框模型中被认为是空气污染扩散速度的决定因素（Jacobsen，2002）。对于两个排放水平相同的城市，通风系数高的地方受空气污染的影响较小，节能减排政策相对和缓，因此符合相关性要求。另一方面，由于空气流通系数取决于城市当年风速和行星边界层高度，两者都是由大规模的气象系统决定的，可以被认为是当地经济活动的外生因素，符合外生性要求。

借鉴 Broner 等（2012）和 Jacobsen（2002）的设置方式，以风速与大气边界层高度的乘积表示空气流通系数（VC_{ct}）①。基于该工具变量的对数，两阶段最小二乘估计（2SLS）回归模型设定如下：

第一阶段：

$$ER_{ct} = \gamma_0 + \gamma_1 \ln VC_{ct} + \gamma_2 X_{ict} + \text{year}_t + \text{region}_c + \varepsilon_{ict} \quad (8.3)$$

第二阶段：

$$\text{lnwage}_{ict} = \omega_0 + \omega_1 \widehat{ER_{ct}} + \omega_2 X_{ict} + \text{year}_t + \text{region}_c + \varepsilon_{ict} \quad (8.4)$$

表 8-5 报告了工具变量法估计结果，根据第（1）-（7）列的第一阶段回归结果，F值均大于 10，并通过了显著性检验，从而拒绝了空气流通系数（$\ln VC_{ct}$）是弱工具变量的原假设，表明工具变量的选取是合理的。第二阶段的回归结果显示，节能减排对流动人口工资的影响无论在系数的方向上还是显著性上都与基准回归结果一致。从系数的绝对值来看，第（1）-（4）列的工具变量估计结果略高于基准回归结果，这说明潜在内生性问题低估了减排规制对流动人口工资的负面影响；分行业来看，三个行业的减排规制回归系数都有所增加，但系数仍显著为负，与

① 风速和大气边界层高度原始数据均来自欧洲中期天气预报中心（ECMWF）的 ERA-Interim 的栅格气象数据，该数据提供了 75° ×75° 单元（约 83 平方公里）的全球网格 10 米高度的风速和混合高度。每个网格单元的通风系数是由平均风速和边界层高度相乘而得到的。具体地，首先根据年份按单元平均出空气流通系数这一指标，然后我们通过经纬度与各地级市相匹配（从 world-gazetteer.com 获得），最后我们将每个城市的通风系数定义为其在 ERA-Interim 网格中最接近的四个单元的平均通风系数。

基准回归结果一致。总的来说，考虑内生性问题后，节能减排对流动人口工资产生负面效应的结论依旧稳健。

表 8–5 节能减排对工资的影响：工具变量估计

变 量	(1)	(2)	(3)	(4)	(5)	(6)	(7)
	全样本				工 业	建筑业	服务业
第二阶段回归 被解释变量：Lnwage							
ER	−0.133***	−0.084***			−0.111***	−0.056***	−0.070***
	(0.009)	(0.008)			(0.012)	(0.015)	(0.016)
L.ER			−0.136***	−0.089***			
			(0.009)	(0.008)			
常数项	是	是	是	是	是	是	是
个体特征	否	是	否	是	是	是	是
流动特征	否	是	否	是	是	是	是
城市特征	否	是	否	是	是	是	是
年份效应	是	是	是	是	是	是	是
省份效应	是	是	是	是	是	是	是
N	486006	486006	486006	486006	144059	75556	252403
调整 R^2	0.0399	0.1918	0.0325	0.1871	0.1798	0.1583	0.2255
第一阶段回归 被解释变量：*ER*							
ln*VC*	−5.340***	−5.654***	−5.233***	−5.348***	−7.482***	−7.690***	−3.561***
	(0.162)	(0.170)	(0.177)	(0.187)	(0.491)	(0.491)	(0.167)
F 值	1083.29	140.92	873.37	138.66	232.44	245.23	457.23
N	486006	486006	486006	486006	144059	75556	252403

3．稳健性检验

为进一步确保节能减排对流动人口工资具有负向效应的结论可靠，我们在考虑内生性的基础上，从以下几个方面进行了稳健性检验：（1）控制不可观测的时变因素。为控制行业层面和省份层面逐年变化的不可观测因素对流动人口工资的影响，我们分别控制了行业固定效应和年份固定效应的交互项以及省份固定效应和年份固定效应的交互项。（2）替换节能减排变量的构建方法。借鉴朱向东等（2018）的做法，基于工业废水、工业二氧化硫、工业氮氧化物和工业烟（粉）尘重新构建减排规制指数（ER_2），并考察滞后一期的 ER_2 对流动人口工资的影响。（3）替换工具变量。参考 Chen 等（2022）的做法，采用逆温（第一、二层空气温度数据）作为节能减排的工具变量。（4）改变样本。首先，考虑到退休后工资的变化，根据劳动人口年龄，将样本限制在男性 16–60 岁和女性 16–55 岁（刘斌和李磊，2012）；其次，参考王燕等（2019）做法，删除四个直辖市的样本。具体结果见表 8–6。显然，节能减排对流动人口工资具有负向效应的结论依旧稳健。

表 8–6 稳健性检验 (2SLS)

变 量	(1) 控制时变因素	(2) 替换节能减排变量		(3) 替换 IV	(4) 改变样本	
		不考虑滞后	考虑滞后		年龄调整	删除四个直辖市
ER	–0.058***			–0.053***	–0.083***	–0.085***
	(0.007)			(0.014)	(0.008)	(0.008)
ER_2		–0.117***				
		(0.011)				
$L.ER_2$			–0.127***			
			(0.013)			
常数项	5.954***	6.330***	6.280***	6.489***	6.567***	6.596***
	(0.064)	(0.032)	(0.031)	(0.069)	(0.046)	(0.048)
个体特征	是	是	是		是	是
流动特征	是	是	是		是	是
城市特征	是	是	是		是	是
年份效应		是	是		是	是
省份效应		是	是		是	是
省 – 年效应	是					

续表

变　量	(1) 控制时变因素	(2) 替换节能减排变量		(3) 替换IV	(4) 改变样本	
		不考虑滞后	考虑滞后		年龄调整	删除四个直辖市
行业－年效应	是					
N	486003	486006	486006	463196	481244	429525
调整 R^2	0.2111	0.1836	0.1808	0.1999	0.1921	0.1613

（三）进一步的分析

基于以上分析，节能减排政策力度加强会造成流动人口工资下降，这一结论通过了一系列稳健性检验。考虑到节能减排指标的构建方法可能存在争议，我们使用各城市与北京的距离和环保约谈这两个指标，在使用滞后一期 *ER* 的基础上进行工具变量回归，进一步证明前文的结论。

北京市作为中国发展的综合展示体，是全世界看中国的窗口，因此政府会实施最严格的污染防治政策。在区域复合型大气污染的现实背景下，北京周围的城市不可能独善其身，所以距离北京越近的城市，往往有着越严格的节能减排政策。也就是说，距北京越近的城市，减排规制对流动人口工资的负效应越大。据此，我们建立了各城市与北京距离的虚拟变量（*disBJ*），即当距离北京小于等于 1000 公里时取为 1，表示目标城市的节能减排政策力度较强，反之则为 0。在基准回归结果中加入 *disBJ* 和交乘项（*L.ER*disBJ*），回归结果见表 8-7 的第（1）列。交乘项系数显著为负，说明距北京越近，减排规制对流动人口工资的负效应越大，符合预期。为验证这一假设，我们使用连续型的距离变量（并对其取对数），选取北京邻近城市为样本①，在基准回归中加入交乘项（*L.ER** ln *disBJ*），结果见第（2）列。我们发现交乘项系数依然显著为负，

① 由于 ln*disBJ* 是连续变量，我们对 *L.ER**ln*disBJ* 和 *VC**ln*disBJ* 分别进行了中心化处理。

且绝对值大幅增加。总的来说，用 *ER* 代理节能减排变量，分析其对流动人口工资的做法是合理的。此外，距离是一个外生变量，独立于经济系统，能在较大程度上不受内生性问题的干扰。

为进一步确保减排规制代理节能减排变量的可靠性，我们继续使用各城市被约谈的情况与 *ER* 的交乘项做分析，具体结果见第（3）列。约谈的数据来自于“中华人民共和国生态环境部”官网。自 2014 年起，环保部开始与履行环保责任不到位的地方政府约谈，并将约谈过程和结果向公众公示，接受大众的监督。截至 2018 年共计 82 个城市的地方领导人（主要是市长）被环保部约谈。被约谈的城市往往面临较大的环境治理压力，因而会实行较为严格的节能减排政策，且约谈也是一个相对外生的变量。我们将城市约谈当年和约谈后的所有年份取 1，城市约谈之前的年份和没有被约谈城市的所有年份都取 0。结果显示，交乘项（*L.ER*talk*）的系数显著为负，进一步证明 *ER* 代理节能减排变量的合理性。

表 8–7　节能减排影响流动人口工资的稳健性检验

变　量	(1)	(2)	(3)
	被解释变量：lnwage		
L.ER	−0.099***	−2.190***	−0.098***
	(0.014)	(0.071)	(0.009)
disBJ	0.224***		
	(0.074)		
*L.ER*disBJ*	−0.380***		
	(0.136)		
ln*disBJ*		0.924***	
		(0.032)	
*L.ER**ln*disBJ*		−2.200***	
		(0.064)	
talk			0.316***
			(0.100)
*L.ER*talk*			−0.576***
			(0.175)

续表

变 量	(1)	(2)	(3)
	被解释变量：lnwage		
常数项	6.829***	1.643***	6.714***
	(0.121)	(1.093)	(0.067)
个体特征	是	是	
流动特征	是	是	
城市特征	是	是	
年份效应	是	是	
省份效应	是	是	
N	486006	72239	486006
调整 R^2	0.1549	0.1654	0.1549

（四）异质性分析

我们在本节进一步探讨不同工资水平的流动人口如何受节能减排的影响。前文基于OLS回归分析节能减排对流动人口工资的影响，我们关心的系数指的是节能减排对流动人口工资条件期望的影响。具体来讲，OLS回归模型没有考虑到节能减排对流动人口工资整体条件分布的影响，即在工资的不同值域上，节能减排对流动人口工资的影响可能存在结构上的变动。基于内生性问题的考虑，我们借鉴Chetverikov等（2016）的研究成果，使用分组工具变量分位数回归（grouped IV quantitle regression）[①]，探究节能减排对不同工资水平的流动人口是否会存在异质性影响。具体方法是，首先对流动人口工资进行分组，然后在各工资水平上进行工具变量回归。图8-1模拟了节能减排对不同分位数上流动人口工资的影响，其中虚线代表OLS回归结果及其置信区间，折线代表工具变量分位数回归结果及其置信区间。

根据图8-1，节能减排对不同工资水平的流动人口有异质性影响，低

① 工具变量分位数回归的stata程序可参见附录。

工资水平的流动人口工资受节能减排的负面影响最大。对于中高工资流动人口（0.5 及以上分位数）来说，节能减排对工资的影响不显著（折线几乎在三条虚线范围内，说明工具变量分位数回归结果与 OLS 回归结果无显著差异）。

工具变量分位数回归补充说明了节能减排对低收入劳动者的负面效应更大。这主要是因为污染密集型行业往往工资较低，并且污染密集型行业大多数以加工业为主，常常面临较严格的节能减排政策。当政府对高污染、高耗能企业采取“关停并转”政策时，很多小型企业被迫退出市场，最终会波及工人的收入。中高收入劳动者通常拥有较高技能，他们往往对环境比较敏感。当节能减排规制力度强时，他们更愿意迁出到宜居的地方居留。因此，在节能减排力度较大的地区，高技能人才就会相对稀缺，他们往往会获得较高的工资作为技能回报。

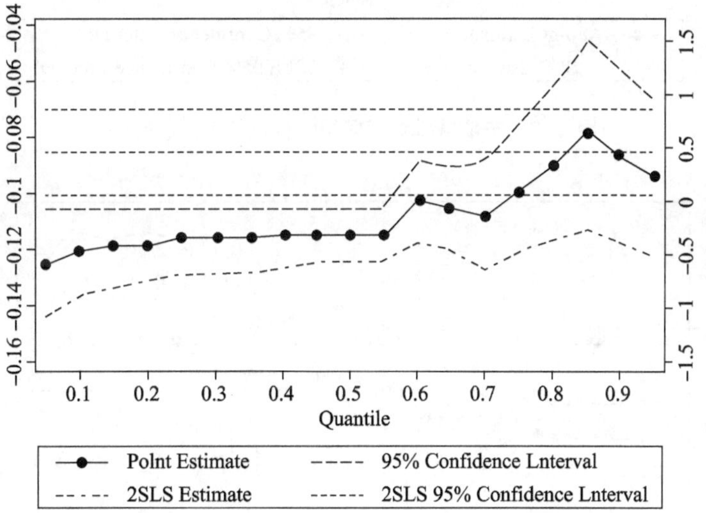

图 8-1　节能减排对不同分位数流动人口工资的影响

注：右侧 y2 轴为工具变量分位数回归系数，左侧 y1 轴为 2SLS 回归系数同表 2 第五列结果。下同。

图 8-2 和图 8-3 是将工资按照流动人口性别分组的工具变量分位数回归结果。对于男性来说，节能减排对中低工资水平流动人口（0.7 分位

数及以下）的负面影响更大，对高收入的劳动者的影响相对较小，且与OLS结果基本一致。对于女性来说，节能减排对于低工资水平的流动人口（0.4分位数及以下）负向影响较大且显著差别于OLS结果。综上，节能减排对低工资水平流动人口的负面影响最大，且不存在性别差异。

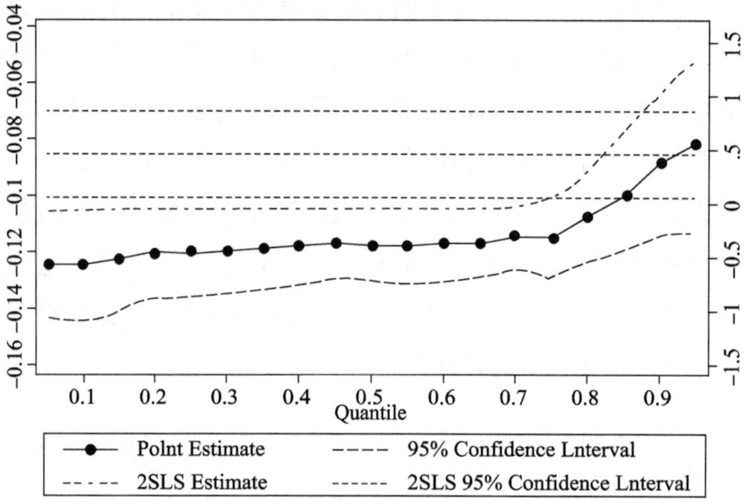

图 8-2　节能减排对不同男性分位数工资的影响

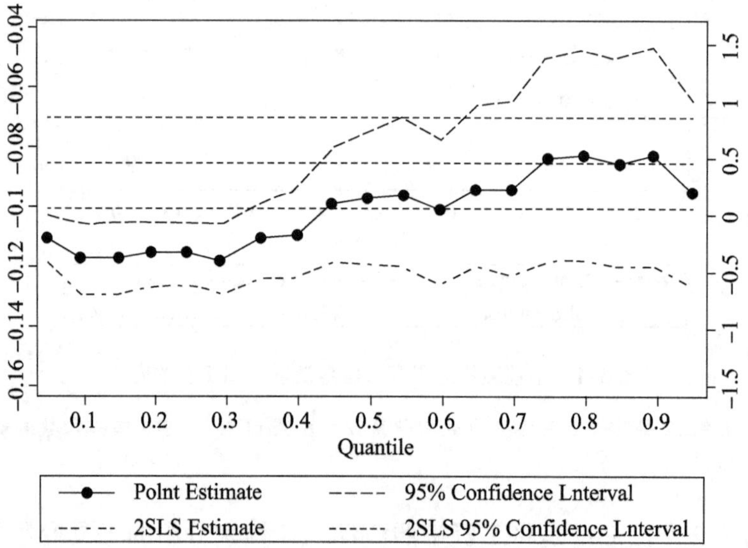

图 8-3　节能减排对不同女性分位数工资的影响

（五）小结

根据前文的理论模型，无论经济体所处的经济发展阶段如何，节能减排都很难对低收入群体产生正面影响。当经济体处在“要素驱动”时期，由于劳动力与能源之间的互补关系，节能减排难以对劳动力产生正面影响。当经济体从“要素驱动”转向“创新驱动”时，节能减排对高技术劳动力的收益有正面影响，但对低收入劳动力依旧存在负面影响。本章利用流动人口数据，验证了这一理论。

本章节使用2014—2017年流动人口动态监测数据和281个地级市数据的匹配数据，基于各城市污染程度构建节能减排力度的代理变量研究发现，总体来说，节能减排降低了流动人口的工资，并没有形成“双重红利”效应。为了避免内生性问题，我们选择了通风指数和逆温指数两个工具变量。两阶段最小二乘的结果依旧稳健。为了避免污染指数代理节能减排规制可能带来的争议，本章还利用城市距北京的距离和环保地方约谈进行了稳健性检验，结果稳健。

更进一步地，我们考察了节能减排对就业结构的影响。利用工具变量分位数回归法，我们发现低工资水平的流动人口受节能减排负面影响更大，而高技术劳动力的收入基本不受影响。这一结论符合理论模型的预测。在与节能减排伴随的就业结构变革下，低技术劳动力受到的影响将更大。因此，在节能减排政策的实施过程中，要关注低收入劳动者所受到的影响，注重绿色就业政策，在实现节能减排的同时改善劳动者福利。

附录：工具变量分位数回归 stata 程序

此计量程序依据 Chetverikov 等（2016）的研究成果，使用软件为 stata version15。

```
//*****Run and Save Quantile Regressions*****
```

```
cd "/Users/alien/Desktop/newIV_Q"
use "1417city_monwage_all_f_m_IV.dta",clear
global $cons openness lnPGDP lnpopdensity unemp secpop openness
outputfiscal  // 变量解释详见表 8-2

** 全样本分位数回归 **
forvalues q=5 10 to 95{
ivregress 2sls p`q'_ln_monwage $cons (pollution=lnventilationcoeffic
ient) if class==1,r
**lnventilationcoefficient 表示空气流通系数工具变量
qui parmest,fast idn(`q') saving("qregression_all_`q'", replace)//
将分位数回归系数存储
}

** 画图准备 **
forvalues q=5 10 to 95 {
**keep parameter estimates** // 将系数存储为画图做准备
use "qregression_f_`q'", clear
qui keep if parm=="pollution"
qui keep idnum estimate p min95 max95 stderr
qui save "reg_lnmonwage_f_`q'", replace
}
forvalues q=5 10 to 95 {
**merge parameter estimates**
use "reg_lnmonwage_m_`q'", clear
append using "reg_lnmonwage_m_`q'"
qui save "reg_lnmonwage_m_`q'", replace
}
}

//Plotting 分位数回归结果图示
twoway (line ori_estimate idnum, pstyle(p3)) (rline ori_max95 ori_
min95 idnum,pstyle(p4) lpattern(shortdash)) ///
(connected estimate idnum, pstyle(p1)) (rline max95 min95
idnum, lpattern(dash) pstyle(p2)) ///, xtitle("Quantile")
xlabel(0.1(0.1)0.90, format(%9.1f)) ylabel(-1.5(.5)1.6,gmax gmin)
yscale(range(-1.5 1.6)) name(all,replace) saving(quantileplot_all,
replace) ///
legend(label(3 "Point Estimate") label(4 "95% Confidence Interval")
label(1 "2SLS Estimate") label(2 "2SLS 95% Confidence Interval")
order(3 4 1 2)) scheme(s1mono)
graph export color_fig7.png, replace width(2400)
graph export color_fig7.eps, replace
```

第九章　居民节能减排意识的培育

根据前文的理论模型，节能减排和就业结构的优化都可以通过经济发展和转型而获得。在此，讨论经济发展影响减排的另一个路径，即居民意识的培育。我们通过问卷调查的形式收集来自中国北京市、内蒙古自治区、湖南省和贵州省 4 个省区市不同职业和不同年龄段的受访者信息，采用因子分析方法研究不同职业消费者对节能标签的认知度，以此来探究就业结构对节能减排的影响。进一步地，采用简单线性回归和分位数回归，分析与节能标签产品认知程度相关的因素。我们发现，职业背景、收入和受教育程度是影响节能减排意识的主要因素，而这些因素都需要经济发展才能得到优化。

（一）研究背景

建筑电气化对建筑业实现碳中和的贡献占比达到 30%，将是建筑业实现碳中和必不可少的路径之一。能效标识在世界范围内都被广泛应用，引入能源标签能有效缩减能效差距，培养低碳消费行为习惯（邓慧慧和王浩楠，2020）。国际上的能效标识主要有美国能效之星（Energy Star）、日本生态标识（Eco Mark Program）、欧盟生态标识（European Eco-label Award Scheme）等，还有一类标识用数字或符号表明产品的能效等级和排名（如 1，2，3 星或 A，B，C 等）。据国际能源署（IEA）统计，到 2000 年，世界上已有 37 个国家推行“能源效率标识”制度，并取得显著的节能减排成果，如电器、设备等能耗增速放缓，CO_2 等污染气体排放量均有所减少。

中国在家用电器生产和消费方面名列前茅。得益于早期“家电下乡”

等政策，中国家用电器拥有量规模急速扩大，同时带来巨大的能源消耗和污染排放问题。对此，国家着力于制定并实施能效标准、推广能效标识制度来提高用能产品的能源效率，并激励节能技术改进，从而降低能耗并减少污染物排放。在商品上加注节能标签的形式，对居民消费便利和社会发展具有重要意义。节能标签为消费者的购买决策提供必要的信息，引导消费者选择高效节能产品，从而提高消费者福利。全民节能意识的提高有助于加快建设节能型社会，缓解能源约束矛盾。此外，节能标签在鼓励企业进行技术创新、营造市场良性竞争氛围、提高产品质量等方面也具有重要推动作用。

节能标签为消费者提供产品的能效信息，进而在一定程度上影响消费决策，例如消费者根据标签信息倾向于购买高能效产品。McNeill 和 Wilkie（1979）认为标签能为消费者提供有用的信息，所以丰富标签的内容可以为消费者提供更多的选择。Ward 等（2011）研究了“能源之星”标签对消费者购买冰箱偏好的影响，该标签授予达到一定节能标准的电器，比美国联邦政府要求的基准水平高 20%。平均来讲，消费者愿意支付额外的 249.82–349.30 美元购买一台被授予“能源之星”标签的电冰箱，这意味着消费者在不断提高对节能标签的认知程度并愿意接受节能标签产品。同时，有研究表明，简单显著的字母和颜色标识比数字类信息更能帮助消费者快速做出决策（Waechter 等，2015）。随着环保成为世界性问题，新能效标识应运而生，新能效标识是在原有能效标识的基础上增加了两级为 A^{+}、A^{++}。但是学者对新能效标识的态度却不同，Heinzle 和 Wüistenhagen（2009）发现新能效标签降低了能效标签的效果，即消费者对能源效率作为商品一项重要属性的认识降低，使得消费者更注重价格而远离高效节能产品。但 Norhasyima（2010）提出，在马来西亚，汽车燃油经济性标签对改变消费者购买汽车模式有积极的影响。Andor 等（2017）认为 A^{+} 和 A^{++} 形式的能效评级范围过窄，消费者对各级别的区别认识不足，建议扩大等级范围至 A–G。多数学者普遍认为节能标签对消费者购买节能产品有积极影响，应加强能效标识的管理。

还有一些学者对影响消费者购买节能标签产品的因素进行了研究。Shen 和 Saijo（2009）的研究表明，上海的消费者更愿意支付有能效标识的产品，而且他们愿意支付更高的价格来购买使用频繁的产品。Shen（2012）发现，有环保意识的消费者，以及曾经购买过有环境标识产品的人更愿意购买有能效标识的产品，消费者的年龄、性别、受教育程度、家庭收入都会影响其购买意愿，人们对有环境标志的不同产品，愿意额外支付的价格也不同。帅传敏和张钰坤（2013）也提出不同受教育程度和收入水平的消费者对贴标签产品的支付意愿具有异质性。

本章围绕节能标签来设计问题，选取相应问题并采用因子分析的方法得出每个受访者对节能标签产品的认知程度，对节能标签产品的认知程度在一定程度上反映了受访者的环保意识，之后由回归分析得出与节能标签产品认知程度相关的因素。

（二）中国能效标识的发展

中国能效标识（China Energy Label），又称能源效率标识，俗称节能标签，其内容主要包括产品的能效等级、能耗指标和其他性能指标。其中，能效等级用于评判是否为节能产品，等级越高的产品越节能。根据《中华人民共和国节约能源法》的有关规定，我国于 1998 年 11 月正式推出了节能产品认证制度，属于保证标识类型。当时仅针对节能产品认证，并没有建立完善的能效标识框架。2004 年，国家发展改革委员会和国家质量技术监督检疫总局联合发布了《能源效率标识管理办法》，进一步加强了节能管理，并推动企业加快节能技术创新。自 2005 年 9 月 1 日起，凡列入《中华人民共和国实行能源效率标识产品目录》的冰箱、空调都必须张贴 5 级能效标识，节能标签至此被广泛应用。2016 年 2 月，《办法》进行修订，新版节能标签实现信息化创新升级，借助互联网实行能效标识电子化，为消费者和市场监管者提供便利。

国家一直在加强引导商业和民用节能措施，努力提高节能标签的社会认知度，引导企业和消费者共同参与节能减排活动。国家针对能效标识和节能产品的认证和监督管理工作制定了一系列政策办法。2006年8月，《国务院关于加强节能工作的决定》指出，要激励企业发展节能技术，并以财政支持方式鼓励消费者选择节能产品，在节能监督管理层面要进一步完善节能产品相关的认证制度[①]。2007年6月，国务院印发《节能减排综合性工作方案》，再次强调完善能效标识制度，并发布《实行能效标识产品目录（第三批）》，对五类产品实施能效标识制度，不断增强能效标识的监督管理[②]。2008年8月，国务院办公厅发布《关于深入开展全民节能行动的通知》，对消费者选购用能产品时（特别是行政部门要发挥带头模范作用）做出具体倡议，如鼓励消费者选择能效标识2级以上或有节能产品认证标志的空调、冰箱等家用电器，以及鼓励选用节能环保型小排量汽车[③]。2009年，国务院制定《2009年节能减排工作安排》，将“节能产品惠民工程”列为重点工程，特别指出要以财政补贴方式支持高效节能的十大类产品发展，并将强制性能效标识实施范围扩大到六类产品[④]。此后每年均会调整能效管理实施范围。2020年，国家发展改革委和市场监管总局印发《能源效率标识产品目录（第十五批）》，并针对每种产品从能效检测、标签信息内容以及备案等方面做出详细规定[⑤]。

据测算，2005年到2020年，能效标准标识累计带来了超过25000亿千瓦时的节电量，平均每年1700亿千瓦时，超过三峡水电站年发电量（沈贞海，2021）。国务院办公厅关于印发2014—2015年节能减排低碳发展行动方案的通知中修订了能效标识管理办法，将实施能效标识的产品

① 参见：http://www.gov.cn/zhengce/content/2008-03/28/content_2848.htm。

② 参见：http://www.gov.cn/gongbao/content/2007/content_663662.htm。

③ 参见：http://www.gov.cn/gongbao/content/2008/content_1065468.htm。

④ 参见：http://www.gov.cn/gongbao/content/2009/content_1388664.htm。

⑤ 参见：https://www.ndrc.gov.cn/xxgk/zcfb/ghxwj/202004/t20200427_1226859.html?code=&state=123。

由 28 类扩大到 35 类；整合节能和低碳产品认证制度，制定节能低碳产品认证管理办法，将实施节能认证的产品由 117 类扩大到 139 类，强化对认证结果的采信。截止到 2020 年，能效标识制度实施范围不断扩展，现已发布 15 批产品目录，覆盖家电等 5 大领域 41 类产品，有力推动了我国终端用能产品能效提升[①]。国家将产品能效作为质量监管的重点，打击能效虚标行为。中国能效标识体制在不断完善，研究中国能效标识对环境的影响有较大意义。

（三）问卷描述

本次调查于 2013 年 12 月至 2014 年 3 月期间实施，一共发放了 400 份问卷。基于实地调研的可行性，本次问卷的发放地点主要集中在北京、内蒙古、湖南和贵州 4 个省区市的超市、学校等场所，将回收上来的样本按居住地划分为北方和南方两类样本。最终，共回收 366 份问卷，其中有效问卷 305 份（北方 221 份，南方 84 份）。

我们主要关注的问题是消费者对节能标签的认知程度和环保意识。在设计问卷时，我们根据已有的相关调查和数据，在给定条件、假设的情境下设计问题。如“在售价上一级空调比二级空调贵 4900 元，每年一级空调比二级省 263 元电费，通过节省电费，需要 18 年可以补偿购买时的差价，但二级空调比一级多排放 430 千克二氧化碳（24 棵树吸收一年）。如果您要购买空调，您更偏好几级？”，选项为“一级”或“二级”。这类问题简称为“空调级数的选择”。同样地，这类问题还涉及冰箱和电热水器。给定不同种类的电器，同种电器一二级之间的差价和环保程度不同，通过观察受访者在一、二级之间做出的选择，以此标准来测量每个受访者对节能标签的认知程度和环保意识。

此次的调查内容主要有：（1）个人特征信息：受访者的性别、年龄、

① 参见国家发展改革委于 2020 年 7 月 3 日发布的新闻动态：https://www.ndrc.gov.cn/xwdt/ztzl/qgjnxcz/zxgzdt/202007/t20200703_1233109.html?code=&state=123。

居住地、教育程度、职业、月收入6个指标；（2）对环保的主观感受：对所居住地的空气污染评价和如何理解环境保护等2个指标；（3）对节能标签的认知：是否买过有节能标签的产品、在购买电器时能效标识是否会成为你购买时的参考标准、空调级数的选择、电热水器级数的选择和冰箱级数的选择5个指标；（4）减排意愿：对国五标准轻型车的支付意愿和对国四标准轻型车的支付意愿等2个指标①。

表9–1报告了样本中主要指标的描述性统计结果。其中，受访者中男性比例为44.3%，女性比例为55.7%；年龄构成主要以年轻人为主，年龄在25岁以下的受访者人数占37.1%，25至35岁的人数占24.3%，35至45岁的人数占23.0%，45至55岁的人数占11.8%，55岁以上的人数占3.9%；长期居住地为北方的人数比例为72.5%，长期居住地为南方的人数比例为27.5%；教育程度多是本科水平，占比为55.7%。根据受访者对环保的主观感受指标发现，一方面，大多数居民认为其居住地的污染水平较高；另一方面，绝大部分的居民不愿意以牺牲生活便利为代价来保护环境。5个与节能标签相关的问题表明，多数居民对节能标签的认知程度较低，买过带有节能标签产品的人群占少数，且大部分人在购买电器时，不会考虑能效标识内容，倾向于购买价格相对便宜但高耗电的二级家用电器。

表9–1 样本描述性统计结果

变量		人数	占比（%）
职业	非公务员，事业单位人员或学生	149	48.9
	公务员，事业单位人员或学生	156	51.1

① 一辆实施国五标准的轻型车，会比国四标准减少氮氧化物的排放。氮氧化物的增加会导致酸雨、光化学烟雾等。对国五标准轻型车的支付意愿："如果一台达到国四排放标准的汽车售价为15万元，您愿意支付多少钱来购买一台其他指标都相同的达到国五排放标准的。"对国四标准轻型车的支付意愿："如果一台达到国五排放标准的汽车售价为15万元，您愿意支付多少钱来购买一台其他指标都相同的达到国四排放标准的汽车。"

续表

变 量		人 数	占比（%）
性 别	男	135	44.26
	女	170	55.74
年 龄	25 岁以下	113	37.05
	25–35	74	24.26
	35–45	70	22.95
	45–55	36	11.80
	55 以上	12	3.93
居住地	北方	221	72.46
	南方	84	27.54
教育程度	初中及以下	24	7.87
	高中，中专，技校，职高	25	8.20
	大专，高职	53	17.38
	本科	170	55.74
	研究生及以上	33	10.82
月收入	4000 以下	161	52.79
	4000—6000	69	22.62
	6000—8000	44	14.43
	8000—10000	14	4.59
	10000 以上	17	5.57
受访者对所居住地的空气污染评价	几乎没有污染	5	1.64
	轻度污染	71	23.28
	中度污染	146	47.87
	重度污染	83	27.21
如何理解环境保护	环境保护始终优先	35	11.48
	可以牺牲生活便利	29	9.51
	生活便利始终优先	148	48.52
	不能牺牲生活便利	93	30.49

续表

变量		人数	占比（%）
是否买过有节能标签的产品	是	44	14.43
	否	261	85.57
在购买电器时能效标识是否会成为你购买时的参考标准	是	49	16.07
	否	256	83.93
空调级数的选择	一级	99	32.46
	二级	206	67.54
电热水器级数的选择	一级	52	17.05
	二级	253	82.95
冰箱级数的选择	一级	68	22.30
	二级	237	77.70

注：若一台达到国四排放标准的汽车售价为 15 万元，居民愿意为国五排放标准的汽车支付平均 17.19 万元（标准差为 4.25）；若一台达到国五排放标准的汽车售价为 15 万元，居民愿意为国四排放标准的汽车支付平均 12.34 万元（标准差为 2.84）。

（四）因子分析

我们使用因子分析来计算能够反映消费者对节能标签认知程度的指标，即将若干指标浓缩为少数几个评价认知程度的因子。具体分析过程如下。

参与计算的指标有 7 个：受访者对所居住地的空气污染评价；如何理解环境保护；是否买过有节能标签的产品；在购买电器时，能效标识是否会成为购买时的参考标准；空调级数的选择；电热水器级数的选择；冰箱级数的选择。

指标数据适用性检验：原始数据有一定的相关性是因子分析的条件，因此我们在做因子分析之前利用 KMO 检验方法来验证数据是否适合做因子分析。结果显示 KMO 值为 0.761，说明原始数据通过了 KMO 检验，即原有变量较适合做因子分析。

确定主成分因子：对 7 个指标进行主因子分析，因子个数提取原则（即载荷矩阵确定方法）是 Principal Factors，具体结果见表 9–2。根据累积贡献率原则，即选取特征根≥1的主成分因子，不重要的第 2 到第 8 个主成分在随后的分析中可以放心地省略。

表 9–2　各因子的特征值（贡献率）

因　子	特征根	贡献率（%）	累计贡献率（%）
主成分 1	2.0278	110.27	110.27
主成分 2	0.2473	13.45	123.71
主成分 3	0.0765	4.16	127.87
主成分 4	0.0094	0.51	128.39
主成分 5	–0.1398	–7.60	120.78
主成分 6	–0.1544	–8.40	112.39
主成分 7	–0.2278	–12.39	100.00

为进一步理解每个因子的实际意义，我们进行了因子斜交旋转，旋转后的因子载荷矩阵见表 9–3。根据每个变量的具体意义和对因子名称的影响程度，我们用主成分因子 1 表示居民为对节能标签的认知程度。

表 9–3　旋转后的因子载荷矩阵

变　量	主成分 1
受访者对所居住地的空气污染评价	0.0426
如何理解环境保护	0.5986
是否买过有节能标签的产品	0.3321
节能标签是否会成为参考标准	0.2846
空调级数的选择	0.7632
电热水器级数的选择	0.6752
冰箱级数的选择	0.6618

求解因子得分：将每个变量标准化，以因子分系数进行加权，将主因子表示为各因子的线性组合，进而计算出各个变量主因子的得分情况

（f1），并以此量化每位受访者对节能标签产品的认知程度。

数据可靠性检验：数据可靠性指一组计量项目是否在衡量同一概念，它是衡量数据质量的一个重要标志。在实证研究中，学术界普遍采用内部一致性系数（Cronbach 值）检验数据的可靠性。我们对能效标识认知程度的 7 个指标的一致性检验结果为 0.610，一般以 0.6 为临界值，因此我们选取的计量尺度比较可靠。

（五）实证结果

1．回归分析

为探究不同人群对节能标签产品认知程度的影响，我们控制了受访者的性别、受教育程度、年龄、地区和收入 5 个指标，进一步对因子分（即对节能标签的认知程度）的 0.25 分位数、0.5 分位数、0.75 分位数进行分析，简单线性回归和分位数回归结果如表 9–4 所示。根据简单线性回归结果可知，事业单位工作者或学生对节能标签产品认知程度更高，即该人群的环保意识更强；男性的环保意识比女性强；人们对节能标签的认知程度与受教育程度、年龄和收入有显著的正相关关系；职业背景对节能标签的认知具有显著影响。进一步的，我们将认知程度分为 3 个等级：认知程度较低（0.25 分位数）、认知程度一般（0.5 分位数）和认知程度较高（0.75 分位数），以因子分的分位数结果加以说明。分位数回归结果表明，职业因素在节能标签认知程度较低的人群中，有显著且较大的影响；随着人们对节能标签认知程度的提高，职业的影响不断变小。

表 9–4　职业对节能标签产品认知程度的影响

	f1	f1 0.25 分位数	f1 0.50 分位数	f1 0.75 分位数
职业	0.347***	0.789***	0.253*	0.107***
	(0.106)	(0.204)	(0.147)	(0.029)
性别	0.106	0.197	0.042	–0.042

续表

	f1	f1 0.25 分位数	f1 0.50 分位数	f1 0.75 分位数
	(0.097)	(0.172)	(0.106)	(0.025)
年龄	0.096*	0.232**	0.045	0.004
	(0.052)	(0.094)	(0.043)	(0.015)
受教育程度	0.124**	0.228**	0.046	0.013
	(0.063)	(0.109)	(0.060)	(0.018)
居住地	–0.246**	–0.346	–0.185*	–0.175***
	(0.110)	(0.230)	(0.108)	(0.024)
收入	0.101**	0.125*	0.068**	0.030***
	(0.047)	(0.070)	(0.033)	(0.008)
常量	–1.219***	–3.097***	–0.206	0.650***
	(0.409)	(0.723)	(0.472)	(0.126)
样本量	305	305	305	305
R^2/Pseudo R^2	0.087	0.123	0.044	0.041

注：*、** 和 *** 分别表示在 10%、5% 和 1% 的水平下显著，括号内为稳健标准误。下同。

2．稳健性检验

替换被解释变量后再做回归的稳健性检验，结果见表 9–5。我们直接使用与节能标签相关的指标作为被解释变量，观察不同职业的居民的节能意识，发现事业单位员工或学生更倾向于选择相对节能的二级电器，即这类人群的环保意识更强，与上文的结论一致。

使用居民对不同排放标准的汽车的支付意愿作为被解释变量，检验不同职业的居民的减排意识。由前文可知，一辆实施国五标准的轻型车，会比国四标准减少氮氧化物的排放。因此，对国五的支付意愿越高的人群，环保意识也更强。第（6）列结果说明，职业对居民的环保意识没有显著影响，且男性、北方群体的环保意识更强。整体来看，结果与前文基本一致，说明回归的结果是稳健的。

表 9-5　稳健性检验

	(1)	(2)	(3)	(4)	(5)	(6)
	是否买过有节能标签产品	节能标签是否会成为参考标准	空调级数的选择	热水器级数的选择	冰箱级数的选择	对国五的支付意愿
职业	0.024	0.061	0.220***	0.032	0.108**	−0.227
	(0.035)	(0.045)	(0.057)	(0.046)	(0.052)	(0.417)
性别	−0.031	−0.028	0.068	0.031	0.095**	−0.928**
	(0.036)	(0.041)	(0.053)	(0.043)	(0.048)	(0.471)
年龄	−0.037*	0.025	0.024	0.017	0.095***	−0.410*
	(0.019)	(0.024)	(0.028)	(0.024)	(0.026)	(0.247)
受教育程度	0.029	0.050**	0.020	0.060**	0.068**	−0.695
	(0.021)	(0.023)	(0.034)	(0.029)	(0.028)	(0.484)
居住地	−0.171***	−0.116**	−0.075	−0.093*	0.080	−2.066***
	(0.050)	(0.051)	(0.059)	(0.051)	(0.050)	(0.459)
收入	0.074***	0.027*	0.053**	0.011	0.014	0.605
	(0.013)	(0.016)	(0.025)	(0.020)	(0.022)	(0.377)
常量	1.926***	1.657***	1.110***	1.581***	0.886***	23.838***
	(0.139)	(0.162)	(0.214)	(0.179)	(0.193)	(2.761)
样本量	305	305	305	305	305	305
R^2	0.165	0.067	0.077	0.053	0.079	0.086

从分位数回归结果可以看出，环保意识强的群体较少受到自身因素或环境因素影响。所以，在当今环保节能问题日趋重要的背景下，提高人们受教育程度、加强环保知识普及，对提高全民的节能环保意识有重要作用。

（六）减排劝诫：来自山西蒲县“道德银行”的实践

上述实证部分讨论了居民减排意识的决定因素，受教育程度、年龄、收入和就业背景对减排意识有显著影响，但这些因素都不是地方政府能够在短时间内左右的。那么，能否可以通过教育、劝诫的方式提升居民的减排意识呢？为了回答这个问题，我们前往山西蒲县调查，考察“道德银行”对农村居民的影响。

山西省临汾市蒲县在脱贫攻坚战中设立了“道德银行”，作为调动农民积极性的一种方式。“道德银行”的主要功能是将道德量化为积分，关注的是一些小事，比如屋内屋外的整洁干净、不乱倒垃圾、勤俭节约等。村民通过“存孝、存善、存信、存勤、存俭、存美”获得积分兑换等价物品，这种“存美德、取实惠”的方式培育了文明乡风，激发了广大农民群众建设美丽乡村的内生动力。在“道德银行”运行期间内，无论农民群众的精神面貌还是村容村貌均发生了明显的改善。“道德银行”作为促进农民群众向上向善的创新实践，不仅帮助蒲县探索出了一条精准扶贫的新路径，还实现了乡村治理过程中法治、德治、自治与情治的有效融合，使农民群众带着感情参与乡村建设，这说明以“道德银行”为基础的新模式同样能够成为乡村振兴的有力支点。

蒲县“道德银行”建设取得了丰硕的成果，2019 年 10 月曾受邀参加“全国扶贫日：驻村帮扶扶贫论坛”并进行主旨发言，同年荣获山西省脱贫攻坚奖——组织创新奖。根据已有的经济学理论观点，“道德银行”能够调动农民内生动力的原因在于以下几点。一是物质激励的作用。也就是说，农民群众为了获得道德积分所兑换的物品，才会在行为诸多方面符合政策引导的预期。二是声誉的作用。“道德银行”在具体运行过程中，不同行政单位在规定期限内会依托道德积分评选“十星农户”，获奖家庭会在集体组织活动中受到表扬，并得到对应的荣誉称号。这能够形成榜样效应，进而农民群众出于对声誉的考虑会提升自身在各方面的表现。三是治理模式转变的作用。在传统乡村治理过程中，农民群众被动接受管理，因而参与农村事务的积极性不高。依托于“道德银行”所形成的平台，蒲县将“十星农户”评选融入传统乡村治理中，获得荣誉称号的农民可以受聘担任村内义警、调解员等职务，形成了共同治理的新模式。这种新的乡村治理模式唤醒了农民群众的主体意识、建设意识与角色意识，保证了政策实施的效果。蒲县的调研结果表明，在“道德银行”的带动下，农民生活水平和居住环境均得到改善，乡村治理也更加有效。

“道德银行”的成功案例表明，合理的政策措施可以引导农民的积极行为，不仅能够实现预期目标，还能减轻财政负担，并进一步提升乡村治理水平。从减排影响因素来看，与城镇地区相比，乡村地区的减排任务有特定的难度。建议从道德建设入手，以行政村为单位，分别采用各种合理且有效的激励形式。将道德、声誉与物质奖励进行政策组合，能够取得明显有效的实际效果。以道德积分兑换物品的形式激励人的行为，但也要适当弱化物质奖励的意味，突出精神奖励的助推作用。在设计具体方案时，应该结合不同行政村的特点，考虑人口结构、收入水平、教育程度等重要因素，制定切实可行的方案。

（七）结论

本书的核心观点在于，节能减排和就业结构的共同改善，需要加速经济动能转换进程，要在发展中促减排、发展中调结构。本章研究结果表明，就业结构和节能减排的正反馈还存在另外一条路径，即就业结构高级化会促进节能减排，二者形成了正反馈闭环。收入和学历较高或在事业单位工作的消费者对节能标签产品认知程度更高，环保意识更强。对此可以给出初步解释，经济结构的转型和劳动力素质的提升，带来居民减排意识的提高，从而实现就业结构和节能减排之间的正反馈效应。

当然，经济发展和转型具有长期性。山西蒲县调研的结果，显示鼓励和劝诫也可以起到提高减排意识的效果。在当今环保节能问题日趋凸显的背景下，提高人们受教育程度，加强思想道德教育，对提高全民的节能环保意识有重要作用。此外，在电器化时代，国家实施了一系列有着长远意义的举措，如制定能效标准、推广能效标识制度来提高用能产品的能源效率，促进节能技术进步，减少有害物的排放和保护环境，有利于建设资源节约型和环境友好型社会。

人类作为自然界的一部分，一举一动都会影响自然，人与自然的和谐共生是绿色发展的应有之义。每个人都应努力践行绿色低碳的生活方式，增强在绿色转型时期的主人翁意识，将绿色低碳渗透在衣食住行的方方面面，让绿色发展理念在整个社会蔚然成风。具体地，可以从以下七个方面努力践行绿色低碳理念：第一，争做绿色消费的先行者。主动采购绿色产品，广泛宣扬绿色产品，逐渐形成节约、绿色的消费意识和生活习惯。第二，积极践行绿色低碳出行。个人出行尽量采用绿色交通方式，如：乘坐公共汽车、乘坐地铁、骑自行车或者步行，既节约能源、减少污染，又益于健康、兼顾效率。第三，深入开展绿色卫生运动，主动将生活垃圾分类，减轻生态压力，营造宜居环境。第四，提倡节俭健康生活方式，节约用水、用电、用能，推动社会逐步形成绿色低碳、循环发展的理念。第五，积极倡导绿色旅游，携带环保行李、住环保旅馆，选择绿色旅游专线出行，做到绿色文明出游。第六，个人就业选择方面，积极响应国家号召，形成绿色就业观念，更多关注符合环境、经济和社会可持续发展的工作岗位。第七，主动参与绿色职业培训，积极接受有关绿色环保方面的知识，提高绿色从业技能，积极适应绿色就业需求，进而提升社会绿色就业水平。

第十章　绿色就业政策的国际比较

新常态下，绿色就业已经成了创造就业的新模式（李存华和王智庆，2017）。我国节能减排由能耗“双控”目标转向“双碳”目标，减排力度不减。自本世纪初，我国陆续推出关停并转、差别电价、千家企业节能行动、十大重点节能工程等能耗控制政策，旨在淘汰落后产能，激励电力、钢铁等高能耗企业进行绿色技术创新。从节能减排政策的实施效果来看，环境规制虽然能够有效控制区域温室气体和污染排放，但也对区域就业结构产生不确定影响。2020 年 9 月，习近平主席在第七十五届联合国大会一般性辩论上发表重要讲话时提出我国“双碳”目标，即二氧化碳排放力争于 2030 年前达到峰值，努力争取 2060 年前实现碳中和。以“双碳”为目标的绿色经济发展过程伴随着“旧”就业岗位的压缩和“新”岗位的创造。中国社会科学研究院的一项研究指出，2005—2020 年间，中国因实施低碳发展战略而直接或间接产生的就业岗位数量达到 3000 万以上（陈致远，2017）。

在前面的章节中，本书总结了供给侧结构性改革中节能减排对就业结构的影响。整体来看，尽管减排政策对排放控制的效果显著，但达成改善就业结构的目标仍需努力。尤其是对于还处在“要素驱动”阶段的地区，对就业结构改善的影响更加不确定。我们在对河北省的调研中发现，劳动者技能是影响就业结构改善的重要因素。地方节能减排确实提供了新的增长机会，但劳动者技能水平成为限制因素。绿色就业政策是节能减排、实现就业结构升级目标的重要手段。本章将对中国、东盟和欧盟的绿色就业政策进行比较分析，为我国进一步完善绿色就业框架提供借鉴。

（一）绿色就业政策定义

在进行政策比较之前，我们首先要了解绿色就业的概念。2008 年，由联合国环境规划署、国际劳工组织、国际雇主组织和国际工会联合会共同参与的研究报告——《绿色工作：在可持续的低碳世界中趋向体面工作》[①]，从五个层面定义了绿色就业：（1）对保护或恢复环境质量有重大贡献的就业；（2）保护和恢复生态系统和生物多样性的就业；（3）通过提高效率和规制政策减少能源、原材料和水资源消耗的就业；（4）使经济脱碳的就业；（5）尽量减少或完全避免产生各种形式的废物和污染的就业。这是目前较为权威、也被学者广泛接受的定义。第一项定义强调的是致力于环境保护的新兴就业岗位，后四项则侧重绿色就业的行业和技术特性。此外，联合国环境规划署在这一报告中，从体面劳动特性的角度强调，绿色就业必须是体面的工作。具体指就业人员享有足够合理的工资、安全的工作环境、完善的工作保障、良好的职业前景和充分的劳工权利。2013 年，第十九届国际劳工统计学家会议（ICLS）制定了更精确的绿色就业定义，并绘制了总就业、环境部门就业和体面劳动之间的关系示意图[②]。简单来看，绿色就业可以从产出和生产过程两个层面去理解。在产出层面，绿色就业创造了有利于环境的商品或服务，所有与此相关的工作都被理解为“绿色工作”，即使生产或使用的并不是“完全环保”的工艺或生产技术。在生产过程层面，如果生产过程中能够减少能源消耗、控制空气污染或使资源可回收等，虽然产出不一定是环保产品，但涉及的工作也可以被认定为“绿色”。

中国学者也在尝试定义绿色就业，旨在为绿色就业发展提供理论基础。2010 年 4 月，中国人力资源和社会保障部劳动科学研究所（简称

① 参见：https://www.ilo.org/wcmsp5/groups/public/---ed_emp/---emp_ent/documents/publication/wcms_158727.pdf。

② 参见：http://www.ilo.org/wcmsp5/groups/public/---dgreports/---stat/documents/normativeinstrument/wcms_230736.pdf。

为“人社部劳科所”）主持的“中国绿色就业研究”课题发布的报告中[①]，研究了中国绿色就业的现状和潜力，为我国向绿色就业转型提供政策建议。报告中梳理并阐述了国内外对绿色就业内涵的理解，分别从理论和政策层面定义了中国绿色就业。理论上，所有使经济活动和生存环境绿化（变得更绿、更环保）的就业都是绿色就业；政策上，中国的绿色就业是指相对于社会平均水平而言，国民经济中“低投入、高产出，低消耗、少排放，能循环、可持续”的产业、行业、部门、企业和岗位工作。2013年，人社部劳科所绿色就业发展战略研究课题组给出了广义的绿色就业岗位概念，即“符合低碳排放、节约能源、减少污染和保护生态环境四个方面标准的产业、行业、职业、企业，即总体上对环境有正向净效应，对环境的影响低于部门平均水平”（绿色就业发展战略研究课题组，2013）。

基于绿色就业的内涵，可以大致确定绿色就业政策的着力点。首先，经济政策是促进环境保护的重要杠杆，要在宏观层面制定绿色就业发展议程，如基于财政政策、税收政策、金融政策等促进绿色就业；其次，绿色发展要落实到产业政策上，如确定优先发展绿色就业的产业或部门；再次，企业是环境规制的对象，如淘汰落后产能的政策直接影响企业的生存空间，进而影响劳动力就业，因此要注重企业层面的绿色就业政策。以上主要是刺激市场对绿色就业人员的需求。另一方面，也要考虑绿色就业供给问题。环境政策对就业会产生缩减和创造的双重影响，新的绿色岗位被创造出来，往往需要具备新技能的劳动力。此外，还有一些劳动者会进行岗位转换，同样面临技能转换的挑战。因此，绿色技能政策是绿色劳动力供给侧的重要内容。需要注意的是，国际上强调工作体面的特性，围绕就业人员的安全与健康、社会保障、劳工权利等方面制定政策也同样重要。

基于以上内容，我们将从宏观层面绿色发展政策、产业或部门政策、

---

① 参见：https://www.ilo.org/wcmsp5/groups/public/---asia/---ro-bangkok/---ilo-beijing/documents/publication/wcms_155633.pdf。

企业绿色政策、绿色技能发展政策和体面劳动政策五个角度，梳理并比较分析中国、东盟和欧盟的绿色就业政策。

（二）中国绿色就业政策

随着能源与碳排放问题的不断凸显，绿色经济逐渐成为全球经济发展新范式，而中国已然是当前全球最大的绿色经济市场。据此，我们应该坚定不移地实施绿色就业战略。在中国供给侧改革背景下，鼓励新部门创造就业机会，并提高所有部门生产率水平，是促使经济增长驱动力转换的关键。这就需要产业政策、环境保护政策和就业促进政策之间形成更大的合力。目前，我国在绿色就业方面的法律、法规和社会保障都还处于起步阶段。在绿色经济发展过程中，不仅要注重以市场为基础的方法和法规以鼓励绿色产业投资和绿色技术创新，还要完善绿色技能培训和社会保障制度。

1．宏观政策

社会基础：在战略层面持续推进生态环境保护，建立绿色发展的基本政策框架。改革开放以来，中国开始重视环境保护工作，从发展循环经济、贯彻落实科学发展观，到低碳经济、绿色经济政策的落地，中国的环境保护到达了新的阶段，为绿色就业发展提供了基础，中国的许多政策和行动，包括正在进行的和计划实施的，都明显属于绿色增长模式。尤其是过去十几年间，中国几乎所有主要经济领域都把绿色发展作为优先方向。如努力提高工业、交通和建筑的能效；开发风能、太阳能等可再生能源；打造资源节约型“循环”经济；通过使用节能和环境无害技术改造传统部门，等等。2017 年 4 月，国务院发布了促进就业和创业新政策，积极应对劳动力市场中更广泛的挑战。有关文件提出，政府将把就业作为优先事项，“在经济转型过程中实现就业转型，通过就业转型促进经济转型”。这不仅表明了就业的优先地位，而且也表明了就业与经济政策的复杂关系。2020年《中共中央关于制定国民经济和社会发展第十四个五年规划和二〇三五年远景目标的建议》(简称《建议》)中，强调了“加快推动绿色低碳发展”及“系统布局智能绿色新型基础设施”等绿色发展目标。在《建议》后续落实的财政和政策规划中，“就业”都应作为重点考虑因素之一①。

环境保护相关立法：面对日益紧迫的环境挑战，中国自改革开放以来便开始建立环境监管体系（OECD，2006）。《环境保护法》要求各级地方政府设立环保机构，对所辖区域的环境质量负责。在实践中，这些机构经历了重大扩张，3000多个环保局（EPB）隶属于地方政府。但中央一级的环境保护部（MEP）只对省级和副省级监管部门提供指导。随后，中央赋予地方政府更大的权力，逐步形成了分权的环境规制体系（Liu等，2022）。《中华人民共和国政府信息公开条例》和《环境信息公开办法（试行）》(环保总局令第35号）于2008年实施②。此后，所有地方政府都必须向公众公开环境法律、法规和规章、环境质量等信息，以及环境保护计划、环境统计和调查信息、突发环境事故应急响应情况等。对于超过排放标准和可接受水平的企业，应当强制其披露排放总量、环境设施和环境污染事故，其他企业可以在年报或者网站上主动披露环境信息。强制披露已被广泛认为是作为制度补充的重要监管工具（Sun, Zeng, Chen, Meng, Jin, 2019）。当前，中国已经在污染防治、节能减排、减缓气候变化方面推出相关法律，初步形成了适应市场经济要求和生态文明建设要求的法律和标准体系，加快了我国的绿色经济建设。尽管如此，我们在绿色经济方面仍然存在一些问题，如法律间衔接不够、部分法律空白以及执行力度偏弱等，有待进一步努力完善。

2. 产业或部门政策

农业：中国农业部门面临着可持续发展和环境变化的双重挑战。农

① 参见：http://www.gov.cn/zhengce/2020-11/03/content_5556991.htm。

② 参见：http://www.gov.cn/ziliao/flfg/2007-04/20/content_589673.htm。

业部门在消灭贫困和保障国家粮食安全方面发挥着重要作用。支持农民增加绿色农业的新机会是重要的优先事项，重点是防止贫困和减少农业对环境的不利影响。在政策方面包括：（1）支持观光农业的发展。2001年国家旅游局制定《农村旅游发展指导规范》，2002年出台《发展休闲农业计划》《发展观光农业示范计划》，对农村产业结构进行调整和优化，促进农民转向旅游业寻找增量就业机会，通过提高农民素质推进绿色就业的发展①。（2）建立健全农业相关的法律法规，控制农业面源污染。《中华人民共和国农业法》《土地管理法》和《草原法》的相继出台为农业农村资源提供了保障。在绿色农业政策的指导下，有利于解决农村劳动力的出路问题。（3）提供农业咨询服务，建立农村试点项目，强调以灵活的方式提供绿色技能，为农民从传统农业向绿色农业转型提供资金支持②。

2022年6月，农业农村部、国家发展改革委发布《农业农村减排固碳实施方案》，是我国第一个农业固碳的纲领性文件，提出了6项任务、10项行动③。该方案提出："以保障粮食安全和重要农产品有效供给为前提，以全面推进乡村振兴、加快农业农村现代化为引领，以农业农村绿色低碳发展为关键，以实施减污降碳、碳汇提升重大行动为抓手，全面提升农业综合生产能力，降低温室气体排放强度，提高农田土壤固碳能力，大力发展农村可再生能源"。可以预见，未来农业固碳将成为绿色就业的重要市场。

工业：早在2007年，《中国应对气候变化方案》（国发[2007]17号）就明确提到国家要制定和颁布实施能源相关法律，并根据法律的原则和精神，修改《中华人民共和国煤炭法》和《中华人民共和国电力法》，进一步加强开发利用清洁低碳能源的激励政策。国家要严格落实产业结构

① 参见前瞻经济学人研究报告：https://www.qianzhan.com/analyst/detail/220/201201-a852b7b6.html。

② 参见：People's Republic of China: Strategies for Green Jobs Creation and Promotion，https://www.adb.org/sites/default/files/project-document/81739/45510-001-tacr-01.pdf。

③ 参见：http://www.moa.gov.cn/xw/zwdt/202206/t20220630_6403822.htm。

调整指导目录，进一步落实节能长期专项规划提出的十大重点节能工程；进一步落实钢铁产业发展政策，鼓励再生材料替代钢材，并回收利用废钢，减少钢材使用量；进一步推进材料节约，促进节能、节水、节材、节地的建筑行业的可持续发展①。

2016年中国关闭一系列煤矿、冶金工业和电力公司以解决工业产能过剩的问题，来完成二氧化碳的减排目标。此外，中国的能源部门严重依赖煤炭，每单位燃煤能源排放到大气中的二氧化碳比任何其他能源都多。巨大的煤炭储量支撑了全国大约75%的能源生产和68%的能源消耗，这一比例远远高于世界其他地区②。从2002年开始，燃煤发电占全国电力供应的80%以上。“十四五”规划中提到环境相关的约束性指标，如单位GDP能耗降低13.5%、单位GDP二氧化碳排放量降低18%，以及87.5%的空气质量优良天数比率等。与此同时，因节能减排与发展就业存在一定矛盾，中国在实现绿色就业转型的道路上仍需克服现实障碍。

交通运输业：中国的交通行业正在经历转型。早在2009年中国就已经超过美国成为世界上最大的汽车市场，而目前拥有1.7亿辆汽车保有量的交通运输业占中国一次能源消费总量的十分之一。尽管这仍远低于美国交通运输业28%的份额，但随着车辆数量的持续增加，中国的交通能源消耗已经迅速增加。为了应对该问题，国家采取了低污染战略以满足日益增长的车辆需求和改善公共交通体系。在新能源汽车、高铁、城市轨道交通等领域加大投资力度，实现政策倾斜，为中国绿色发展战略提供强大经济动力。目前，新能源汽车、充换电站技术、智能交通和加氢站建设等新型交通市场发展迅速，将形成一批绿色就业岗位。

新能源产业：作为减缓气候变化的主要战略之一，我国政府现在每年都投入巨资来促进可再生能源产业。据世界观察研究所统计，十年前在中国可再生能源领域工作的员工已约有100万人，仅太阳能热产业就

① 参见：http://www.gov.cn/zhengce/content/2008-03/28/content_5743.htm。

② 参见：*Green Economy and Green Jobs in China*，https://understandchinaenergy.org/wp-content/uploads / 2013/10/Green-Economy-Green-Jobs-China-WORLDWATCH-185.pdf。

雇用了 60 万名左右的工人（World Watch Institute, 2011 年）。未来，水电、风能和太阳能光伏等可再生能源产业创造的绿色就业岗位数量预计将大幅增长。

目前，我国新能源产业发展迅速。2021 年 10 月《中共中央 国务院关于完整准确全面贯彻新发展理念做好碳达峰碳中和工作的意见》明确提出，到 2030 年非化石能源消费比重提升至 25% 左右，风电、太阳能发电总装机容量达到 12 亿千瓦以上。这意味着我国新能源产业在未来可以得到政策大力扶持。但值得注意的是，我国政府通过《可再生能源法》等措施来促进可再生能源产业的发展，尚缺乏关于绿色就业的明确的国家政策。

林业：在中国，森林是 1800 多种野生动物、2000 多种树木和 6000 多种灌木的家园，其中数百种动物只有中国才有。从经济角度看，中国的林业部门包括种植、经营等各个子部门，如采伐和木材运输、林产品加工制造等。近几十年来较新的分部门包括森林旅游、森林生态系统管理和森林生物工业。当前，中国在林业的绿色就业政策主要集中于造林、森林经营、森林旅游三个方面。如“六大林业重点工程”取得了显著的环境效益，林业附加产业具备了较高的就业前景。早在 2009 年，胡锦涛主席在丹麦哥本哈根举行的联合国气候变化大会上就指出，中国减轻气候变化影响的一个重要途径，是到 2020 年增加森林覆盖面积 4000 万公顷和森林储量 13 亿立方米。根据中国的年造林面积和国家林业局的指导方针，每个专职森林管理者每年应监督不超过 150 公顷的森林，森林管理创造了更多的就业机会。《中国应对气候变化国家方案》中也明确对植树造林、保护生态系统等措施做出具体规定，强调了最大限度发挥森林碳汇功能对于应对气候变化的重要战略意义。

林业碳汇是实现碳达峰、碳中和的重要途径。然而，在 2017 年国家核证自愿减排量（CCER）停止审批之后，到目前依然没有重新开启。绿色就业的宗旨在于“在绿色中收益”，随着未来林业碳汇自愿减排审批的重启，林业收益有望显著提升，林农有望实现绿色就业。

3. 绿色技能发展政策

中国的绿色就业活动特别关注绿色创业培训和绿色就业技能发展。如在中国开展的“绿色商业选择（GBO）培训计划”于2010年正式启动，主要侧重于小微型绿色业务的发展，是国际劳工组织亚洲及太平洋绿色就业计划的一部分，旨在为中国小微企业在绿色经济中提供发展机会。GBO计划采用试点方式，通过成立专门的创业和绿色就业基金，帮助年轻企业家提高自身技能，培养企业的绿色商业理念，最终通过创建新企业和新的绿色就业岗位来应对气候变化①。具体来说，GBO培训针对学员的环保意识、自我评估（是否适合创业）、最适合的绿色商业理念等方面制定计划，帮助潜在企业家识别绿色商业机会，选择和使用工具分析商业机会，并从实际商业案例研究中吸取经验教训。

此外，提高农业部门劳动者的技能在提高绿色经济的就业带动效应中具有重要作用。郑石明等（2022）在阐述绿色发展促进共同富裕的论述中，提到农业部门是绿色就业发展的主要承接部门之一，且绿色发展对农业的就业带动效应更大。2021年，国务院印发《全民科学素质行动规划纲要（2021—2035年）》（以下简称为《纲要》）②，将农民科学素质作为第二大提升行动，旨在提升农民的生活与生产方面的科技文化素质。具体做法是，首先培养农民对绿色生产的思想观念，然后通过与农校等组织合作，开展技能培训。

4. 体面劳动政策

体面工作和经济增长是第8个可持续发展目标。“绿色经济中的体面工作（2013—2014）”项目在中国绿色就业技能发展领域得到扩展和借鉴，该项目旨在为不同性别分别创造绿色就业机会，以此作为减贫和平等的一种手段，同时缩小具有绿色技能的劳动力供给与需求之间的差距。具体地，

① 参见国际劳工组织文件：https://www.ilo.org/wcmsp5/groups/public/——asia/——ro-bangkok/documents/publication/wcms_164321.pdf。

② 参见：http://www.gov.cn/zhengce/content/2021-06/25/content_5620813.htm。

该项目针对节能建筑部门绿色工作技能培训编写了详细材料，并将其成功运用在江苏省南京市的培训机构。总的来看，该项目有助于加速制定能源效率相关的国家技能标准，并有助于制定和完善国家技能标准和政策框架。

体面的工作必定是安全的工作。国际劳工组织在2004年组织出版了第一本《中国国际职业安全卫生概况》；2012年，我国推出第二版《国家职业安全与健康概况》（简称《概况》），根据国际劳工组织《2006年促进职业安全与健康框架公约》（第187号）原则，介绍中国职业安全健康发展状况。《概况》对我国职业安全相关法律和行政法规进行梳理，并强调政府、雇主和工人三方合作的重要性，同时针对煤矿行业、非煤矿山行业和危险化学品等高风险行业制定了精准的职业安全健康标准体系。

（三）欧盟绿色就业政策

欧盟各国没有专门关注绿色就业的具体法规、政策和战略，但各国都有一套与环境问题以及可持续发展相关的战略计划和政策法规来讨论绿色就业问题，具体策略因国而异。欧盟国家的政策和战略通常为各部门和各地方的行动提供指导框架。虽然关于绿色就业和绿色职业技能的大多数措施都是在部门和地区层级的环境政策框架下执行的，但它们很少与劳动力技能政策挂钩。关于绿色经济和绿色技能，并没有单独的国家战略文件，但自2010年以来，各国绿色就业趋势与总体经济趋势趋于平行，同时也受到相关绿色政策的影响，对绿色就业更加重视，将绿色就业政策包含在一系列广泛的绿色战略、计划和立法中。欧盟的绿色就业政策主要涉及宏观的绿色发展政策，产业层面各部门的绿色政策，企业层面的倡议，绿色劳动力市场的发展和绿色劳动技能的培养，以及绿色就业转型过程中的劳工权利保障措施。

1．宏观政策

欧盟通过立法、投资、财政补贴以及税收等手段推进绿色发展，同时促进绿色就业。进入“后巴黎时代”，为应对气候变化，2019年欧盟委员会发布了《欧洲绿色新政》，确立绿色发展政策目标并提出具体举措，涉及工业、能源、建筑、交通运输等领域。各国以《欧洲绿色新政》为重要指导，发展绿色就业。

在绿色新政的背景下，各国通过立法创造绿色就业岗位，包括气候、能源、生物多样性三个方面，具体措施如表 10–1 所示。

表 10–1　欧盟部分国家绿色发展措施及目标

	国　家	政策文件	目　标
气候	法国	《国家低碳战略》	预计在 2015 年至 2035 年期间将增加 10 万至 35 万个绿色领域工作岗位[①]，并要求各地区主动预测工作岗位和技能。
	芬兰	《气候变化法》	到 2030 年的目标是减少交通、住房和农业的碳排放量。
	丹麦	《丹麦气候法案》	到 2050 年实现碳中和，成立一个具有法律约束力的跨经济部门，来对“碳中和”目标负责。
	德国	《联邦气候保护法》	建立了“行业年度排放预算许可制度”，设定到 2030 年应排放的二氧化碳当量，并对能源、工业、建筑、交通、农业、废弃物、土地利用变化和林业等重点领域设定了具体目标。
能源	法国	《绿色增长能源转型法案》	为实现法国的能源削减目标，提出能源效率标准的建筑改造；发展清洁交通、特别是电动汽车；发展可再生能源和消除燃料贫困等方案。
生物多样性	法国	《自然和景观生物多样性再探索法》	支持新行业特别是循环经济的发展，鼓励中小企业开发保护生物多样性的创新项目，并为教育、研究、创新工业、交通和能源等相关行业的绿色岗位职业培训提供支持。
	西班牙	《绿色就业方案》	通过环境改造和绿化，特别是通过提高工人的技能，促进就业和竞争力。

注：表格内容为作者根据相关资料整理。

① 参见：https://www.cedefop.europa.eu/files/3078_en.pdf。

除立法外，欧盟在投资领域推出“可持续欧洲投资计划”[①]，到 2030 年投资至少 1 万亿欧元支持可持续发展行业，并从 2021—2027 年的财政预算中拨出 75 亿欧元作为种子资金，通过财政杠杆带动 1 千亿欧元的投资（庄贵阳和朱仙丽，2021）。欧盟目前还是 1000 亿美元的全球绿色气候基金的最大捐助体，并且正在规划全球欧洲基金，该基金 30% 的资源将被投资于减缓气候变化的行业[②]。欧盟各国的经济刺激计划中均加大了对绿色经济、数字转型的倾斜力度，希望通过投资“未来产业”创造新的就业增长点。例如，荷兰绿色投资公司的业务主要集中在可再生能源和建筑节能领域。德国、法国分别投资 110 亿美元和 55 亿欧元在绿色领域，并制定到 2020 年分别创造 100 万和 20–30 万个绿色就业岗位的目标。德国还启动了 4 亿欧元的财政补贴计划发展可再生能源技术，使得该领域的就业人数从 4500 人增至 9100 人（李青青，2012）。

欧盟国家还通过财政补贴，鼓励绿色经济的发展。通过加强新能源供给和技术研发，保护环境实现可持续发展，并增加劳动力就业。2018 年欧盟公布了可持续、可循环的生物经济发展新战略，用《地平线欧洲计划》的部分预算在各个行业大规模推广新技术示范和研究，促进绿色经济发展。

在税收方面，除针对低碳行业的优惠政策，以保护环境为目标的生态税（又称环境税、绿色税）也为绿色就业发展提供了支持。生态税对污染和稀缺自然资源进行定价，以税赋和社会保障缴款的方式降低劳动力成本，刺激创造就业机会。荷兰政府为了保护生态环境，开征了各项环境税，主要包括燃料税、能源调节税、铀税、水污染税、地下水税、废物税、垃圾税、噪音税、超额粪便税、狗税等（徐志，1999）。德国 1999—2003 年间对发动机燃料提高税赋，并将该税赋用于降低（工资以外的）劳动力成本，效果相当于增加了 25 万个全职岗位（Knigge 和 Grlach，2005）。

---

① 参见：https://www.europarl.europa.eu/RegData/etudes/BRIE/2020/649371/EPRS_BRI(2020)649371_EN.pdf。

② 数据来自：http://www.icbc.com.cn/ICBC。

2. 产业或部门政策

《2030年可持续发展议程》表明，到2030年，现有的12亿个工作机会将受到绿色转型的影响，600万个岗位面临淘汰风险，但绿色转型也将创造2400万个就业机会①。工业、建筑、交通等能源密集型行业一直是欧盟各国绿色经济转型的工作重点，并在绿色新政的背景下逐渐关注农业的绿色就业问题。各国都推出一系列政策用以支持绿色就业创新和传统就业绿色化转型，积极引导资金流向新技术、低能耗领域，通过经济产业改革带动绿色就业发展。

工业：欧盟发布了地平线欧洲计划、数字欧洲计划、创新基金、欧洲社会基金等一系列行动计划提高欧盟工业的竞争力。2020年制定了欧盟工业战略，清晰地指出工业领域绿色发展的重点。欧盟指出数字化、自动化和人工智能的进步将要求工人职业技能提升，因此各成员国需要通过新的"技能公约"，促进劳动力技能和再就业水平的提高（康艳兵等，2020）。

建筑业：该领域的发展需要消耗大量能源，并能创造较多的就业机会，因此在绿色改革中潜力巨大，多国将绿色建筑纳入到经济刺激方案中。政府通过直接投资公共建筑、税收激励等政策鼓励家庭和公司使用环保能源，安装节能设备，使用绿色建筑。法国制定环境政策，在建筑维修和改造中推广使用可再生能源②。德国实施对现有建筑物的改造计划，改造公寓超过200000所，创造25000个新就业机会，同时保住116000个现有岗位③。

交通运输业：2020年欧盟推出《可持续和智能交通战略》，为实现交通领域的清洁发展，针对不同的运输方式采取替代燃料，并保证该燃料

① 数据来自：https://www.un.org/ohrlls/sites/www.un.org.ohrlls/files/2030_agenda_for_sustainable_development_web.pdf。

② 参见：https://www.climate-laws.org/geographies/france/laws/grenelle-i。

③ 数据来自联合国环境规划署文件：《全球绿色新政政策简报》2009年3月，第20页，https://www.uncclearn.org/wp-content/uploads/library/unep90_chn_0.pdf。

可持续供应[①]。欧盟根据《欧洲绿色新政》，提出自2020年起开展替代燃料的基础设施建设，筹资建设100万个公共充电桩和加油点。2021年修订《联合运输指令》，评估《关于化石燃料替代的基础设施指令》和《泛欧交通网条例》，提高内燃机车空气污染物排放标准，改进铁路和内河航道的运输管理，在基建领域创造更多的绿色就业岗位[②]。

3．企业绿色政策

欧盟通过税收优惠激励低碳绿色行业发展，鼓励企业降低污染排放，提高能源使用效率。2021年欧盟设立“碳边境调节机制”并通过了“FIT for 55能源计划”，正式对碳边境税做出规定，对企业整个生产过程中的碳排放量进行征税，从而向高碳排放高污染的生产消费活动施加经济压力。国际劳工组织研究发现，对碳排放征税，并用所征税收来弥补社会保障缴款的降低，能够降低劳动成本。

4．绿色技能发展政策

欧盟在不断更新绿色技能资格认定计划和培训方案，各个国家形成不同的培训模式。欧盟还将绿色技能引入高等教育中，搭建学校与社会合伙人的绿色人才供应链，完善社会绿色人才和绿色技能的供应服务。

欧盟对绿色技能的职业教育和再培训通常由职能部门、地方政府和区域当局发挥主导作用。地方和区域当局往往根据当地需要提供资金，通常是以国家或欧盟的资源项目形式进行资助。个别培训提供者可以根据国家安排，在他们提供的课程方面发挥部分自主作用，以适应当地的需要。欧盟认为绿色职业本身有限，绿色经济和绿色就业主要表现为在现有职业中出现新的绿色技能，因此培训的主要课题是在现有资格证书或课程中增加绿色成分。

---

① 参见：https://www.consilium.europa.eu/en/press/press-releases/2021/06/03/sustainable-and-smart-mobility-strategy-council-adopts-conclusions/。

② 数据来自：https://ec.europa.eu/info/sites/default/files/european-green-deal-communication_en.pdf。

政府行政部门也在就业领域外实施针对绿色技能的干预措施。如西班牙气候变化办公室开展小型技能培训，为森林经纪人职业教育和培训方案编写培训材料，协调关于部门绿化的研究项目，并为其他机构举办的培训计划提供专家支援和指导。除政府外，行业组织、慈善机构等非营利组织也在促进绿色技能发展方面发挥作用。这些组织会提供高质量职业信息，提高劳动者对绿色经济的认识，并提供关于绿色经济职业的咨询和指导服务。

绿色研究机构为绿色劳动力市场的供求匹配做出贡献。法国环境部2010年设立专门的国家绿色经济工作和职业观察站，旨在分析绿色经济中的就业变化。其中“观察、方法和量化”小组负责处理定量数据和统计，“分析资本化和分享”小组关注绿色就业、技能和培训问题。法国各地区也设有就业和培训区域观察站，定期发表关于绿色就业和技能需求的研究报告，帮助制定区域战略，并与专业部门、企业和地方当局展开合作。法国就业服务局是监测经济中绿色工作和技能，以及实施积极劳动力市场方案的关键角色。该服务局的各个机构将雇主的需求与各地区的求职者相匹配。为了向求职者提供相关的技能和培训，就业组织与雇主合作，在回收或可持续等部门举办讲习班和个人培训班。西班牙的国家职业观察站有一个区域网络，区域专家小组帮助求职者分析自身技能与其选择的职业所需技能之间的差距。

不同的国家在“绿化”职业教育和培训资格方面发展了不同模式。在2007—2010年期间，西班牙在所有职业教育和培训课程中都加入了部分“绿色”内容，扩展了绿色和环境意识相关的知识。西班牙还开展大量活动来创建新的职业教育和培训课程并更新现有课程，重点补充开展“绿色工作”所需的技能。自2010年以来，爱沙尼亚也一直在更新培训，与绿色经济和绿色技能密切相关的部门，包括建筑设计、测绘、建筑工程、房地产行业，以及交通部门在2017年经历了许多积极变化，整体的职业资格标准不断更新。相比之下，德国和丹麦则将绿色转型的重点放在调整现有的资格和课程设置上。德国于2002年通过了第一个国家可持续发展战略《可持续生存战略》，促进绿色技能和可持续技能的发展，并建立可持续教育平台，将绿色技能更多地纳入初始职业教育培训和持续职业教育培训中。丹麦对绿色技能需求有关的职业培训工作，大多由教育部牵头，由 50 个贸易委员会就改革职业培训制度提出建议。在丹麦，各地约 100 所机构提供大约 3600 种课程，绿色技能通过成人劳动市场培训得到发展，该培训是商业化的，并具备国家认证资格。

此外，欧盟积极在中小学、大学和培训机构开展教育培训，来推动绿色转型。利用“欧洲社会基金”“技能议程”和“青年人保障”等计划，提高绿色经济环境下民众的就业能力，搭建校企合作平台，建立绿色技能社会输送渠道。欧盟鼓励大学开设绿色技能课程，并在评估课程需求和决定课程内容方面行使自主权。《2030 年爱沙尼亚环境战略》宣布环境教育应成为所有高等教育课程的组成部分[①]。欧盟还鼓励大学和社会合伙人与企业集团展开合作，建立特定的绿色技能供应形式。2017 年爱沙尼亚环境部根据一项提高企业资源效率的措施，为有经验的工程师和专家组织了能源和资源管理方面的培训。法国部分大学成立“资格园区和职业学校联盟”，例如诺曼底的能源效率研究学校与洛林工业区公司开展合作，开发基于生物源聚合物的新型纤维和材料，并提供生产、工业维护和电工技术方面的培训，增加绿色就业岗位。

5．体面劳动政策

据欧盟委员会统计，欧洲有 23.7 万人从事煤炭产业，近一半的波兰员工将受到脱碳行动的负面影响[②]，采掘业、传统汽车行业等能源密集型产业约 1100 万从业者将在欧盟推进绿色转型的过程中处于劣势地位[③]。为降低这个群体在经济转型过程中的就业风险，欧盟设立“公平过渡机制”，经济转型基金优先帮助煤炭开采、页岩油气开采等行业的工人，帮

① 参见：https://www.climate-laws.org/geographies/estonia/policies/national-environmental-strategy-until-2030。

② 数据来自：https://www.reuters.com/article/us-health-coronavirus-climatechange-pola-idUSKBN21C22T。

③ 数据来自：https://community.openspending.org/resources/eu/pdf/WhereDoesEuropesMoneyGo.pdf。

助他们学习未来工作所需的知识和技能；支持企业创造新的就业机会；投资清洁能源，协助相关国家顺利完成能源转型，以帮助受影响最大的人群和地区，减轻脱碳带来的负面社会影响和经济影响。

欧盟绿色就业政策以《欧洲绿色新政》为指导，各国积极出台气候政策、生态政策、能源政策、产业政策以实现经济的绿色转型和低碳过渡，并通过政府投资、税收优惠等经济措施吸引社会融资，支持新能源、碳捕捉、碳中和等绿色行业的发展以及传统行业的绿色转型，以绿色经济转型带动绿色就业发展。欧盟重视绿色技能培养和绿色劳动力市场刺激，国家建立专门机构用于绿色就业的预测分析，界定绿色就业所需技能，并积极改革绿色就业的职业技能培训和职业教育政策。政府积极搭建校企合作平台，提高劳动力的绿色素养，并为劳动力绿色就业的培训、入职、发展提供一揽子服务。此外对于企业的绿色发展，以及转型过程中的劳工权利保障也采取充分措施，积极引导绿色发展，促进绿色就业。

（四）东盟绿色就业政策

在可持续发展目标下，东盟不仅要完成减少温室气体排放的任务，同时面临着扩大能源供应的挑战。根据麻省理工学院（2017）报告，东盟在巴黎协定上无条件承诺额外减排 4 亿吨二氧化碳，相当于到 2030 年在整个东盟减排目标的基础上进一步减排 11%，若包含有条件的减排承诺，东盟到 2030 年需要减排 24%。该报告同时预计，从 2015 年至 2030 年间，东盟能源消费总量将增长 100%[①]。有证据表明，绿色经济转型会对就业产生影响，且这种影响存在地区或行业异质性，这一情况在东盟最为明显（Sharpe 和 Martinez–Fernandez，2021）。

---

① 参见：https://globalchange.mit.edu/sites/default/files/P2P–ASEAN–Report.pdf。

东盟将绿色就业作为高度优先事项①，为应对节能减排在就业层面的负面影响，东盟将绿色经济战略纳入其发展计划，并承诺积极开展清洁能源、提高能效、绿色建筑和城市规划方面的绿色就业，制定政策支持循环经济等可持续生产和消费体系。具体地，2018 年东盟峰会上通过了《东盟经济共同体蓝图》② 和《东盟促进绿色就业促进公平和包容性增长宣言》③。第 37 届东盟首脑会议上通过了《东盟全面复苏框架》④，呼吁全面提高东盟区域的劳动力技能，帮助劳工获得绿色就业机会。2021 年，马来西亚人力资源部和东盟秘书处与国际劳工组织合作，共同开展《东盟绿色就业政策准备区域研究》⑤，以评估东盟成员国促进绿色就业和公正过渡的政策准备情况。东盟成员国在绿色就业政策领域达成共识，发布了一系列最大化增加绿色就业机会的政策，旨在缓解绿色经济发展过程中就业层面的压力。如菲律宾成立气候变化委员会等机构，颁发《菲律宾绿色就业法》⑥ 和《国家气候变化行动计划》⑦，是第一个为促进绿色就业提供立法支持的东盟成员国。

1．宏观政策

东盟成员国都将绿色经济纳入国家发展规划，详细内容见表 10-2。东盟各国均在发展计划明确绿色经济目标和议程，以货币政策、财政政策、投资政策和贸易政策等激励绿色就业工作。

---

① 参见：https://www.ilo.org/wcmsp5/groups/public/---asia/---ro-bangkok/---sro-bangkok/documents/publication/wcms_810078.pdf。

② 参见：https://www.asean.org/wp-content/uploads/images/archive/5187-10.pdf。

③ 参见：https://cil.nus.edu.sg/wp-content/uploads/2020/09/2018-Declrtn-Green-Jobs-Equity-and-Inclusive-Growth.pdf。

④ 参见：https://asean.org/book/asean-comprehensive-recovery-framework-implementation-plan/。

⑤ 参见：https://www.ilo.org/wcmsp5/groups/public/---asia/---ro-bangkok/---sro-bangkok/documents/publication/wcms_810078.pdf。

⑥ 参见：https://climate-laws.org/geographies/philippines/laws/philippine-green-jobs-act-no-10771-2016。

⑦ 参见：https://climate-laws.org/geographies/philippines/policies/national-climate-change-action-plan。

表 10-2 东盟十国在绿色就业领域的宏观经济政策

国家	政策文件	主要内容
文莱	《2013 能源白皮书》①	绿色增长和就业机会创造可以齐头并进，农业、制造业、能源部门、研发部门等可以创造绿色岗位。其中，对能源部门设定了 3 个战略目标，其一是充分使用本地劳动力，来最大化能源行业的经济收益，目标是到 2035 年，从事能源行业的本地劳动力达到 4 万人。
柬埔寨	《2013—2030 国家绿色增长政策》②	制定与绿色货币和金融相关的法律框架和程序。具体表现为，推动主管部门或机构推行绿色证书、绿色标准、绿色商业竞争、绿色旅游、绿色宏观微观金融、绿色信贷、绿色税收和环境服务支付等。
印度尼西亚	《低碳发展倡议》③	将减碳目标和自然资源承载能力纳入国家发展计划，以平衡环境影响与经济和就业增长。
老挝	《2010 年气候变化战略》④ 《2030 年老挝国家绿色增长战略》⑤	针对能够提供绿色岗位的产业确定发展战略。“土地利用变化与林业”是老挝碳排放的主要来源，而森林可以封存该国碳排放总量的 5 倍左右。因此，老挝针对林业制定了相应计划。例如，停止“刀耕火种”农业模式，通过森林经营、退化森林改造和重新造林，到 2015 年将森林覆盖率提高到 65%，到 2020 年提高到 70%；通过提供可持续农业用地和鼓励生态旅游、非木材林产品和手工业等替代生计机会来增强碳汇。
马来西亚	第 11 个五年计划（2016—2020 年）⑥	为追求绿色增长，将进一步加强政策制定和监管、人力资本积累、绿色技术投资等方面，如利用“技术和职业教育与培训（TVET）”增加高技能劳动力群体，为投资绿色技术和碳减排活动的生产者和能源服务公司提供财政支持。

① 参见：https://www.climate-laws.org/geographies/brunei-darussalam/policies/energy-white-paper。

② 参见：https://policy.asiapacificenergy.org/node/2807。

③ 参见：https://lcdi-indonesia.id/lcdi/。

④ 参见：https://mirror.unhabitat.org/downloads/docs/12679_1_595432.pdf。

⑤ 参见：https://www.greengrowthknowledge.org/national-documents/national-green-growth-strategy-lao-pdr- till-2030。

⑥ 参见：https://policy.asiapacificenergy.org/sites/default/files/11th%20Malaysia%20plan.pdf。

续表

国家	政策文件	主要内容
缅甸	《东盟绿色就业政策准备区域研究》	以现有的气候变化和环境可持续性政策为基础，尝试制定总体绿色经济政策框架，人力资本开发是框架的政策目标之一[①]。
菲律宾	《东盟绿色就业政策准备区域研究》	制定全面的绿色经济政策框架，比如专门为创造、维持和激励绿色就业机会而制定法案，通过一系列财政和非财政活动，帮助工人过渡到低碳经济。具体地，为鼓励绿色就业发展，扣除工业或企业在技能培训和绿色工作研发方面产生的税收费用；免除直接用于推广、产生和维持绿色工作的设备进口的关税和税收。
新加坡	《可持续新加坡蓝图》[②]	详细阐述了可持续发展的国家愿景和计划，特别指出要创造绿色优质就业机会。如在综合总体规划和发展以及动态城市治理的双重基础上，新加坡在水资源可持续性发展过程中提供了大约14000个工作岗位。
泰国	《泰国气候变化总体规划2015—2050》[③]	综合考虑能源安全、生产和消费效率、温室气体减排、安全、生态友好和社会经济影响（如就业和收入分配），基于透明的公众参与过程建立电力发展计划的决策标准；促进生态旅游业和可持续旅游业、绿色采购，为清洁生产提供财政奖励，并投资可再生能源在内的绿色技术。
越南	《国家绿色增长战略》[④]	引入绿色就业的概念，农业、制造、研发、行政和服务活动中对保护和恢复环境质量做出了重大贡献的工作，被归为绿色工作。

注：表格内容为作者根据相关资料整理。

2. 产业或部门政策

东盟成员国均在本国的主导产业优先发展绿色就业。具体地，柬埔寨的农业部门是最大的就业部门，因此，《柬埔寨2014—2023年气候变

① 参见：https://www.greenclimate.fund/sites/default/files/document/readiness-proposals-myanmar-gggi-strategic-frameworks.pdf。

② 参见：https://www.clc.gov.sg/docs/default-source/books/ssbcombined-cover-text.pdf。

③ 参见：https://policy.asiapacificenergy.org/node/3444。

④ 参见：https://www.giz.de/de/downloads/VietNam-GreenGrowth-Strategy-giz2018.pdf。

化战略计划》[①]优先考虑农业发展，如种植气候变化适应能力强的作物，促进使用新的生产技术和生态系统管理技术（国际劳工组织，2019）[②]。《印度尼西亚 2021—2024 年绿色复苏路线图》[③]分别在农业部门、能源部门和废物部门（waste sector）开展绿色复苏试点工作。例如，通过向农民提供现金援助来提高他们的收入水平，以减少农户砍伐森林的活动，并提高他们种植农作物的积极性，这个项目预计会创造大约 172000 个工作岗位；为政府建筑物安装屋顶太阳能电池板，总装机容量目标为 14 兆瓦，预计 2022—2024 年间，在安装、物流和维护的施工阶段创造至少 700 个工作岗位；为 7500 家中小型废物部门提供贷款和保障计划，预计在 2022—2024 年间废物回收量增加 60000 吨 / 天，创造 112500 个新的就业机会。《2017—2022 年菲律宾发展计划》为绿色就业提供激励措施，强调要加快林业和海洋经济的资源可持续生产，以及促进生态旅游业发展[④]。泰国在《气候变化总体规划》[⑤]中强调气候变化将对生产和就业产生负面影响，尤其是农业和旅游业，并提出在可再生能源、提升能效和清洁生产方面的公共投资将创造绿色就业机会。

3. 企业绿色政策

东盟成员国均很重视私营企业在发展绿色经济中的重要作用。文莱的石油和天然气资源丰富，私营企业在能源部门创造绿色就业机会中能够发挥显著作用。印度尼西亚专门制定政策并设立专业机构，方便私营企业为绿色经济项目融资。例如，国有金融机构 PT Sarana Multi Infrastructur（PT SMI）的任务是支持混合融资计划，优化投资的社会、

① 参见：https://www.climate-laws.org/geographies/cambodia/policies/cambodia-climate-change-strategic- plan。

② 参见：https://www.ilo.org/wcmsp5/groups/public/---asia/---ro-bangkok/---sro-bangkok/documents/publication/wcms_717736.pdf。

③ 参见：https://lcdi-indonesia.id/wp-content/uploads/2021/10/Green-Recovery-Roadmap-REV- 10- Oct- lowres.pdf。

④ 参见：https://pdp.neda.gov.ph/philippine-development-plan-2017-2022/。

⑤ 参见：https://www.climate-laws.org/geographies/thailand/policies/climate-change-master-plan-ccmp-2015-2050。

环境和经济效益，支持实现可持续发展目标。老挝有两项具体政策来鼓励私营部门投资绿色就业，一是《投资促进法》[①]，旨在将投资引导到社会经济基础设施薄弱的贫困和偏远地区，为满足这些要求的投资提供免税和减税以及其他激励措施（如给予快速批准）；二是《国家农村就业战略计划》[②]，在乡村、省/区和国家层面刺激农村就业，例如在涉及粮食安全和具有经济潜力的产品价值链上，支持提供农业技术服务的企业、社区和农民团体参与到计划中，创造农村就业机会。马来西亚鼓励私营企业开展绿色活动，具体表现为，引入绿色公共采购政策和相关指南，创造和增加对当地绿色产品和服务的需求，并将其作为鼓励私营部门参与绿色经济活动的关键机制；2010 年推出绿色融资计划，对投资绿色项目的金融机构提供 2% 利息回扣，同时政府对该项目所需资金的 60% 做担保[③]。泰国方面，《技能发展促进法（2002）》[④]鼓励私营部门投资于其工人的发展和培训，参与企业可享受免税和其他优惠，如建筑和机械行业的一些公司在促进绿色技能发展上发挥了积极作用。越南政府对太阳能购买价格的优惠机制导致了数十亿美元的私人和外商投资可再生能源项目，鼓励私营部门积极参与可再生能源和输电网络工作。2019 年，越南政府在可再生能源上的投资规模仅次于金融技术和教育而位居第三位，预计将在风力和太阳能发电厂的建设、安装、运营和维护方面提供广泛的就业机会[⑤]。

4. 绿色技能发展政策

东盟各成员国在绿色技能政策领域开展了丰富的实践，旨在提高劳工的能力以适应经济转型，从绿色工作供给层面活跃劳动力市场。如制定绿色技能培训政策，完善对培训机构的管理机制，将技能培训纳入正

---

① 参见：https://www.wto.org/english/thewto_e/acc_e/lao_e/wtacclao24a1_leg_1.pdf。

② 参见：https://www.ilo.org/asia/publications/WCMS_372784/lang--en/index.htm。

③ 参见：https://policy.asiapacificenergy.org/sites/default/files/11th%20Malaysia%20plan.pdf。

④ 参见：http://www.mekongmigration.org/labourlaw/images/labourlaw/pdf/thailand/22%20Skill%20Development%20Promotion%20Act%20of%20Thailand%202002.pdf。

⑤ 参见：https://www.ilo.org/wcmsp5/groups/public/---asia/---ro-bangkok/---sro-bangkok/documents/publication/wcms_810078.pdf。

式培训范畴。柬埔寨的《2013—2030年国家绿色增长战略计划》将绿色技能纳入正规但非系统教育的范畴，如鼓励教育机构和职业培训学校开展绿色增长课程，以增加公众对绿色增长的认识，培养当代和下一代对绿色自然的热爱。印度尼西亚境内企业在绿色技能领域形成良好实践。例如，阿斯特拉大发汽车集团（Astra Daihatsu Motor Group）做出绿色环境承诺，HM Sampoerna致力于环境健康和安全活动以及Pandawa集团研发的绿色农业发展模式。老挝以农村经济为主，就业结构严重偏向农业，国际非政府组织参与合作的《粮食与营养安全2018—2020》项目，以“农民俱乐部”方式开展智能型农业和其他可持续农业实践的培训，通过传授新技术增强农民的绿色就业技能①。马来西亚第11个五年计划（2016—2020年）②确定了公共和私营部门对绿化新技能和能力的要求，有许多政府部门和相关机构支持绿色技能的发展和吸收，包括教育部、高等教育部、人力资源部、交通部、工程部以及各种政府和私人培训组织。菲律宾在《国家绿色就业人力资源开发计划》中要求制定必要的培训法规，以执行技能培训、评估和认证计划，填补绿色经济中技能型人力资源的缺口③。新加坡在发展绿色技能方面制定了多项计划，如未来技能（SSG）④领导的勤工俭学计划，旨在为新入职者在特定行业的工作做好准备，与国家环境局合作启动“工作学习方案”⑤，参与者可以获得环境服务和管理的兼职文凭，从而为环境服务业的新入职者做好准备。

在活跃劳动力市场层面，老挝在所有省份开展“应对劳动力市场需求的定性定量培训（2016—2020年）”⑥，该举措自下而上，帮助劳动力

① 参见：https://hpp-laos.org/the-project-in-laos/food-nutrition。

② 参见：https://policy.asiapacificenergy.org/sites/default/files/11th%20Malaysia%20plan.pdf。

③ 参见：https://ils.dole.gov.ph/downloads/file/285-national-green-jobs-human-resource-development-plan。

④ 参见：https://www.skillsfuture.gov.sg/。

⑤ 参见：https://www.skillsfuture.gov.sg/workstudy。

⑥ 参见：https://www.skillsfuture.gov.sg/AboutSkillsFuture。

（特别是非正规部门的劳动力）通过技能发展参与劳动力市场[①]。马来西亚正在制定塑料循环经济路线图，预计这一新的举措将创造新的就业机会，以及对额外新技能和培训的需求。马来西亚政府推出“与生产力挂钩的工资系统”（PLWS）鼓励实施与绩效相关的薪酬计划，创造更多高技能工作岗位，并鼓励教育部、人力资源部、交通部、工程部等政府机构和私人培训组织发展和吸收有绿色技能的劳动力[②]。新加坡推出了《环境服务业转型图》[③]，旨在通过以下三种战略确保工人的可持续供应，建立一支具有弹性和技能的劳动力队伍：（1）调节人力需求，例如通过技术解决方案；（2）确保可持续的人力资源供应，例如通过改善行业形象和加强人力资源实践；（3）建立一支有技能和弹性的劳动力队伍，例如通过环境服务技能框架重新培训工人，提高工作技能。新加坡政府和行业协会之间建立了伙伴关系，制定各种就业支持计划，帮助公司采用自动化和数字方案来提高生产力，并帮助公司找到合适的员工。其中包括“职业支持方案”，为雇主提供长达18个月的工资支持；“实习和培训计划”，该计划支持公司帮助求职者完成技能转换过程，方便求职者从事新的职业。

5．体面劳动政策

体面劳动政策是东盟未来努力的方向。新加坡与国际劳工组织在促进亚洲及太平洋地区《体面劳动议程》方面保持长期合作。具体地，他们在职业安全与健康、三方性和社会对话、劳动力市场信息和劳动力迁移等领域开展了合作[④]。根据东盟和国际劳工组织发布的《东盟绿色就业

---

① 参见：https://www.ilo.org/wcmsp5/groups/public/---asia/---ro-bangkok/---sro-bangkok/documents/publication/wcms_810078.pdf。

② 参见：https://policy.asiapacificenergy.org/sites/default/files/11th%20Malaysia%20plan.pdf。

③ 参见：https://www.nea.gov.sg/industry-transformation-map/environmental-services-industry-transformation-map。

④ 参见：https://www.ilo.org/asia/media-centre/news/WCMS_631487/lang--en/index.htm。

政策准备区域研究》[①]，马来西亚没有具体的政策来确定和解决绿色经济对就业的负面影响，但所有为社会保障组织（SOCSO）捐款的员工都可以获得社会保障。缅甸在《气候变化总体计划（2018—2030）》[②]和《缅甸可持续发展计划（2018—2030）》[③]中强调，需要建立社会保护和公共就业制度，应对气候原因引起的自然灾害等负面影响，并提高贫困人口、妇女和青年等群体对气候变化影响的总体适应能力。

（五）结论

从本质上讲，绿色就业政策的根本目的是让劳动力适应经济转型。根据理论模型，节能减排和就业结构转变都是经济转型过程的自然结果。配合我国的节能减排政策，经济转型将加速。通过前文的研究可以发现，并不是所有的劳动力都将获利，低技术劳动力的福利容易受到影响。中国在促进绿色就业发展方面有很多有效的政策干预实践，但目前没有专门针对绿色就业的法规条例。尽管我国也有绿色就业技能发展的相关政策，但还没有形成统一的思路。根据人社部劳科所的《中国绿色就业研究》，中国绿色就业概念主要从产业、行业、职业、企业层面去理解，相应的绿色经济政策中体现出对绿色就业的要求。从各层面的政策实践来看，尚缺乏帮助低技术劳动力适应新环境的政策目标。

相对而言，欧盟和东盟分别从劳动力供给、需求以及体面劳动层面制定政策，帮扶受到绿色经济转型影响的行业，为劳动力提供技能发展和培训的机会，以便他们能够有效地过渡到新的就业岗位。欧盟各国也没有明确关注绿色就业的法规、政策和战略，但各国都有一套与环境问

① 参见：https://www.ilo.org/wcmsp5/groups/public/---asia/---ro-bangkok/---sro-bangkok/documents/publication/wcms_810078.pdf。

② 参见：https://unhabitat.org/myanmar-climate-change-master-plan-2018-2030。

③ 参见：https://themimu.info/sites/themimu.info/files/documents/Core_Doc_Myanmar_Sustainable_Development_Plan_2018_-_2030_Aug2018.pdf。

题，以及可持续发展相关的战略计划和政策法规来讨论绿色就业问题，具体策略因国而异。欧盟相较而言经济更加发达，劳动力生产效率更高，受到的绿色转型冲击较小。东盟幅员辽阔、人口众多、经济发展差异性很大，对绿色就业政策的需求更迫切。因此，东盟国家在实施绿色发展战略时，非常注重绿色就业，从立法、产业政策、经济政策等方面做出很多努力，旨在全面提高东盟区域的劳动力技能，帮助劳工获得绿色就业机会，如《东盟促进绿色就业促进公平和包容性增长宣言》《东盟绿色就业政策准备区域研究》《菲律宾绿色就业法》。

根据绿色就业政策的国际比较，发展体面的绿色就业是可持续发展的潜力和发展方向。基于中国现实情况，促进绿色就业就是要保护在经济转型过程中容易受到冲击的低技术劳动力。各级政府应发挥主导作用，同时调动市场力量，根据产业、行业、职业、企业自身特点制定促进绿色就业发展的专门政策。具体地，首先，从法律层面保障绿色就业的发展，增强对受冲击低技术劳动力的保护；其次，借鉴东盟在产业层面的优先发展战略，重视农业创造绿色就业机会的作用；再次，根据中国自身发展需要，借鉴欧盟协调各方力量发展绿色就业技能的政策，为绿色就业发展营造良好环境；最后，对劳工的权益保障（或体面劳动保护）是绿色就业可持续发展的重要内容，应给予进一步重视。

我国在绿色就业的法律、法规和社会保障方面刚刚起步，促进绿色就业发展的财政和税收金融政策还需完善，需要为绿色就业的发展创造良好的法律、制度和政策环境。节能减排政策施行过程中淘汰落后产能（产生就业缩减效应），要尽量避免就业领域的负面影响，依靠清洁部门创造新的就业机会，进而实现就业结构优化（Greenstone，2002；Walker，2011）。Pearce（1991）认为传统观点忽略了环境规制对清洁部门的就业创造效应，这与“绿色就业”理念不谋而合。据国际劳工组织估计，到2030年，减碳活动预计创造2400万个绿色工作岗位，缩减约600万个工作岗位（特别是在碳密集型行业）（ILO，2018）。我国要进一步完善绿色就业政策，来最大化节能减排规制政策的就业创造效应，并注重保护由于经济转型而受到影响的弱势人群，力求实现环境与就业的“双重红利”。欧盟在推进绿色经济发展过程中开创了大量生态创新典型案例，为平衡环境与就业目标的战略选择提供了可参考的国际经验。随着《区域全面经济伙伴关系协定》（简称 RCEP）的正式签署，东亚区域的环境合作迎来良好的发展机遇，各国在环境保护领域的经验分享与合作交流呈现日益扩大的趋势（吴昊和于昕田，2021）。

第十一章　结论与对策①

（一）主要结论

本书整体上可以分为四个部分。第一部分为文献综述和基本事实分析；第二部分为理论部分，本书建立了一个复合增长模型，以模拟我国经济增长从“要素驱动”向“创新驱动”的转换过程，并描绘在此期间排放和就业结构的共同变化趋势。理论模型是本书的核心部分，模型揭示了节能减排、实现供给侧就业结构优化的基本思路，即降低传统行业不合理的投资收益，同时增加创新投资的回报率。模型还进一步解释了节能减排对就业结构产生异质性影响的原因，为后文实证分析打下了基础。第三部分为实证部分，首先利用LMDI分解法，对比分析了中国四个城市群和欧盟地区的就业与减排的协调性，发现不同地区存在显著异质性。其次，利用河北省区县级就业结构数据，分析河北省实施强减排政策时期的就业结构效应，结果发现减排政策对就业结构影响有限。再次，本书实证分析节能减排对流动人口工资的影响，发现低工资水平的流动人口受节能减排负面影响更大。第四部分对合理的减排政策进行了探讨。首先分析了居民减排意识的影响因素问题，发现教育和就业岗位对减排意识有明显影响，从而得到长期培养居民减排意识的路径。最后对典型国家的绿色就业政策进行了讨论。

本书的具体结论如下：

第一，从能源供给角度看，我国能源供给整体稳定。一次能源生产

---

① 部分观点已发表在《光明日报（理论版）》，感谢编辑给出的修改意见（刊号与论文名称已匿名处理）。

量总体呈上升趋势，但增速有所放缓。当前，中国能源结构由石油、煤炭逐步向天然气及电力转化，逐渐由“黑色”向“绿色”、由“高碳”向“低碳”转变。新能源发电等在能源结构中的比重不断提升，但煤炭仍是我国能源支柱。从能源消费和碳排放的角度来看，我国人均能源消费规模虽然仍呈逐年上升趋势，但能源消费结构正在不断清洁化。工业领域和交通运输领域是我国二氧化碳排放的主要来源，同时也不应忽视一些新兴经济造成的碳排放。整体上我国 GDP 增长速度大于二氧化碳排放的增速，排放强度逐年下降。从能源消费与就业结构的关系来看，能源消费量增加 1%，城市就业人数的增加幅度小于 1%。总的来看，尽管新能源发电量逐年上升，但其规模相较于传统能源仍处于较低水平。由于我国“富煤贫油少气”的国情，我国能源转型任重而道远。

第二，本书将索罗模型和熊彼特主义内生增长模型结合，创建了新的复合增长模型，进而将经济发展分为了“要素驱动”“经济转型”和“创新驱动”三个阶段。经济体进入转型期需要满足一定融资条件，即创新投资回报率超过资本投资收益率。在转型阶段，伴随单位 GDP 排放下降，经济体对高技术劳动力的需求会上升。因此，经济增长动能转换同时引发了排放的减少和就业结构的变化。基于理论模型，本研究讨论了节能减排实现供给侧就业结构优化的路径。理论上，节能减排政策可能促进经济动能转换，重点在于控制传统行业的不合理资本投资收益，并提升新兴行业的投资回报。要尊重经济发展的客观规律，并不是所有的减排政策都是有效的，也要注意到经济变革并不是对所有就业人员的影响均一致，应注意保护低技术劳动者。模型还提出了四个命题，以判断经济体所处的阶段。针对处在不同阶段的经济体，减排政策对就业影响存在异质性，故而应因地制宜、分类施策。

第三，本书以城市群为切入点，使用 LMDI 分解法，分析了长三角、珠三角、京津冀和关中平原四个城市群的就业与减排的协调性。根据理论模型的四个命题，本章提出了四个判断经济发展阶段的假设。整体来看，在样本考察期内，劳动规模上升是四个城市群增排的最大就业因素。

因此，四个城市群都还没有完全摆脱“要素驱动”的增长模式，但城市群间表现出了显著的异质性。长三角和珠三角城市群的排放效率提升明显，而且排放效率的减排效应高于劳动效率提升带来的增排效应。在产业结构层面，长三角和珠三角的就业结构仍以第二产业为主，但工业部门生产效率较高，二氧化碳排放增量有限。总的来看，长三角和珠三角的工业部门更早地进入了转型期，并伴随着单位产出的增加值上升，碳排放下降。

第四，本书运用欧盟数据进一步对欧盟 28 国 1995 到 2018 年二氧化碳排放进行 LMDI 分解，发现污染强度效应对欧盟碳减排的作用最大，就业结构效应的贡献较小。从就业结构效应对欧盟碳减排的贡献率来看，就业结构对碳排放的影响存在时间差异与地区差异。欧盟二氧化碳排放总量呈下降趋势，且排放主要来源于劳动效率效应，这一现象与中国一致。然而，相较于中国，欧盟的污染强度效应带来的减排作用更大，原因可能是欧盟绿色技术起步早、发展成熟，由此大大降低了欧盟地区二氧化碳排放。对欧盟碳排放的劳动因素分解，进一步验证了理论模型，即当经济体由“要素驱动”转向“创新驱动”之后，污染强度会大幅下降，总排放会进一步降低。欧盟地区资本积累速度已经显著放缓，经济主要由技术进步推动，故而碳排放出现显著下降。整体来看，欧盟地区就业与排放的协调性较高，减排已不易造成结构性失业。

第五，理论模型认为，当经济体还处在“要素驱动”时，关停并转等行政命令政策对长期就业结构优化没有明显效果。在“十一五”和“十二五”期间，河北省实施了如“6643 工程”等强减排规制政策，本书基于河北省县级规模以上工业企业数据，利用“双重差分法”和“自抽样法”，发现减排政策对河北省就业结构、就业数量和人口流动的影响均有限。河北省以能源密集型产业为主且地理位置特殊，因此该实证结果具有一定的代表性和现实意义。据此，我们认为，地方政府“行政类政策”的工具选择倾向是造成节能减排效果不显著的重要原因。

第六，减排政策影响就业结构，高技术劳动者获益而低技术劳动者易受损。利用原国家卫生与计划生育委员会牵头组织调研的“流动人口调查数据”，我们发现减排规制总体降低了流动人口的工资，而且工资水平越低受到影响越大。这一结论符合理论模型的预测。对此，政府应关注低收入劳动者所受到的影响，对绿色就业政策给予更多重视，在实现节能减排的同时改善劳动者福利。

第七，本书进一步分析了不同人群对节能减排的态度差异。通过在超市和电器卖场调研，我们考察了不同教育背景、工作岗位的消费者在购买电器时对节能标签的态度。结果表明，学历较高、事业单位工作的消费者，更倾向于购买能耗更低的电器。这一结论进一步揭示了就业结构变化和节能减排的关系。此外，根据山西蒲县调研的结果，鼓励和劝诫也可以起到提高减排意识的效果。总的来看，我们一方面论证了节能减排如何影响就业结构的高级化和清洁化，另一方面则发现就业高级化后，劳动者对节能减排的态度也会逐渐改变，从而形成节能减排与就业结构优化的正反馈闭环。

（二）基本观点

节能减排、实现供给侧就业结构优化，重点是加速经济动能转换。本书利用一个复合增长模型，将经济发展归结为三个阶段，并分析了各阶段污染排放与就业结构之间的关系。在“要素驱动”阶段，能耗和排放迅速上升，就业主要集中在生产部门；当经济体从“要素驱动”转向“创新驱动”时，能源效率迅速提升的同时就业结构趋向高级化和清洁化，这一时期的节能减排行动更能兼顾环境与就业，提升人民获得感。因地制宜、分类施策的根本在于判别当地处在哪一个发展阶段。本书的基本观点有以下几方面。

第一，节能减排促进供给侧就业结构优化的核心是加速经济动力转型。经济转型需要引导社会资本投向绿色、创新的新兴行业。一方面，节能减排政策可以抑制不合理的资本投资，坚决清理僵尸企业，遏制高耗能高排放项目盲目发展。另一方面，节能减排有利于新兴产业创新投入回报率的提升。

第二，我国整体上处在新旧动能转换的时期，理论上能耗排放与就业结构存在两个方面的共同变化趋势。首先，随着经济对现代服务业需求的提升，服务业就业人数比例逐渐上升，整体污染排放相应下降；其次，在工业部门内部，劳动效率提升而污染强度下降，单位劳动力的排放将呈现下降趋势。然而，各地区进入动能转换期的时间并不同步，很多地区依旧处在“要素驱动”阶段，客观上造成了节能减排对就业结构影响的异质性。

第三，节能减排政策的制定要契合当地的发展情况。经济体的能耗下降、排放降低是经济动能转换的必然结果，与之伴随的是就业结构的高级化和清洁化。合理的节能减排政策促进经济转型的速度和力度，然而，个别地方性节能减排政策没有充分考虑到区域间的经济发展的不平衡和就业结构的异质性，存在指标分配“一刀切”、政策执行不合理等问题，如此，节能减排可能造成结构性就业矛盾，要实现供给侧就业结构优化，应当注重有效制度供给。

第四，节能减排作为供给侧结构性改革的重要抓手，其政策有效性关乎绿色发展效率与经济高质量发展。因地制宜地制定促进优化就业结构的节能减排政策，才可能兼顾就业和减排的双重目标。节能减排政策的拟定和实施需要考虑地区所处的发展阶段。河北省的实证结果表明，当地方还处在“要素驱动”阶段时，劳动岗位的转变具有很强的滞后性。高耗能行业发展受限后，新的增长点并不能自然发生。对于已经步入经济增长动能转换期的地区，节能减排和就业结构将同步改善，减排政策可以更有效地发挥“双重红利”作用。

第五，节能减排要坚持以人为本。在伴随着经济转型的节能减排过程中，并不是所有劳动力群体都会获益，低技术劳动力的利益可能受损。我国展开了推进绿色技能发展的工作，但总体而言，绿色就业政策的兜底效应还不够强。在接下来的节能减排工作中，尤其是实现“双碳”目标过程中，有必要探索环境保护和发展经济、创新创业的协同增效路径，做好绿色转型与经济转型、稳岗就业、乡村振兴和共同富裕的有机结合，进而在实现经济社会的绿色转型过程中，努力实现社会公平正义，提升人民的获得感、幸福感和安全感。

（三）政策建议

经过充分实地调研、理论分析和实证检验之后，本书有如下政策建议。

第一，使用绿色金融工具，增加政府对绿色产品的采购范围，刺激绿色就业岗位的供给和需求。本书指出融资条件是经济体进入转型期的关键条件，因此要进一步完善绿色金融框架，助力产业结构升级和就业结构优化。具体地，在行业层面，对重点行业的节能减排工作给予金融支持，如鼓励发展绿色信贷、支持煤炭清洁高效利用专项再贷款等。与此同时要做好环境和社会风险监管工作。在地区层面，支持地方政府建立绿色贷款财政贴息、奖补、风险补偿、信用担保等配套支持政策。在企业层面，对于节能减排企业，地方政府可以通过加快发展绿色债券，支持企业上市融资和再融资；对于高污染、高排放企业，地方政府要鼓励企业投保环境污染责任保险。坚持创新引领，加快构建市场导向的绿色创新体系；创新使用排污权交易、碳排放权交易等新型市场工具，引导企业转型升级；实施传统工业绿色化改造，全面推行清洁生产制度，帮助企业提升生产效率；提高服务业绿色发展水平，积极培育绿色流通主体；壮大绿色环保产业，培育一批“专精特新”企业；推广新型节能环保服务模式，为企业绿色发展赋能；在经济绿色转型过程中，加强市场各类主体的创新水平和抗风险能力，增强市场韧性。

第二，增加有效制度供给，加强市场手段在节能减排工作中的应用。要增强绿色经济转型内生动力，就需要充分发挥市场的导向作用、企业的主体作用和各类市场交易机制协调作用。从实证结果和地方调研的情况来看，行政－命令政策难以实现就业与减排的平衡。“关停并转”等行政类政策具有高成本、低效率、易反复的特点，这类“一刀切”式的政策对就业结构的影响有限，而“经济激励”或“经济规制”类的市场化政策可较大程度上规避这些问题①。我国市场化节能减排工具在不断增加。碳税和碳市场是有效的碳定价工具，能够将二氧化碳等温室气体的负外部性内部化。与行政命令类政策相比，市场化节能减排政策具有更高效率和更少福利损失的优点。碳税和碳市场遵循“污染者付费”原则，即通过具体的碳价，鼓励生产者和消费者将温室气体排放所产生的部分社会成本内部化。全国碳市场正式成立，标志着我国减排市场化程度进入全球前列。碳市场的建立与发展，也标志着我国从能耗“双控”转向“双碳”目标②。2021年7月全国碳市场正式上线交易以来，成交量稳步增加，配额价格呈上升趋势，整体运行平稳③。未来我国碳市场、碳金融潜力巨大，但目前距离充分有效还存在差距④。首批纳入的2162家发电企业的碳配额免费分配且相对宽松。部分纳入交易的重点排放企业对于碳配额作为一种新资产形式的认识还不到位，碳资产管理的方法和手段有所欠缺，日常经营中未能对碳交易进行统筹合理安排，导致出现了临近履约期末开始集中交易的现象（吴洁，2022）。因此，要进一步加强市场在节能减排中优化资源配置的作用，减少减排政策对就业的负面冲击。

第三，提升节能减排与创造就业协同增效作用。绿色发展有赖于经济结构转型，必然伴随着就业结构的变化，也就是“旧”工作岗位的消失和“新”工作岗位的创立。当前，我国节能减排政策多为产业类政策，

---

① 在2022年1月25日的中共中央政治局第三十六次集体学习中，习近平主席强调充分发挥市场机制作用，完善碳定价机制，加强碳排放权交易、用能权交易、电力交易衔接协调。

② 能耗双控和碳排放双控分别指能耗总量和能源强度的控制以及碳排放总量和碳排放强度的控制。

③ 全国碳排放权交易市场第一个履约周期已经于2021年12月31日顺利结束。按履约量计，履约完成率为99.5%。12月31日收盘价54.22元/吨，较7月16日首日开盘价上涨13%。

④ 2021年全年，洲际交易所ICE的环境产品（欧盟碳配额、北美碳配额、北美绿证等）期货的交易量（notional），达到一万亿美元。欧盟的碳配额总量（Cap）同年为18亿吨，而中国配额年覆盖45亿吨。按照国际碳市场价格，中国碳配额CEA年交易量（现货加期货）有可能达到千亿或万亿美元市场规模。

未深入到就业领域，节能减排政策与就业政策联动性不足，使得节能减排对就业结构的影响有限。因此，政府在制定节能减排政策时，要注重提升环境保护与创造就业协同增效的作用，降低绿色转型对传统行业的就业冲击效应，增强绿色产业的就业吸纳能力，在供给侧结构性改革中扩大新兴产业就业规模，让广大劳动者分享到绿色发展红利。要提升广大劳动者在环境保护过程中的获得感，就不仅要增加就业岗位的数量，还要提升绿色就业的质量。具体而言，可以考虑设立推动经济转型的绿色就业基金。在此领域可以参照欧盟的做法，如欧盟近期推出了包括一个1000亿欧元规模的“公平过渡机制”，优先考虑惠及煤炭开采、页岩油气开采等行业的劳动者，以帮助受能源转型影响的工人和地区减轻负面社会经济影响；积极开展绿色技能培训，绿色人才培养，在中小学、大学和培训机构推动绿色转型教育培训，提高绿色经济环境下民众的就业能力；为绿色就业提供法律框架支撑。

第四，促进绿色低碳发展融入乡村振兴。习近平总书记在总结生态环境保护与生产力的关系时指出，“保护生态环境就是保护生产力，改善环境就是发展生产力”。这一点在乡村地区尤为明显。要加快绿色农业发展步伐，推进乡村地区绿色能源转型，构建清洁低碳、多能融合的农村能源体系，提升广大农民群众幸福感。如实施农村供暖清洁替代，推广太阳能、风能、生物质清洁供暖；降低农民用能成本，让农村清洁能源能够用得上、用得起、用得好；促进农村地区绿色低碳新模式、新业态发展，提升县域工业园区、农业产业园区综合用能效率；逐步完善农村地区公共基础设施，稳步提升农村公共服务水平，改善乡村环境面貌，全面提升农民人居环境水平。

第五，重视节能减排的收入分配效应。从现实情况来看，我国各地区自然资源分布很不均衡，资源承载力差的地区往往也是经济相对欠发达地区。在节能减排过程中，除了加强产地环境保护与治理外，还应按照“谁使用谁付费”的原则，多措并举发挥环境保护的收入分配效应，在绿色发展过程中努力实现社会公平、共同富裕。具体而言，建立健全绿色权交易，用好排污权、用能权、用水权和碳排放权等交易机制，初始分配适当向经济欠发达地区倾斜；完善农业生态补贴制度，改革农产品价格形成机制；有效利用绿色金融激励措施，引导社会资本向自然承载能力差的经济欠发达地区投资；因地制宜地创新绿色金融产品并提高绿色金融的服务能力；区域统筹发展，细化发展功能区，努力解决好环境保护力度和经济发展程度的空间布局错配问题，处理好自然资源的供给需求错位问题。

第六，强化节能减排治理的国际合作。生态环境关系到全世界的福祉，绿色发展是全世界人民的共同期盼。中国作为全球生态文明建设的参与者、建设者和引领者，也是全球共同应对气候变化的坚定推动者，要坚持开放共赢，为推动更高水平的全世界可持续发展、构建人类命运共同体做出积极贡献。维护以联合国为核心的国际体系，努力落实联合国《2030 年可持续发展议程》；增强与世界各个国家与地区在绿色低碳领域的合作与交流；加强“南南合作”，帮助发展中国家提升应对气候变化的能力；以生态文明建设作为共建“一带一路”的重要内容，引领绿色发展，造福相关国家人民；统筹国内国际两个大局，深化国际合作水平，积极参与并引领全球环境治理。

第七，营造绿色低碳的社会氛围。在居民层面，积极倡导绿色产品消费，加强绿色产品和服务认证管理，利用地方补贴、积分奖励等多种方式引导企业和居民采购绿色产品；提升交通系统智能化水平，倡导居民绿色低碳出行；深入开展绿色卫生运动，提倡节俭健康生活方式，打造宜居生活环境；完善绿色收费价格机制，合理制定公共卫生处置收费标准，因地制宜健全生活垃圾收费标准，制定兼顾公平与效率的居民阶梯气价、电价和水价。多方面推动全社会逐步形成绿色低碳循环发展的消费理念，逐渐形成节约、绿色的消费意识和生活习惯。在企业层面，作为创造就业岗位的重要来源，政府应为企业的绿色转型工作提供便利。如为绿色新兴企业提供投融资便利，制定合适的就业战略计划鼓励企业投资绿色就业，效仿国际上的绿色技术融资计划等，为投资绿色技术的企业提供财政支持，鼓励企业参与绿色公共采购政策的制定过程，进一步激发市场对绿色产品和服务的需求；为提供绿色就业岗位的企业给予税收减免优惠，从应税收入中扣除企业在技能培训和绿色工作研发方面产生的费用，免除企业用于绿色工作的设备进口的关税和税收。

总之，节能减排政策应当充分嵌入到经济生活的各方面，引导经济向绿色低碳的方向发展，但又要避免成为影响经济主体决策的决定性因素。应当充分注意到，经济体产出的单位能耗下降和整体排放降低是经济发展到一定程度的自然结果，而且我国的大多数城市群也正处在这一发展阶段。因此，政府要助推绿色转型，提高人民在节能减排过程中的获得感，增加绿色岗位并提升原有岗位的绿色程度，最终赢得节能减排与就业结构高级化和清洁化的“双重红利”。

参考文献

[1]陈超，何凯，尹晓波．环境规制对我国区域就业影响的实证研究 [J] 人口与社会，2014，30(03)：9–14+75.

[2]陈家建，张琼文．政策执行波动与基层治理问题 [J]. 社会学研究，2015，30(03)：23–45+242–243.

[3]陈硕，陈婷．空气质量与公共健康：以火电厂二氧化硫排放为例 [J]. 经济研究，2014，49(08)：158–169+183.

[4]陈晓东，金碚．供给侧结构性改革下的节能减排与我国经济转型升级 [J]. 经济纵横，2016(07)：18–22.

[5]陈媛媛．行业环境管制对就业影响的经验研究：基于 25 个工业行业的实证分析 [J]. 当代经济科学，2011，33(03)：67–73.

[6]陈致远．突破绿色就业的瓶颈 [J]. 人民论坛，2017(29)：92–93.

[7]崔广慧，姜英兵．政府环保处罚影响企业劳动力需求吗：基于制造业上市公司的经验证据 [J]. 中国人口·资源与环境，2021，31(11)：78–88.

[8]邓慧慧，王浩楠．行为经济学视角下家庭低碳消费研究新进展 [J]. 经济学动态，2020(01)：128–141.

[9]窦彬．出口退税政策的节能减排效应研究 [J]. 国际贸易问题，2012(06)：114–123.

[10]范从来，彭明生．新时代中国经济运行的趋势性特征 [J]. 经济学家，2018(03)：27–34.

[11]范洪敏，穆怀中．环境规制对城镇二元劳动力就业的影响：基于劳动力市场分割视角 [J]. 经济理论与经济管理，2017(02)：34–47.

[12]范庆泉．环境规制、收入分配失衡与政府补偿机制 [J]. 经济研究，

2018，53(05)：14–27.

[13] 龚秀松．落实差别电价政策 实现节能减排目标 [J]. 价格理论与实践，2007(10)：16–17.

[14] 郭启光，王薇．环境规制的治污效应与就业效应："权衡"还是"双赢"：基于规制内生性视角的分析 [J]. 产经评论，2018，9(02)：116–127.

[15] 郭士伊，刘文强，赵卫东．调整产业结构降低碳污染强度的国际比较及经验启示 [J]. 中国工程科学，2021，23(06)：22–32.

[16] 韩超，陈震，王震．节能目标约束下企业污染减排效应的机制研究 [J]. 中国工业经济，2020(10)：43–61.

[17] 何洋洋，魏振香．工业碳排放与经济增长的关系：基于速度脱钩和数量脱钩的实证研究 [J]. 湖南师范大学自然科学学报，2021，44（05）：19–29.

[18] 胡宗义，张晔，邓晶晶，等．环境规制强化的经济增长效应与机制研究 [J]. 湖南大学学报（社会科学版），2021，35(05)：50–59.

[19] 蒋伏心，王竹君，白俊红．环境规制对技术创新影响的双重效应 [J]. 中国工业经济，2014(07)：44–55.

[20] 蒋和胜，孙明茜．碳排放权交易、产业结构与地区减排 [J]. 现代经济探讨，2021(11)：65–73.

[21] 蒋勇．环境规制、环境规制竞争与就业：基于省际空间杜宾模型的分析 [J]. 贵州财经大学学报，2017(05)：79–89.

[22] 蒋勇，杨巧．分权视角下环境规制竞争对就业的影响：基于省际空间面板模型的分析 [J]. 大连理工大学学报（社会科学版），2019，40(06)：57–65.

[23] 康艳兵，熊小平，赵盟．欧盟绿色新政要点及对我国的启示 [J]. 中国发展观察，2020(Z5)：114–117.

[24] 蒯鹏，时玉勤，陶爱萍，等．基于制造业及劳动力异质性的环境规制就业效应 [J]. 中国环境科学，2021，41(08)：3934–3943.

[25]李斌，詹凯云，胡志高．环境规制与就业真的能实现“双重红利”吗：基于我国“两控区”政策的实证研究 [J]. 产业经济研究，2019(01)：113–126.

[26]李存华，王智庆．推动绿色就业需破解哪些难题 [J]. 人民论坛，2017(25)：78–79.

[27]李蝶．工业环境规制的就业效应研究 [D]. 武汉：武汉理工大学，2020.

[28]李坚明，孙一菱，庄敏芳．台湾二氧化碳排放脱钩指标建立与评估 [C]. 中华发展基金管理委员会：两岸环境保护与永续发展研讨会论文集．台北，2005.

[29]李梦洁，杜威剑．环境规制与就业的双重红利适用于中国现阶段吗：基于省际面板数据的经验分析 [J]. 经济科学，2014(04)：14– 26.

[30]李青青．绿色就业政策研究 [D]. 上海：华东政法大学，2012.

[31]李青原，肖泽华．异质性环境规制工具与企业绿色创新激励：来自上市企业绿色专利的证据 [J]. 经济研究，2020，55(09)：192–208.

[32]李树，陈刚．环境管制与生产率增长：以 APPCL2000 的修订为例 [J]. 经济研究，2013(01)：17–31.

[33]李忠民，庆东瑞．经济增长与二氧化碳脱钩实证研究 [J]. 福建论坛(人文社会科学版)，2010(02)：67–72.

[34]林伯强，刘希颖，邹楚沅，等．资源税改革：以煤炭为例的资源经济学分析 [J]. 中国社会科学，2012(02)：58–78.

[35]刘斌，李磊．贸易开放与性别工资差距 [J]. 经济学(季刊)，2012，11(02)：429–460.

[36]刘殿兰，周杰琦．技术进步、产业结构变动与中国的二氧化碳排放：基于省际面板数据的经验分析 [J]. 科技管理研究，2015，35(09)：8.

[37]刘和旺，彭舒奕，郑世林．环境规制影响就业的机制研究 [J]. 产业经济评论，2017(05)：5–20.

[38]刘伟，蔡志洲．新时代中国经济增长的国际比较及产业结构升级 [J].

管理世界，2017，34(01)：16-24.

[39]刘竹，耿涌，薛冰，等．中国低碳试点省份经济增长与碳排放关系研究 [J]. 资源科学，2011，33(04)：620-625.

[40]陆凤芝，杨浩昌．环境分权、地方政府竞争与中国生态环境污染 [J]. 产业经济研究，2019(04)：113-126.

[41]陆旸．中国的绿色政策与就业：存在双重红利吗？[J]. 经济研究，2011(07)：42-54.

[42]吕越，马明会．全球价值链嵌入对中国碳减排影响的实证研究 [J]. 国际经济合作，2021(06)：24-36.

[43]绿色就业发展战略研究课题组，张丽宾．绿色就业发展战略研究 [J]. 中国劳动，2013(02)：4-9.

[44]马骥涛，郭文．环境规制对就业规模和就业结构的影响：基于异质性视角 [J]. 财经问题研究，2018(10)：58-65.

[45]聂辉华，江艇，杨汝岱．中国工业企业数据库的使用现状和潜在问题 [J]. 世界经济，2012，35(05)：142-158.

[46]潘娜，杨钰莹，左芝鲤．珠江三角洲城市群城市碳平衡仿真模拟分析 [J]. 安全与环境工程，2019，26(01)：50-57.

[47]祁毓，卢洪友，徐彦坤．中国环境分权体制改革研究：制度变迁、数量测算与效应评估 [J]. 中国工业经济，2014(01)：31-43.

[48]秦楠，刘李华，孙早．环境规制对就业的影响研究：基于中国工业行业异质性的视角 [J]. 经济评论，2018(01)：106-119.

[49]任胜钢，李波．排污权交易对企业劳动力需求的影响及路径研究：基于中国碳排放权交易试点的准自然实验检验 [J]. 西部论坛，2019，29(05)：101-113.

[50]邵帅，杨振兵．环境规制与劳动需求：双重红利效应存在吗：来自中国工业部门的经验证据 [J]. 环境经济研究，2017，2(02)：64-80.

[51]申萌．环境规制、产业效率与企业活动：来自差别电价政策的微观证据 [J]. 经济社会体制比较，2015(01)：139-151.

[52] 申萌．强规制节能减排政策的经济影响：来自高耗能企业的微观证据 [J]. 经济社会体制比较，2016(03)：61–70.
[53] 申萌．我国工业部门节能政策效应研究 [J]. 中州学刊，2016(11)：29–34.
[54] 申萌，曾燕萍，曲如晓．环境规制与企业出口：来自千家企业节能行动的微观证据 [J]. 国际贸易问题，2015(08)：43–50.
[55] 申萌，万海远，李凯杰．从“投资拉动”到“创新驱动”：经济增长方式转变的内生动力和转型冲击 [J]. 统计研究，2019，36(03)：17–31.
[56] 申萌，王叶．节能减排的就业结构优化效应：一个文献综述 [J]. 首都经济贸易大学学报，2018，20(06)：54–61.
[57] 沈坤荣，金刚，方娴．环境规制引起了污染就近转移吗？[J]. 经济研究，2017，52(05)：44–59.
[58] 沈贞海．义博会聚焦全球采购深化“标准”而多彩 [N]. 消费日报，2021-10-27(A04).
[59] 史丹，张成．中国制造业产业结构的系统优化：从产业结构优化和要素结构配套视角的分析 [J]. 经济研究，2017，52(10)：158–172.
[60] 帅传敏，张钰坤．中国消费者低碳产品支付意愿的差异分析：基于碳标签的情景实验数据 [J]. 中国软科学，2013(07)：61–70.
[61] 司怀涛．环境改善与就业增长的“双重红利”能够实现吗：基于研发创新视角 [J]. 经济研究参考，2021(23)：77–90.
[62] 宋德勇，毕道俊．环境规制对我国城市就业的影响 [J]. 城市问题，2020(10)：29–38.
[63] 宋德勇，杨秋月．环境规制与人力资本在破解资源诅咒中的作用 [J]. 城市问题，2019(09)：62–73.
[64] 孙莉莉．关于发电能源成本研究：基于生命周期评价理论的分析 [J]. 价格理论与实践，2018(05)：151–154.
[65] 孙文远，程秀英．环境规制对污染行业就业的影响 [J]. 南京审计大学

学报，2018，15(02)：25–34.

[66]孙文远，杨琴 . 环境规制对就业的影响：基于我国“两控区”政策的实证研究 [J]. 审计与经济研究，2017，32(05)：96–107.

[67]孙文远，周寒 . 环境规制对就业结构的影响：基于空间计量模型的实证分析 [J]. 人口与经济，2020(03)：106–122.

[68]孙玉阳，唐嘉懿 . 碳排放规制对就业影响研究：基于省级面板数据的分析 [J]. 工业技术经济，2022，41(03)：80–86.

[69]唐建荣，郭士康 . 产业集聚、人口规模与环境污染 [J]. 统计与决策，2021，37(24)：46–51.

[70]涂正革，谌仁俊 . 排污权交易机制在中国能否实现波特效应 ?[J]. 经济研究，2015(07)：160–173.

[71]涂志辉，姜玲，欧阳明荟 . 环境规制的就业效应是否存在区域异质性：基于“两控区”PSM–DID 研究 [J]. 经济研究参考，2020(13)：72–83.

[72]王燕，余红伟，石大千，等 . 雾霾污染对收入差距影响的再检验：基于工具变量法 [J]. 环境经济研究，2019，4(04)：115–131.

[73]王永中 . 双碳目标对中国能源和经济的影响 [J]. 煤炭经济研究，2021，41(04)：1.

[74]王勇，施美程，李建民 . 环境规制对就业的影响：基于中国工业行业面板数据的分析 [J]. 中国人口科学，2013(03)：54–64+127.

[75]王柱焱，潘超 . 环境规制能否带来就业的增长：基于省际面板数据的检验 [J]. 江苏农业科学，2021，49(09)：237–242.

[76]卫志民 . 中国碳排放权交易市场的发展现状、国际经验与路径选择 [J]. 求是学刊，2015，42(05)：64–71.

[78]吴昊，于昕田 . RCEP 签署后的东亚区域合作未来方向 [J]. 东北亚论坛，2021，30(06)：24–45+125.

[79]吴洁 . 完善碳市场还要走好这几步 [N]. 光明日报，2022–02–18(012).

[80]徐志 . 荷兰的环境税及其借鉴 [J]. 涉外税务，1999(12)：36–38.

[81] 闫文娟，郭树龙，史亚东 . 环境规制、产业结构升级与就业效应：线性还是非线性？[J]. 经济科学，2012(06)：23–32.
[82] 闫文娟，郭树龙 . 中国环境规制如何影响了就业：基于中介效应模型的实证研究 [J]. 财经论丛，2016(10)：105–112.
[83] 杨嵘，常烜钰 . 西部地区碳排放与经济增长关系的脱钩及驱动因素 [J]. 经济地理，2012，32(12)：34–39.
[84] 叶琴，曾刚，戴劭勍，等 . 不同环境规制工具对中国节能减排技术创新的影响：基于 285 个地级市面板数据 [J]. 中国人口·资源与环境，2018，28(02)：115–122.
[85] 余泳泽，邓姗姗 . 我国节能减排的现状、问题与解决路径：一个文献综述 [J]. 产业经济评论，2014(06)：33–43.
[86] 曾先峰，张超，曾倩 . 资源税与环境保护税改革对中国经济的影响研究 [J]. 中国人口·资源与环境，2019，29(12)：149–157.
[87] 张彩云，郭艳青 . 污染产业转移能够实现经济和环境双赢吗：基于环境规制视角的研究 [J]. 财经研究，2015，41(10)：96–108.
[88] 张彩云 . 排污权交易制度能否实现“双重红利”：一个自然实验分析 [J]. 中国软科学，2020(02)：94–107.
[89] 张红凤，杨慧 . 规制经济学沿革的内在逻辑及发展方向 [J]. 中国社会科学，2011(06)：56–66.
[90] 张建清，龚恩泽，孙元元 . 长江经济带环境规制与制造业全要素生产率 [J]. 科学学研究，2019，37(09)：1558–1569.
[91] 张剑英，陈桂东，孟建东 . 碳税对中国经济和就业的影响 [J]. 经济纵横，2011(10)：39–41.
[92] 张生玲，李跃 . 雾霾社会舆论爆发前后地方政府减排策略差异：存在舆论漠视或舆论政策效应吗？[J]. 经济社会体制比较，2016(03)：52–60.
[93] 张文彬，张理芃，张可云 . 中国环境规制强度省际竞争形态及其演变：基于两区制空间 Durbin 固定效应模型的分析 [J]. 管理世界，

2010(12)：34–44.
[94]张晓．中国环境政策的总体评价 [J]. 中国社会科学，1999(03)：88–99.
[95]赵琳，林立国．电力价格政策对企业全要素生产率的影响 [J]. 经济学动态，2021(10)：64–81.
[96]郑石明，邹克，李红霞．绿色发展促进共同富裕：理论阐释与实证研究 [J]. 政治学研究，2022(02)：52–65+168–169.
[97]仲伟周，陈玉洁．环境规制对异质性就业的影响机制及政策涵义：基于中国地级市动态面板数据的分析 [J]. 软科学，2019，33(03)：5–8.
[98]朱金生，李蝶．环境规制、技术创新与就业增长的内在联系：基于中国 34 个细分工业行业 PVAR 模型的实证检验 [J]. 人口与经济，2020(03)：123–141.
[99]朱平芳，张征宇，姜国麟．FDI 与环境规制：基于地方分权视角的实证研究 [J]. 经济研究，2011，46(06)：133–145.
[100]朱向东，贺灿飞，李茜．地方政府竞争、环境规制与中国城市空气污染 [J]. 中国人口・资源与环境，2018，28(06)：103–110.
[101]庄贵阳，朱仙丽．《欧洲绿色协议》：内涵、影响与借鉴意义 [J]. 国际经济评论，2021(01)：116–133+7.
[102]Aghion P, Akcigit U, Howitt P. What do we learn from schumpeterian growth theory? [Z]. NBER Working Paper No.18824,2013.
[103]Aghion P, Dechezleprêtre A, Hemous D, et al. Carbon taxes, path dependency, and directed technical change: Evidence from the auto industry[J]. Journal of Political Economy, 2016, 124(01): 1–51.
[104]Aghion P, Howitt P. Endogenous growth theory through creative destruction[J]. Econometrica, 1992, 60(02): 323–351.
[105]Andor M, Gerster A, Sommer S. Consumer Inattention and Decision Heuristics: The Causal Effects of Energy Label Elements [C]. Augsburg：VfS Annual Conference 2016, NO.145778, 2016.

[106] Berman E, Bui L T M. Environmental regulation and labor demand: Evidence from the south coast air basin[J]. Journal of Public Economics, 2001, 79(02): 265–295.

[107] Bezdek R H, Wendling R M, DiPerna P. Environmental protection, the economy, and jobs: National and regional analyses[J]. Journal of Environmental Management, 2008, 86(01): 63–79.

[108] Bosello F, Carraro C. Recycling energy taxes: impacts on a disaggregated labour market[J]. Energy Economics, 2001, 23(05): 569–594.

[109] Bosquet B. Environmental tax reform: does it work? A survey of the empirical evidence[J]. Ecological economics, 2000, 34(01): 19–32.

[110] Bovenberg A L, De Mooij R A. Environmental tax reform and endogenous growth[J]. Journal of Public Economics, 1997, 63(02): 207–237.

[111] Broner F, Bustos P, Carvalho V M. Sources of comparative advantage in polluting industries[R]. National Bureau of Economic Research, 2012.

[112] Brunello G. Labour market institutions and the double dividend hypothesis[M]//Environmental fiscal reform and unemployment. Springer, Dordrecht, 1996: 139–170.

[113] Carraro C, Galeotti M, Gallo M. Environmental taxation and unemployment: some evidence on the'double dividend hypothesis'in Europe[J]. Journal of Public Economics, 1996, 62(1–2): 141–181.

[114] Chen S, Oliva P, Zhang P. The effect of air pollution on migration: evidence from China[J]. Journal of Development Economics, 2022, 156: 102833.

[115] Chetverikov D, Larsen B, Palmer C. IV quantile regression for group - level treatments, with an application to the distributional effects of trade[J]. Econometrica, 2016, 84(02): 809–833.

[116] Copeland B. R.， Taylor M.S., Trade and the environment [M].Princeton:

Princeton University Press, 2003.

[117] Dasgupta, S., B. Laplante, N. Mamingi, and H. Wang. Inspections, Pollution Prices, and Environmental Performance: Evidence from China[J]. Ecological Economics, 2001, 36(03): 487–498.

[118] De Loecker J. Productivity Analysis Using Micro Data. Where Do We Stand?[J]. Background paper for Productivity Revisited, World Bank, Washington, DC, 2017

[119] Goodstein E B. Jobs and the Environment[M]. Washington, DC, USA: Economic Policy Institute, 1994.

[120] Gorokhovsky A, Rubinchik A. Necessary and Sufficient Conditions for Determinacy of Asymptotically Stationary Equilibria in OLG Models[J]. Journal of Economic Theory, 2022: 105496.

[121] Greenstone M. The impacts of environmental regulations on industrial activity: Evidence from the 1970 and 1977 clean air act amendments and the census of manufactures[J]. Journal of political economy, 2002, 110(06): 1175–1219.

[122] Heinzle S, Wüstenhagen R. Consumer survey on the new format of the European Energy Label for televisions–Comparison of a “AG closed” versus a “beyond A” scale format[C]. St. Gallen: University of St. Gallen, 2009: 21.

[123] Hering L, Poncet S. Environmental policy and exports: Evidence from Chinese cities[J]. Journal of Environmental Economics and Management, 2014, 68(02): 296–318.

[124] Howitt P, Aghion P. Capital accumulation and innovation as complementary factors in long–run growth[J]. Journal of Economic Growth, 1998, 3(02): 111–130.

[125] International Labour Organization. World Employment and Social Outlook: Greening with Jobs[R]. ILO: Geneva, Switzerland, 2018.

［126］Jones C I. Time series tests of endogenous growth models[J]. The Quarterly Journal of Economics, 1995, 110(02): 495–525.

［127］Ke J, Price L, Ohshita S, et al. China’ s industrial energy consumption trends and impacts of the Top–1000 Enterprises Energy–Saving Program and the Ten Key Energy–Saving Projects[J]. Energy policy, 2012, 50(C): 562–569.

［128］Keller W, Levinson A. Pollution abatement costs and foreign direct investment inflows to US states[J]. Review of Economics and Statistics, 2002, 84(04): 691–703.

［129］Kim S J. Income Distribution and Growth Under a Synthesis Model of Endogenous and Neoclassical Growth[R]. Working Paper, NO.15–01, 2015.

［130］Knigge M, Görlach B. Effects of Germany’s Ecological Tax Reforms on the Environment, Employment and Technological Innovation: Summary of the Final Report, Ecologic Institute for International and European Environmental Policy[R], Berlin, 2005.

［131］Kocherlakota N R, Yi K M. A simple time series test of endogenous vs. exogenous growth models: An application to the United States[J]. The Review of Economics and Statistics, 1996, 78(01): 126–134.

［132］Kostka G, Hobbs W. Local energy efficiency policy implementation in China: bridging the gap between national priorities and local interests[J]. The China Quarterly, 2012, 211: 765–785.

［133］Li H, Zhang B, Wen L, et al. On the relationship between the energy conservation and emissions reduction policy and employment adjustment by manufacturing firms: Microdata from China[J]. Journal of Cleaner Production, 2021, 297: 126652.

［134］Lin B, Liu J. Principles, effects and problems of differential power pricing policy for energy intensive industries in China[J]. Energy, 2011,

36(01): 111–118.

[135] Liu S, Liu C, Yang M. Greening of Chinese industrial sector: Stakeholders' responsiveness to non–governmental environmental monitoring[J]. China Economic Review, 2022, 72: 101744.

[136] Matsuyama K. Growing through cycles in an infinitely lived agent economy[J]. Journal of Economic Theory, 2001, 100(02): 220–234.

[137] Matsuyama K. Growing through cycles[J]. Econometrica, 1999, 67(02): 335–347.

[138] McNeill D L, Wilkie W L. Public policy and consumer information: Impact of the new energy labels[J]. Journal of Consumer Research, 1979, 6(01): 1–11.

[139] Ministry of Human Resources and Social Security .People's Republic of China: Strategies for Green Jobs Creation and Promotion[R]. ILO: Geneva, 2014.

[140] Morgenstern R D, Pizer W A, Shih J S. Jobs versus the environment: an industry–level perspective[J]. Journal of environmental economics and management, 2002, 43(03): 412–436.

[141] Norhasyima R S. Consumer's Perspective on Fuel Economy Labelling of Cars in Malaysia[J]. Journal of Energy and Environment, 2010, 2(01) : 22–30.

[142] Organization for Economic Co–operation and Development. Environmental compliance and enforcement in China: An assessment of current practices and ways forward[R]. OECD: Paris, 2006.

[143] Pearce D. The role of carbon taxes in adjusting to global warming[J]. The economic journal, 1991, 101(407): 938–948.

[144] Piketty T. Capital in the 21st century[M], Cambridge, MA: Harvard University Press, 2013.

[145] Porter M E, Van der Linde C. Toward a new conception of the environment–

competitiveness relationship[J]. Journal of economic perspectives, 1995, 9(04): 97–118.

[146] Price L, Wang X, Yun J. The challenge of reducing energy consumption of the Top–1000 largest industrial enterprises in China[J]. Energy Policy, 2010, 38(11): 6485–6498.

[147] Rausch S, Schwarz G A. Household heterogeneity, aggregation, and the distributional impacts of environmental taxes[J]. Journal of Public Economics, 2016, 138: 43–57.

[148] Schneider K. Involuntary unemployment and environmental policy: The double dividend hypothesis[J]. Scandinavian Journal of Economics, 1997, 99(01): 45–59.

[149] Schumpeter J A. Capitalism, Socialism and Democracy[M]. New York: Harper and Row, 1942.

[150] Shan Y, Liu J, Liu Z, et al. An emissions–socioeconomic inventory of Chinese cities[J]. Scientific data, 2019, 6(01): 1–10.

[151] Sharpe S A, Martinez–Fernandez C M. The Implications of green employment: Making a just transition in ASEAN[J]. Sustainability, 2021, 13(13): 7389.

[152] Shen J, Saijo T. Does an energy efficiency label alter consumers' purchasing decisions? A latent class approach based on a stated choice experiment in Shanghai[J]. Journal of environmental management, 2009, 90(11): 3561–3573.

[153] Shen J. Understanding the determinants of consumers'willingness to pay for eco–labeled products: An empirical analysis of the China Environmental Label[J]. 2012, 5(01): 87–94.

[154] Takeda S. The double dividend from carbon regulations in Japan[J]. Journal of the Japanese and International Economies, 2007, 21(03): 336– 364.

[155] Tapio P. Towards a theory of decoupling: degrees of decoupling in the EU and the case of road traffic in Finland between 1970 and 2001[J]. Transport policy, 2005, 12(02): 137–151.

[156] Taylor R P, Draugelis G J, Zhang Y, et al. Accelerating energy conservation in China's provinces[R]. Washington, D.C., 2010.

[157] Waechter S, Sütterlin B, Siegrist M. Desired and undesired effects of energy labels: An eye–tracking study[J]. PloS one, 2015, 10(07): e0134132.

[158] Walker W R. Environmental regulation and labor reallocation: Evidence from the Clean Air Act[J]. American Economic Review, 2011, 101(03): 442–47.

[159] Ward D O, Clark C D, Jensen K L, et al. Factors influencing willingness–to–pay for the energy star label[J]. Energy Policy, 2011, 39(03): 1450–1458.

[160] World Watch Report. Green Economy and Green Jobs in China: Current Status and Potentials for 2020[R]. Washington, D.C., 2011.

[161] Young A. The razor's edge: Distortions and incremental reform in the People's Republic of China[J]. The Quarterly Journal of Economics, 2000, 115(04): 1091–1135.